Ulrich Arndt

Metall-Essenzen

Ulrich Arndt

Schätze der Alchemie

Metall-Essenzen

HANS-NIETSCH-VERLAG

Die in diesem Buch vorgestellten Informationen sind sorgfältig recherchiert und werden nach bestem Wissen und Gewissen weitergegeben. Krankheiten und Krankheitssymptome sind hier genannt, um ein ganzheitliches Verständnis des Menschen zu ermöglichen. Keinesfalls soll der Besuch bei einem Arzt oder Heilpraktiker ersetzt werden. Daher übernehmen Autor und Verlag keine Haftung für Ansprüche, die im Zusammenhang mit der Anwendung oder Verwertung der Angaben in diesem Buch geltend gemacht werden.

© Hans-Nietsch-Verlag 2003
Alle Rechte vorbehalten.
Nachdruck, auch auszugsweise, nur mit
ausdrücklicher Genehmigung des Verlages gestattet.

Lektorat: Hans Nietsch
Layout und Satz: Kurt Liebig
Covergestaltung: Peter Krafft

Hans-Nietsch-Verlag
Poststr. 3 · 79098 Freiburg
Internet: www.nietsch.de
E-Mail: info@nietsch.de

ISBN: 3-934647-53-7

Inhalt

Vorwort

von Dr. med. Siegfried Stoll

Gesundheit ist ein vielschichtiger Prozess. Bewusst schreibe ich Prozess und nicht Zustand, denn Gesundheit ist Teil des lebenden Menschen, und Leben ist immer im Fluss. Dieser Fluss kann verschiedene Richtungen nehmen – zu mehr gesunder Lebendigkeit genauso wie zum Schwinden des Lebens auf allen Ebenen. Metalle bilden einen wichtigen Teil dieses Flusses. Als Bestandteile von Mineralien und Spurenelementen erhalten sie den Stoff-Fluss unseres Körpers lebendig. So braucht unser Körper Eisen, um Blut zu bilden, und Kupfer für das Enzym Superoxiddismutase, das unseren Körper vor freien Radikalen schützt. Schutz bieten uns Metalle auch als Inhaltsstoffe von Medikamenten. Teilweise nehmen wir sie dann homöopathisch verdünnt ein, teilweise kommen sie auch in höheren Dosen zum Einsatz, wie beispielsweise Gold als Bestandteil eines so genannten Basistherapeutikums bei Rheuma.

Doch durchfließen nicht nur Stoffe unseren Körper, sondern auch Informationen und Energien. Erst ihre Gesamtheit bildet den ganzen Lebensfluss. Ziel der Alchemie, wie auch der anderen großen Weisheitslehren, ist es, diesen Fluss zum Feineren, Höheren, Besseren zu leiten und ihm dabei seine urständige Lebendigkeit zu bewahren.

Erstmals seit langer Zeit sind nun wieder alchemistische Schätze in der Welt, die uns behilflich sein können, diesem Fluss die rechte Bahn zu bereiten. Dem Therapeuten können sie helfen, den Kranken auf seinen eigenen Weg zur Gesundung zu schicken. Dem Erkrankten geben sie wertvolle Hilfe zur Selbsthilfe an die Hand. Und dem Suchenden weisen sie Pfade zu seiner ganz persönlichen Befreiung und Entwicklung.

Die Metall-Essenzen sind Teil dieses Schatzes, eines Schatzes, der heute erstmals jedem Interessierten zur Verfügung steht. Doch verschwendet einen Teil des Schatzes, wer unbedacht nach ihm greift. Wer den Schatz in seiner ganzen Fülle erfahren möchte, muss die grundlegenden Zusammenhänge kennen. Obwohl diese Zusammenhänge für den Außenstehenden auf den ersten Blick fremdartig scheinen, folgen sie eindeutigen Regeln. Regeln, die Ulrich Arndt in *Schätze der Alchemie - Metall-Essenzen* klar beschreibt. Diesen Regeln liegen naturgesetzliche Zusammenhänge zugrunde, die der Autor ausführlich erläutert.

Neben solchen auf den ersten Blick mehr theoretischen Ausführungen gibt der Autor jedoch auch ganz praktische Anweisungen, wie der Leser die Metall-Essenzen wirkungsvoll anwenden kann. Entsprechend dem Wesen der Alchemie lässt sich ihre Wirkung durch die aktiv-meditative Beschäftigung mit sich selbst deutlich steigern, und umgekehrt steigern sie die Intensität und Weite dieser Reise nach innen, die dann wieder erstaunliche Außenwirkungen haben kann. Im Buch dargestellte Fallbeispiele therapeutischer Wirkungen der Metall-Essenzen demonstrieren, was die wieder entdeckten Schätze der Alchemie im Zusammenspiel mit dem Anwender an Segensreichem vollbringen können.

Wer tiefer in die Alchemie eindringen will oder sich schon auf dem Weg zu alchemistischer Erkenntnis bewegt, erhält im Buch Aufschlüsse, die ihm Jahre des Suchens ersparen können. Auch der nur an seiner Gesundung interessierte Leser bekommt tiefe Einblicke in die alchemistischen Wege – und Anregungen, seine eigene Lage zu überdenken und eine Verbesserung herbeizuführen.

Ich wünsche diesem großartigen Buch die Beachtung und Anerkennung, die es verdient. Vor allem aber würde ich mich freuen, wenn die darin enthaltenen Erkenntnisse Eingang in das Leben möglichst vieler Menschen finden.

Mannheim, Januar 2003
Dr. med. Siegfried Stoll

Vorwort des Autors

Alchemie war einst die Königin der Wissenschaften – eine Universalwissenschaft, die alle Wissensgebiete in sich vereinigte, und eine Kunst zugleich. Praktische Kenntnisse etwa über die Heilkraft von Pflanzen, Mineralien und Metallen, über ihre Bearbeitung im Labor und ihre ganzheitlich-medizinische Anwendung gehörten ebenso dazu wie spirituelle Techniken. Das Heilige und das Heilende wurden als Einheit verstanden. Der Mensch war nicht getrennt von der Natur und auch nicht vom Göttlichen. Alles wurde als Ganzheit, als sich gegenseitig beeinflussend empfunden. „Wie oben so unten, wie innen so außen" lautet der Anfang der berühmten „Smaragdtafel" des Hermes Trismegistos, des sagenumwobenen Begründers der Alchemie. So wurden auch Körper, Geist und Seele stets gemeinsam behandelt. Dazu stellte man spezielle Mittel her: die Arkanen, die Heilelixiere der hohen Alchemie.

Über viele Jahrhunderte hinweg gaben die Alchemisten ihre Erkenntnisse und Einsichten nur mündlich an ihre Schüler weiter. In Büchern verschlüsselten sie ihr Wissen in symbolischen Bildern, kryptischen Andeutungen und Code-Wörtern wie „geheimes Salzfeuer", „philosophischer Merkur" oder „Stein der Weisen". Deshalb betonte beispielsweise der Alchemist Artephius: „Ich versichere dir, dass derjenige, der versucht, mit dem normalen Wortsinn das zu verstehen, was die hermetischen Philosophen geschrieben haben, sich in den Mäandern eines Labyrinths verstrickt, aus dem er niemals wieder herausfinden wird."

Diese „Geheimsprache" besitzt stets mindestens drei Bedeutungsebenen, die einen wortwörtlichen, geistig-spirituellen und laborpraktischen Inhalt bergen. Jede Ebene ergibt für sich allein einen gewissen Sinn, aber das eigentlich Gemeinte offenbart sich erst in der Zusammenschau, die nur möglich ist, wenn man das Ziel der Alchemie, nämlich die Schwingungserhöhung der Materie und des Menschen, sowie andere zentrale alchemistische Vorstellungen und Einsichten verstanden hat, die nun erstmals seit vielen Jahrhunderten wieder zugänglich gemacht werden:

- als geschriebenes Wort in diesem Buch,
- als alchemistische Essenzen,
- als eigenes Erleben, wenn Sie Essenzen und Gelesenes anwenden und dadurch „das Geheime", den verborgenen „Gral" in sich selbst heben können.

Ähnlich wie die Alchemie scheinbar entfernte Wissensgebiete wie Chemie, Biologie, Medizin, Astronomie, Mathematik und Philosophie in sich vereint, werden auch im Folgenden Erkenntnisse aus all diesen Bereichen herangezogen und miteinander verbunden. Viele Entdeckungen moderner Forscher erhalten durch das Wissen der Alchemie um die verborgenen energetischen und geistigen Vorgänge im Materiellen, insbesondere um das Wirken der Planeten-Kräfte in uns, eine ganz neue Bedeutung. Plötzlich wird ein universeller Zusammenhang sichtbar, den die heutige Wissenschaft längst verloren hat.

Auch die Alchemisten wollten wie die modernen Wissenschaftler die Natur, den Menschen und zusätzlich das Göttliche verstehen, jedoch wollten sie alles in seiner Ganzheit und auf ganzheitlichem Wege durchdringen - gedanklich, sinnlich und praktisch im Labor. Anders als viele Naturforscher der Vergangenheit und Gegenwart verloren zumindest die großen Alchemisten dabei nicht die alles verbindende Mitte und das übergeordnete Ziel aus den Augen: die Schwingungserhöhung der Materie und des Menschen, den „Weg zum Licht".

Die heute vielfach verbreitete Sinn-Losigkeit, die „transzendentale Obdachlosigkeit", wie der Philosoph Georg Lukács es nennt, war ihnen fremd, denn das Wunder der Schöpfung, das kosmische und göttliche „Gewebe des Lebens" begegnete ihnen tagtäglich. Es war für sie erlebbar in der Laborarbeit und in ihrer Heiltätigkeit, und so wurde ihnen der Sinn des Lebens immer wieder bestätigt: das Streben nach einer Schwingungserhöhung. Denn für sie war dieser Weg der „Durchlichtung" der Materie ein in der Schöpfung bereits angelegter natürlicher Entwicklungsweg - vergleichbar dem Samen, der sich zur Pflanze entwickeln, blühen und wieder neue Samen hervorbringen möchte. In ihrer Laborarbeit und Heiltätigkeit sahen sich die Alchemisten als Helfer und Beschleuniger dieses Durchlichtungsprozesses.

Emmendingen, September 2002
Ulrich Arndt

Das Geheimnis der Metalle

Überall in der Natur, wo Energien fließen, wo Farben erstrahlen, wo Licht sich in Materie verwandelt und aus chemischen Bausteinen organisches Leben wird, da sind sie am Werk: die Metalle. Sie sind die „Werkmeister" des Lebens, „Magnete" und „Schaltzentralen" der Lebensenergie - in der Pflanze ebenso wie im menschlichen Organismus.

Zu einer Art „Werkmeister" und „Schaltzentrale" sind die Metalle auch in unserem von der Technik geprägten Lebensalltag geworden. Wir finden sie überall in unserem Umfeld - in einfachen Werkzeugen ebenso wie in modernster Technik, in Fahrrädern und Autos, Wellblechhütten und Wolkenkratzern, Nähnadeln, Geldmünzen und Computern. Ganz „hautnah" begegnen wir ihnen tagtäglich als Essbesteck, Zahnersatz oder Schmuck. Metalle können zudem unser energetisches Umfeld erheblich verändern, denn sie sind „Magnete" für verschiedene Formen von Schwingungen. Gezielt setzen wir sie daher als Antennen für Radio-, Fernseh- und Satellitensignale ein, aber auch in anderer Form und Funktion sind sie Vermittler derartiger Wellen: Eisengeflechte im Stahlbeton, Metallregale oder in Nähe von starken Sendern sogar die Kochtöpfe fangen ebenfalls elektromagnetische Energien ein und strahlen sie wieder ab - zwar unhörbar für uns, aber mit feinen Geräten durchaus messbar. In gleicher Weise beeinflussen Metalle auch das natürliche Schwingungsfeld der Erde und die von Rutengängern erspürbaren Abstrahlungen von Wasseradern. Und sogar in unserem Organismus werden geringe metallische Spuren zu derartigen Schwingungs-Antennen - beispielhaft wurde das an den winzigen Mengen von Eisen-Magnetit in unserem Gehirn bewiesen, die in der Lage sind, mit dem Magnetfeld der Erde und anderen elektromagnetischen Signalen in Resonanz zu treten.

Umso erstaunlicher ist es, dass sich kaum jemand darüber Gedanken macht, welch bedeutsame Einflüsse Metalle auf uns haben. Dabei ist bekannt, dass schon geringste Mengen eine entscheidende Rolle bei der Sauerstoffaufnahme unseres Körpers

Magnete des Lebens werden die Metalle in der Alchemie genannt, da sie Antennen für die verschiedenen Formen feinstofflicher Energien sind.

spielen. Ohne ihre Mitarbeit im Stoffwechsel als wichtige Spurenelemente, Katalysatoren und Bestandteile von Enzymen könnten
wir nicht überleben. Von möglichen negativen Einflüssen bestimmter Metalle wissen wir ebenfalls. Auf dramatische Weise haben das Gesundheitsskandale um giftige Zahnmetalle wie Amal-
gam und Palladium und um Umweltverschmutzungen durch
Schwermetalle wie Cadmium, Quecksilber und Blei ans Tageslicht
gebracht. Jedoch hören damit die Einflüsse der Metalle längst
nicht auf. Beispielsweise sind nach alternativmedizinischem Verständnis bestimmte Metall-Kräfte an der Ausformung der Organe
und generell an der Regulation aller wichtigen Lebensfunktionen
beteiligt. Außerdem sorgen sie dafür, dass der Mensch mit den natürlichen Rhythmen von Erde und Kosmos in Resonanz treten
und dadurch sein Nerven- und Hormonsystem reguliert und harmonisiert werden kann.

Die allgemeine Unkenntnis über die Wirkkraft der Metalle ist
auch deshalb unverständlich, weil einige von ihnen über Jahrhunderte hinweg zu den angesehensten Heilmitteln gehörten. So empfahl die Heilige Hildegard, in der kühlen Jahreszeit Körper und
Gemüt durch die Einnahme von Gold zu stärken. Denn nicht nur
der Körper reagiert auf die Metall-Kräfte, auch Seele und Geist
werden durch diese beeinflusst. So lag es nicht allein an ihrer Sel-
tenheit, dass Gold und Silber in den meisten Kulturen eine bedeutsame Rolle spielten. Die Kultgegenstände und Machtinsig-
nien wurden auch deswegen aus Gold gefertigt oder vergoldet und
die Herrscher und obersten Priester mit Goldkronen, Goldmas-
ken oder Goldstaub geschmückt, weil von den Edelmetallen eine
bestimmte energetische, geistig-spirituelle Wirkkraft ausgeht.

Goldkur: Die Hei-
lige Hildegard
empfahl die Gold-
kur zur Stärkung
von Körper und
Gemüt insbeson-
dere im Winter.

Von der Eisenzeit zum Heiligen Gral

Bis hinein in die kulturelle und geistige Entwicklung der Menschheit wird dieser geheimnisvolle Einfluss der Metalle erkennbar.
Zutiefst ist unser gesamtes Sein von ihrem Wesen durchdrungen,
denn immer wieder waren einzelne Metalle in ganz besonderer
Weise prägend für eine Kultur. Sie wurden daher sogar zum Namensgeber ganzer Epochen wie der Kupfer-, Bronze- und Eisenzeit. Immer neue Vertreter der Metalle konnte der Mensch im
Laufe der Jahrtausende dem Schoß des Mineralreiches abgewin-
nen – angefangen von Kupfer, Gold und Silber bis hin zu Eisen,

Zinn, Zink und erst in jüngerer Zeit Aluminium, Titan und viele andere. Und stets war damit auch ein besonderer kultureller Impuls verbunden. Die entdeckten Metalle führten zu neuen technischen Möglichkeiten und waren mitunter sogar eine Zeit lang das jeweils am höchsten angesehene Heilmittel – beispielsweise Gold und Silber oder auch Quecksilber und Antimon.

Von der Kupfer- und der Eisenzeit bis zur heutigen Entdeckung und Nutzung der radioaktiven Metalle wie Uran erschließt sich die Menschheit mit jedem neuen Metall eine neue geistige Sichtweise. Im Wechsel von der Kupfer- zur Eisenzeit wurden die intuitiven, passiven Kupfer-Kräfte mit den aktiven Eisen-Einflüssen verbunden. Heute ringen wir um die höheren Metall-Prozesse: um die Vereinigung der Metalle, ihre Rückführung in reine Energie und um ihre Neuschöpfung. Was mit Bronze und dem Legieren der Metalle begann, wird heute allerdings vor allem zerstörerisch in der Nutzung von Atomenergie fortgesetzt. Neuere Versuche einer Neuschöpfung, bei denen Metalle mit organischen Substanzen zu neuartigen Werkstoffen und Schaltelementen für elektrische Energie verbunden werden, führen die metallischen Kräfte wieder näher zu ihrem eigentlichen lebendigen Wirken heran. Aber noch wird „der Ruf" der Metall-Kräfte nach einer Transzendierung und Rückführung ihrer Energien allein auf materieller, stofflicher Ebene verstanden. Die großen geistigen und spirituellen Kräfte der Metalle harren weiterhin ihrer Nutzung – und genau diese Nutzung ist das Ziel der „hohen" Alchemie.

Die Alchemie ist die „Mutter aller Wissenschaften", denn aus dieser jahrtausendealten Universalwissenschaft haben sich später erst die heutigen Naturwissenschaften einschließlich der Medizin, Psychologie und Astronomie entwickelt. Mit dieser Aufspaltung in einzelne Wissensbereiche ging zunehmend auch die Fähigkeit verloren, die gefundenen Einsichten sinnvoll und lebensfördernd miteinander zu verbinden. Anders in der „All-Chemie", hier wird dieser universelle Zusammenhang allen Seins stets mit berücksichtigt. „Wie oben so untern, wie innen so außen" heißt die berühmte Formel des Hermes Trismegistos, des mythischen Begründers der Alchemie. Sie umfasst praktisches Wissen etwa über die laborantische Aufbereitung und Heilanwendung von Pflanzen, Edelsteinen und Metallen ebenso wie Kenntnisse um die Energien der Erde, die Sternenkunde und spirituelle Erfahrungen und Techniken. Der berühmteste und schwierigste Laborprozess der Alchemie aber ist die Arbeit mit den Metall-Kräften: Es ist das

Das Große Werk, die sagenumwobene Wandlung von Blei zu Gold, steht symbolisch für die größtmögliche Schwingungserhöhung.

Vril-Kraft ist eine Bezeichnung für die universelle Lebens- und Schöpfungsenergie. Sie bezieht sich auf das alchemistische Symbolwort „Vitriol".

Trinkgold wurde die aus Gold gewonnene alchemistische Essenz Aurum Potabile auch genannt. Während sie ein altes wirkmächtiges Heilelixier ist, handelt es sich beim bekannten „Danziger Goldwasser" um einen normalen Schnaps.

Große Werk, die legendäre Wandlung von Blei zu Gold und die Erschaffung des „Steins der Weisen". Diese Transformation – oder besser Transmutation, also eine Wandlung der Elemente – ist nichts anderes als eine Schwingungserhöhung der Metalle. Es ist die Rückführung der Materie in ihre Schöpfungsenergie, um ihre geistig-energetischen Wirkkräfte für jeden Menschen nutzbar zu machen – für seine Heilung und seine persönliche, geistige und spirituelle Entwicklung. Denn auch der Mensch kann seine Schwingung immer weiter erhöhen und sich einen immer größeren Zugang zur Schöpfungsenergie eröffnen. Auch wenn die Menschheit viele Jahrtausende benötigt hat, um sich die Energien der Metalle zu erschließen, so kann der Einzelne diese Entwicklung in einer Lebensspanne durchlaufen – bis hin zu Entwicklungsschritten, die der Menschheit als Ganzes noch bevorstehen. Es ist der so genannte „Lichtkörper-Prozess", die alchemistische Wandlung der Chakras und die höchstmögliche „Durchlichtung" des menschlichen Organismus. Es ist der Weg zum „Gral" und zur „Vril-Kraft", der universellen Lebens- und Schöpfungsenergie. Dieser Prozess aber kann gezielt unterstützt und beschleunigt werden: mit den alchemistisch hergestellten Metall-Essenzen, dem „Aurum Potabile", dem berühmten Trinkgold der Alchemisten, und weiteren Elixieren etwa aus Silber, Kupfer, Eisen und anderen Metallen.

Wenn wir Metalle mit unserer Nahrung oder als Medikamente zu uns nehmen, dann muss unser Organismus sie erst „alchemistisch" aufschließen und verwandeln, um sie nutzen zu können. In uns lebt gewissermaßen ein „geheimes Feuer", das die „Erze" organisch aufschließen kann. Im Kindesalter wird es mitunter als Fieber spürbar, wenn der „innere Alchemist" den Organismus aufbaut und beispielsweise die Zähne formt. Je nach individueller Konstitution, momentanem Gesundheitszustand und seelisch-geistiger Entwicklung gelingt das innere Aufschließen der Metalle aber oft nur ungenügend – d.h., die emotional-seelischen und geistig-spirituellen Metall-Kräfte werden nicht voll erschlossen. Das spüren wir beispielsweise als „Nebenwirkung" von Metall-Arzneien, etwa wenn durch die Einnahme von Eisenpräparaten Verstopfungen auftreten. Sind die Metalle jedoch als hohe alchemistische Essenz aufbereitet, stehen ihre gesamten Kräfte Körper, Geist und Seele sofort als sehr hohe Energien und als ganzheitliche Information zur Verfügung. In diesem Sinne sind die alchemistischen Essenzen eine hochwertige „Licht-Nahrung". Welche

Wirkung die lichten Metall-Kräfte in uns auslösen, darüber finden wir in zahlreichen Mythen, Märchen und Erzählungen – angefangen von den Legenden um den Heiligen Gral und das Goldene Vlies bis zu den Göttersagen von Hermes-Merkur und dem Märchen „Siebenhaut" – wichtige Hinweise.

Mythen, Märchen und Metalle

Die alten Mysterienweisheiten beschrieben schon vor langer Zeit, dass von den Metallen sehr vielfältige Einflüsse auf unser Leben ausgehen. Bruchstücke dieses Wissens sind in vielen alten Mythen, Legenden und Sagen auf der ganzen Welt erhalten geblieben. Die Metalle begegnen uns darin nicht nur als Schwert mit magischen Kräften, als goldene Kugel und verzauberter Kupferkessel. In vielen Märchen wie dem von der Goldmarie, vom Eisenhans und vom Kupfermännlein stehen die Metalle auch mit bestimmten Geschehnissen, menschlichen Qualitäten und Eigenschaften in Zusammenhang. So wird dem Eisen Mut und Stärke zugeordnet, dem Gold Herzensgüte, Weisheit und Macht und dem Kupfer Anmut und Schönheit.

Auch die antiken Mythologien, die Sagen von den Planetengöttern wie Zeus, Saturn, Mars, Venus und Merkur berichten von geheimnisvollen Wirkungen der Metalle. Sogar in den Erzählungen vom Heiligen Gral und vom Goldenen Zeitalter geht es letztlich um die Metall-Kräfte und deren Einfluss auf den Menschen. Die Metalle werden darin als Symbol und als Magnet für die sieben Urkräfte des Kosmos beschrieben. Diese stehen mit den sieben klassischen Planeten und den ihnen zugeordneten Göttern in Verbindung. Und genau diese sieben Ur- oder Metall-Schwingungen zeigen sich auch im Menschen – sowohl auf körperlicher als auch auf geistig-seelischer Ebene:

Planetengöttin Venus mit Kupferspiegel, Symbol für Schönheit und Liebe.

- Im Körperlichen wirken die Metall-Kräfte über die sieben Hauptorgane, die sieben inneren Drüsen und die sieben großen Nervengeflechte,

15

- im Energetischen beeinflussen sie die sieben Haupt-Chakras, die großen Energiezentren der menschlichen Aura,
- im Seelisch-Geistigen zeigen sie sich in den sieben Archetypen der Seele, negativ in den sieben Todsünden und positiv in den sieben Tugenden.

Wie stark die Metalle unser gesamtes Wesen beeinflussen können, beschrieb bereits Plato in seinem Werk *Der Staat*: „Ihr alle, die ihr in der Stadt lebt, seid Brüder, doch als Gott euch formte, hat er denen, die zum Regieren fähig sind, bei ihrer Erschaffung Gold beigemischt, und das macht sie besonders wertvoll; allen Gehilfen der Regenten aber Silber, und den Bauern und sonstigen Handarbeitern Eisen und Erze."

Metall-Qualitäten: Jedes der sieben Haupt-Metalle steht für einen menschlichen Archetypus, für ganz bestimmte charakterliche Eigenschaften und Qualitäten, wie wir sie in Sagen und Märchen wiederfinden.

Nach Platos Meinung sollten jene Menschen, die von Geburt an eine der sieben Metall-Kräfte besonders stark in sich tragen, auch die dieser Qualität gemäße Rolle in der Gemeinschaft spielen: „Den Regenten gebietet Gott, besonders sorgfältig darauf zu achten, welches der Metalle den Seelen ihrer Kinder beigemischt ist, und wenn einer von ihnen Erz oder Eisen in sich hat, dann sollen sie keinerlei Bedauern mit ihm haben, sondern ihn dem Stand zuweisen, den er seiner Natur nach verdient, und ihn zu den Kriegern, Handwerkern oder Bauern tun; wächst aber umgekehrt unter diesen einer auf, der Gold und Silber aufweist, dann sollen sie ihn ehren und in den Stand der Regenten oder deren Helfer emporheben. – Soll doch nach einem Götterspruch jene Stadt zugrunde gehen, die ein eiserner oder eherner Herrscher regiert."

Wie Plato geben die antiken Mythen über die Planetengötter zahlreiche Hinweise darauf, welche Grundqualitäten mit den Wirkkräften der Metalle verbunden sind, denn jedem der sieben klassischen Planeten ist auch ein ganz bestimmtes der sieben Metalle zugeordnet. Die Mythen weisen zudem darauf hin, dass bestimmte Handlungen erst dann gelingen, wenn die jeweiligen „Götter" bzw. die ihnen zugeordneten Planeten „günstig gestimmt" sind. Das heißt: Erst unter dem Einfluss des passenden Planeten kann der Held ein Hindernis überwinden, das mit der jeweiligen Wirkkraft des zugeordneten Planeten-Metalls und der entsprechenden „Seelenqualität" in Zusammenhang steht. Im Märchen vom „Eisenhans" muss die Hauptfigur seine Willenskraft unter Beweis stellen, d.h. die Energie des Eisens meistern. Die Geschichte vom „Getreuen Johannes" verlangt von seiner Titelfigur „Blei-Prüfungen" der Treue und des Durchhaltevermögens. Im

16

Märchen vom „Kupfermännlein" geht es um Prüfungen der Seele und des Gemüts. Und die „Goldmarie" beweist mit Herzensgüte, Mitgefühl und Fleiß, dass sie über Gold-Kräfte verfügt, und wird daher zum Lohn auch mit Gold überschüttet.

Währen die antiken Mythen eher die Grundqualitäten der Metall-Kräfte beschreiben, weisen die später entstandenen Märchen und Heldensagen stärker auf eine mögliche Vereinigung der Metall-Kräfte im Menschen hin. Danach kann der Mensch sehr wohl auch verschiedene Metall-Kräfte erringen und wird, wenn er alle meistert, zum „goldenen Herrscher der Herrscher", zum „König der sieben Reiche" erwählt. Wer also etwas über die vielfältigen Einflüsse der Metalle auf Körper, Geist und Seele erfahren will, braucht eigentlich nur unsere alten Sagen und Märchen auf neue Art und Weise zu lesen – ihren symbolischen Kern gilt es zu erschließen, den Extrakt und alten Wissensschatz der vergessenen Mysterien.

Beispielsweise haben viele alte Hochkulturen die Sonne zu ihrer wichtigsten Gottheit und zentralen Figur ihrer Mythen erhoben. Oft gibt es auch mehrere Sonnengötter gleichzeitig, die auf verschiedene Aspekte in der Wirkung der Sonnen-Kräfte und des Sonnen-Metalls Gold hinweisen:

Der römisch-griechische Sonnengott Helios lenkt jeden Tag seinen Wagen mit den feurigen Rossen über den Himmel. Er sorgt also für den natürlichen Rhythmus und die vitale Aktivität.

Die Domäne des zweiten römischen Sonnengottes Apollon hingegen ist die Kunst, vor allem die Musik, und das Heilwissen. Als Kind wurde er mit der Nahrung der Götter genährt, was ihm ewige Jugend und Schönheit verlieh. Apollon ist zudem der Gott der Weissagung und Begründer des Orakels von Delphi. So repräsentiert Apollon die geistig-spirituellen Kräfte der Sonne und des Goldes. Und mit seiner Jugend, Schönheit und seinem Spiel der Laute und der Leier, die er von seinem Halbbruder Hermes-Merkur erhalten hat, kann er auch die Seele zum Strahlen bringen.

Mehrere Grundwirkungen der Sonnen- und Gold-Kräfte werden in diesen Sagen symbolisch beschrieben: Zum einen beeinflussen sie die vitalen rhythmischen Kräfte im Menschen (Helios) und damit das wichtigste Rhythmus-Organ, das Herz, und den gesamten Blutkreislauf, zum anderen das Seelisch-Emotionale und das Geistig-Spirituelle (Apollon) über eine Anregung des Bewusstseins bis hin zum Kontakt mit überpersönlichen Anteilen (Orakel, Weissagung, Channeling) und eine Harmonisierung bei emotionalen

Tiefs und eine Anbindung des Herzens an Liebe und höhere Schwingungen (symbolisch als Wirkung der Musik). Auf die große Spannweite der Wirkung des Goldes weist auch der Leitspruch des Sonnenorakels in Delphi hin: „Erkenne dich selbst, damit du Gott erkennst." In ihrer höchsten Form aber werden Sonne und Gold zum Symbol für die größtmögliche Schwingungserhöhung einer Materie, also für die „Durchlichtung" des Materiellen und für das „Licht des Heiligen Grals". In der Alchemie verkörpert die Sonne das männliche, aktive Prinzip – den so genannten „Sulfur". Es ist das erste der drei alchemistischen Grundprinzipien.

Das polare Gegengewicht zu Sonne und Gold sind bekanntlich Mond und Silber. Sie stehen in der Alchemie für das weibliche, empfangende Prinzip – „Sal" genannt. Es ist das zweite Grundprinzip der Alchemie.

Oft ist der Mond in alten Mythen eine Muttergottheit, die von der geistigen Sonne befruchtet wird und die materielle Sonne erst gebärt. In diese Rolle schlüpfte im Mittelalter die Jungfrau Maria, die (wie die ägyptische Isis) die „neue Sonne" Christus (im Ägyptischen das Horus-Kind) zur Welt bringt. Auf die Verbindung von Mond, Maria und Muttergottheit verweisen die Darstellung Marias als Gottesmutter auf der Mondsichel und der französische Ausdruck „Notre Dame" („Unsere Königin", „Unsere Mutter", „Unsere Hohe Frau"). Viele Marienkirchen sind zudem auf Plätzen vorchristlicher Mond- und Mütter-Heiligtümer errichtet worden.

In der Antike repräsentierte Hera, die Gemahlin des Göttervaters Zeus, den Vollmond und damit die weiblich-mütterliche Facette des Mondes. Der Neumond und die mit ihm verbundenen dunklen Mond- und Silber-Kräfte wurden von Hekate symbolisiert. Sie steht für Wildheit, rohe Instinkte, Ängste und dunkle Erotik, aber auch für den Tod. Artemis wiederum, die Zwillingsschwester des Sonnengottes Apollon, schweift als gestrenge jungfräuliche Jägerin durch die Wälder und repräsentiert die wechselnden Kräfte des zunehmenden und abnehmenden Mondes. In diesen Mythen findet man die Wirkkraft des Silbers auf Sexualität und Fruchtbarkeit, auf das Nervensystem und auf die rhythmisch-empfangenden Prozesse im Organismus wieder.

Sonne und Mond, Gold und Silber stehen auch für das Männliche und Weibliche in jedem Menschen, also für die im Chinesischen „Yin" und „Yang" genannten polaren Kraftqualitäten im Organismus bzw. für „Anima" und „Animus", die Anteile des Weiblichen und Männlichen in jedem Menschen. Beide Qualitäten

Die Vereinigung von Sonne und Mond, die Verbindung der männlichen und weiblichen Kräfte im Menschen, ist auch ein Verschmelzen von Körper, Geist und Seele (Mann, Frau und Vogel) – daraus entsteht der Sechsstern oder das Sechserkreuz und damit die Hagalis-Rune, das Symbol der Heilung, des göttlichen Kindes, der Meisterschaft und der Verschmelzung der geistigen und der materiellen Trinität.

wollen angenommen, entwickelt und energetisch gestärkt und in Harmonie gebracht werden. Auch hiervon berichten viele Märchen: Der in ein Tier verwandelte Geliebte oder das wilde, zu zähmende junge Mädchen symbolisieren jene unbewussten und daher „tierischen" Anteile des Weiblichen oder Männlichen, die einer Erlösung und Bewusstwerdung bedürfen. Erst dann können die polaren Energien verschmelzen, und im Märchen kann die große Hochzeit des neuen Königspaares gefeiert werden. Im Symbolbild des doppelgeschlechtlichen Hermaphroditen, also der Vereinigung von Hermes und Aphrodite, sind die polaren Kräfte miteinander versöhnt. Die alchemistische Metall-Therapie fördert genau diese Versöhnung und harmonische Verbindung der polaren Kräfte – im Praktischen ganz einfach durch die gemeinsame Anwendung der Gold- und der Silber-Essenz (näher dazu im Kapitel „Die Metall-Essenzen in der praktischen Anwendung"). Gold und Silber stärken nämlich die beiden polaren Kraftzentren, den Yin- und den Yang-Pol im Organismus und machen das lunare und das solare Prinzip, Anima und Animus, auf höherer Ebene für jeden nutzbar. Vermittelt und harmonisiert werden beide Wirkkräfte durch ein drittes Prinzip: das „Kind" Merkur.

Als antiker Planetengott ist Hermes-Merkur der Sohn von Zeus und der Titanin Maia, einer Tochter des Atlas, der das Himmelsgewölbe trägt. Maia verkörpert als Göttin des Wachstums Qualitäten von Mond und Erde; Zeus (wörtlich: „Lichter Himmel", „Tag") steht als Göttervater und höchster der olympischen Götter dem Sonnengott gleich, auch wenn er eigentlich dem Planeten Jupiter, der so genannten „zweiten Sonne" unseres Planetensystems, zugeordnet wird. Zeus macht Hermes-Merkur früh zu seinem Boten, denn dieser ist ausgesprochen flink, wortgewandt, diplomatisch und manchmal verschlagen. Niemand kann dem Pfiffikus aber wirklich böse sein. Seine wichtigsten Attribute sind die geflügelten Sandalen und sein Heroldstab, der bekannte Hermesstab mit den zwei gewundenen Schlangen. Er ist Schutzpatron der Reisenden und Kaufleute. Aber auch Musiker, Handwerker, Spieler und Diebe verehren ihn besonders, denn er erfand die erste Leier und stahl seinem Halbbruder Apollon eine Herde Rinder. Hermes-Merkur schickt den Menschen die Träume und geleitet die Toten in die Unterwelt. Er ist der einzige, der den Hades, das Reich der Toten, betreten und wieder verlassen darf. Er ist der „Grenzgänger" und Vermittler zwischen Göttern und Menschen, Weisheit und Lebensalltag, Tod und Leben. In der Alchemie steht

Merkur für die Vereinigung von solarem und lunarem Prinzip. Ihm zugeordnet werden das flüchtige Metall Quecksilber und das vermittelnde Zink. Als drittes alchemistisches Grundprinzip steht er für das neutrale, verbindende und vermittelnde „Mercurius"-Prinzip.

Das Große Werk und der Einweihungsweg der Metalle

Stein der Weisen oder Lapis wird in der Alchemie jenes Mittel genannt, mit dessen Hilfe alles in seinen höchsten Schwingungszustand versetzt werden kann. Daurch wird der Lapis zum Allheilmittel für den Menschen und verwandelt Blei in das hoch schwingende Gold.

Die Vereinigung von Sonne und Mond, Gold und Silber, männlichem und weiblichem Prinzip wurde in den Mythen der Heiligen Hochzeit oder in Märchen um die Vermählung des „edlen Königssohns" oder der „holden Prinzessin" mit einem Partner, den es erst zu finden und zu erlösen galt, beschrieben. Die höchste Vereinigung der polaren Kräfte aber symbolisiert der Heilige Gral und in der Alchemie das Große Werk, also die Wandlung von Blei zu Gold. Nach alchemistischem Verständnis ist der Gral der legendäre Stein der Weisen, der „Lapis", der unter Mitwirkung oder sogar aus der Verbindung der sieben Metall-Kräfte und der sieben Planeten entsteht. Er kann das niedrig schwingende Blei auf die hohe energetische Ebene des Goldes heben und in gleicher Weise jeden Kranken wieder zu bester Gesundheit verhelfen. Tatsächlich ist die Legende vom Heiligen Gral aufs Engste mit den sieben Metallen, dem Großen Werk der Alchemie und der geistig-spirituellen Entwicklung als Schwingungserhöhung des Menschen verbunden. Wenn die Gralsritter in ihren (metallisch) schimmernden Rüstungen und mit selbst geschmiedeten oder magischer Kraft versehenen Schwertern ausreiten, um sich zu bewähren, so geht es darum, die Qualitäten bestimmter Metalle zu erringen.

Im Märchen um „Prinz Johannes" gelingt es dem Helden, gleich drei Metall-Kräfte – symbolisch für alle sieben Metalle – zu meistern: Auf der Suche nach dem „Wasser des Lebens" für seinen todkranken Vater teilt er sein karges Mahl mit einem Bettler und hilft ihm, sein Bündel zu tragen. Dafür bekommt er einen Kupferknäuel, der ihn sicher leitet, und eine silberne Flöte, die wilde Tiere zähmt. Er gewinnt ein Paar Eisenkrallenschuhe, mit dessen Hilfe er den Kristallberg erklimmen und dort das „Wasser der Stärke" erringen kann. Derart mit Eisen-, Silber- und Kupfer-Kraft gestärkt, kann er die wilden Drachen des Kupfernen, Silbernen und Goldenen Reiches bezwingen und die Prinzessinnen der drei Reiche befreien. Drei Ringe an seiner Hand, einer aus Kupfer, einer aus Silber und einer aus Gold, zeigen, dass er die Metall-Kräfte gemeistert und in sich vereint hat – und ungehindert darf er deshalb aus dem „Quell des ewigen Lebens" schöpfen.

Vom Verlust der Metall-Kräfte berichtet die griechische Sage vom „Goldenen Vlies". Jason und seine Frau Medea, die die dunklen Kräfte des Mond-Silbers repräsentiert, verlieren die Macht des Vlieses wieder. Ihnen gelingt es nicht, auch in schwierigen Situationen die hohen Metall-Qualitäten zu bewahren. Sie müssen täuschen, verzaubern und sogar den Tod von Verwandten in Kauf nehmen, um ihr Ziel zu erreichen. Nach und nach sterben daher die „Metall-Gefährten", die Argonauten, als symbolische Stellvertreter für die Metall-Kräfte, und so kann Jason bei seiner Rückkehr auch nicht den goldenen Herrscherthron seiner Heimat besteigen.

Dass derartige Geschichten durchaus einen realen geschichtlichen, kulturellen und energetischen Hintergrund haben, belegt besonders eindrucksvoll eine gewaltige, hunderte Kilometer große geomantische Installation in Frankreich. Der Orden der Tempelritter prägte das alchemistische Symbol der sieben Metalle und des Gralsweges als riesigen energetischen Siebenstern in die französische Landschaft (ausführlich dazu in „Die Suche nach dem Heiligen Gral und der Siebenstern der Templer"). Dieser Gralsweg ist der geheime Einweihungsweg der Metalle, die schrittweise Verinnerlichung der sieben Metall-Kräfte und die Vereinigung der polaren Kräfte in Körper, Geist und Seele – und genau das ist das Ziel der hohen alchemistischen Metall-Arbeit, des berühmten Großen Werkes. Und mit jeder Anwendung der Metall-Essenzen machen wir einen kleinen Schritt voran auf diesem Gralsweg. Wir erlösen damit die negativen, niedrig schwingenden Metall-Qualitäten in uns und öffnen uns den höheren Metall-Kräften – vergleichbar der Wandlung im Märchen „Siebenhaut": Die getreue Frau vermag ihren in eine Schlange verwandelten Gemahl durch sieben Proben auf die Metall-Kräfte zu erlösen. Sieben Mal häutet sich dadurch die Schlange und streift eine Metallhaut nach der anderen ab – wird braun, grün, kupfern, silbern und golden, um am Schluss in allen Regenbogenfarben zu erstrahlen und sich in einen „Edelmann" zu verwandeln.

Was aber sind diese sieben Grundkräfte der Metalle und damit die sieben Archetypen der Seele, die es auf dem Gralsweg zu meistern gilt? Die alten Mythen und Märchen stimmen in diesem Punkt erstaunlich überein. Stets werden dieselben Seelenqualitäten

Heiliger Gral: Der Weg zum Heiligen Gral ist der geheime Einweihungsweg der Metalle. Wer die Eigenschaften der sieben Metalle in sich weckt und in Harmonie bringt, wird den Gral und damit den höchsten Schwingungszustand erlangen.

und Charaktereigenschaften beschrieben, wenn es um das gleiche Metall und den gleichen Planeten geht:

Metall-Essenzen:
Die sieben Essenzen der sieben Planeten-Metalle werden im Wechsel an den sieben Wochentagen angewendet. Dadurch kommt der Mensch wieder in Einklang mit den kosmischen Kräften und wird in seinem Weg zum inneren Gral unterstützt.

- Venus-Aphrodite, Dornröschen, Schneewittchen und andere gemütvolle, schöne Frauen stehen vor allem für Jugend, Schönheit, Anziehungskraft, Intuition, Hingabe und Liebe – und damit für die Kupfer-Kräfte.
- Kriegsgott Mars, Thor mit seinem Eisenhammer und Märchenfiguren wie der tapfere Soldat und der Michel ohne Furcht, die alle Mutproben und Kämpfe bestehen und ritterlich die Schwachen schützen, symbolisieren die Eisen-Kräfte Tatkraft, Mut und Stärke.
- Jupiter-Zeus tritt uns als weiser Regent oder kundiger Meister entgegen, unter dessen Führung Friede, Ordnung und Wohlstand herrschen. Sie stehen für die Energien des Zinn.
- Saturn, der greise Hüter der Schwelle zum Reich des Todes, tritt im Märchen auch als schweigsamer Alter und unbestechlicher Ratgeber auf. Sein tiefsinniger, aber erbarmungsloser Rechtsspruch im Einklang mit der kosmischen Ordnung entspricht den Blei-Kräften.
- Der Götterbote Hermes-Merkur und die Kräfte des Quecksilbers begegnen uns in den Märchen als findige, schlitzohrige Gesellen, die sich aus allen Notlagen mit ein bisschen Flunkern und viel Bauernschläue herauslavieren können.
- Mondgöttinnen sind im Märchen die fürsorglichen Mütter, die tugendhaften Prinzessinnen und die jungfräulichen Bräute. Die Mond-Silber-Kräfte besänftigen etwa als Klang einer silbernen Flöte wilde Tiere, stiften Frieden und verbreiten Fruchtbarkeit.
- Die Sonnengötter sind im Märchen die Sonntagskinder, die jedem Bedürftigen helfen und dafür reich belohnt werden. Hier kommen die Gold-Qualitäten Güte, Weisheit und Zuversicht zum Ausdruck.

Fehlt es an diesen Metall-Kräften, verkehren sich die seelisch-geistigen Qualitäten in ihr Gegenteil. Die Person wird von den sieben Lastern und „Todsünden" Hochmut, Zorn, Neid, Geiz, Unzucht, Völlerei und Trägheit des Herzens getrieben, statt von den sieben Tugenden Gerechtigkeit, Tapferkeit, Klugheit, Mäßigung, Glaube, Liebe und Hoffnung geleitet. Jeder der sieben klassischen Planeten steht damit für einen Archetypus. Die drei weiteren Planeten unseres Sonnensystems, die „transsaturnischen" Uranus, Neptun und Pluto, waren in diesem System zunächst nicht enthalten. Sie wurden erst zwischen Ende des 18. Jahrhunderts (Uranus) und 1930 (Pluto) entdeckt. In Astrologie und Signaturenlehre aber gelten sie als „höhere Oktave" dreier klassischer Planeten: Uranus repräsentiert die erhöhte Form der Merkur-Kräfte, Neptun steht für die hohen Venus-Qualitäten und Pluto für die erhöhten Kräfte des Mars. Auf diese Weise sind auch die neuen Planeten im klassischen System der sieben Planeten enthalten.

Im Laufe unseres persönlichen Gralsweges müssen wir uns diese sieben archetypischen Metall-Qualitäten in ihrer erlösten Form aneignen und auf höherer Ebene vereinen. Die berühmten Ritter der Gralsdichtung Artus, Lancelot, Gawein und Parzival scheitern an einer der sieben Metall-Qualitäten und können daher den Gral bestenfalls aus der Entfernung erschauen. Die alchemistischen Metall-Essenzen aber erleichtern es uns, dieses „Große Werk im Menschen" zu vollbringen. Denn mit ihrer Anwendung müssen wir uns die sieben Energiequalitäten nicht allein im täglichen Leben erobern. Vielmehr können wir uns die im Laborprozess bereits alchemistisch erhöhte Schwingungsqualität der sieben Metalle tropfenweise zuführen. So geleiten uns die Metall-Elixiere immer wieder auf den Weg des Grals zurück und stärken uns auf unserer Reise – es liegt an uns, wie weit wir diesen Weg beschreiten wollen und wie oft wir uns davon wieder ablenken lassen. Die Essenzen der hohen Metall-Alchemie sind sehr kraftvolle Hilfsmittel, aber auch sie können es dem Anwender nicht abnehmen, die nötigen Schritte in seinem Lebensalltag hin zum „Gral" auch wirklich zu gehen. Sie werden jedoch zu einem wertvollen Wegweiser und Motor, zum „Magneten" für Begegnungen mit den richtigen Menschen, zur „Schaltzentrale" für die richtigen Entscheidungen und Weichenstellungen.

Bei all dem finden wir außerdem Unterstützung in den täglich wechselnden Energien der sieben Planeten – wenn wir wieder lernen, uns mit den natürlichen Rhythmen zu verbinden (siehe Seite 178). Die Tempelritter verbanden zu diesem Zweck sogar das von ihnen geschaffene geomantisch-energetische Gralssiegel über Frankreich mit dem globalen Energiesystem unseres Planeten. Das Energiefeld der Erde wiederum steht in enger Verbindung mit den Metall-Energien der Erze und den Planeten-Schwingungen (dazu näher in „Die Wirkkräfte des Kosmos"). So ist schon das schützende und belebende elektromagnetische Feld unseres Planeten

Erzlagerstätten
der verschiedenen
Metalle können
das energetisch-
geistige „Klima"
einer Region prä-
gen. Herrscht ein
Metall vor oder
fehlt eines ganz, so
bestimmen diese
Metall-Qualitäten
maßgeblich die
geistige Entwick-
lungsaufgabe der
dort lebenden
Menschen.

ohne den magnetischen Eisen-Nickel-Kern im Innersten der Erd-
kugel nicht möglich. Die Erzlagerstätten der verschiedenen
Metalle wiederum durchziehen wie Adern die feste Gesteinshülle
des Globus – und auch hier fangen die Metalle als „Magnete"
und „Antennen" die jeweils mit ihnen in Resonanz stehenden
Planeten-Schwingungen auf und strahlen sie als Metall-Energien
wieder aus.

Betrachtet man die Verteilung der Metall-Lagerstätten, so fällt
auf, dass Eisen, Gold und Kupfer am gleichmäßigsten über die
Erde verteilt auftreten. Fast überall sind daher ihre Kräfte spürbar.
Zinn dagegen findet man vor allem auf der Südhalbkugel, in Europa und Sibirien. Andererseits konzentrieren sich die Blei-Lagerstätten vor allem auf die Nordhalbkugel und Australien. Wenn
nun ein Metall in einer Region der Erde vorherrscht – sei es in einem ganzen Kontinent oder einem Landstrich –, so werden natürlich auch die Menschen verstärkt der energetisch-geistigen
Qualität dieses Metalls ausgesetzt; fehlt es hingegen völlig im Bo-
den, so herrscht auch ein Mangel an der entsprechenden Metall-
Information. Beispielsweise verfügt Nordamerika über zahlreiche
Blei-Lagerstätten, aber keine größere Zinn-Lagerstätte (es gibt lediglich kleinere Funde in Kalifornien). Auch Russland hat reiche
Blei-Lagerstätten in seinem europäischen Teil, große Zinn-Vor-
kommen hingegen nur in seinen asiatischen Regionen. Die Menschen in den USA und Kanada und im europäischen Teil Russ-
lands sind demnach in besonderem Maße den gestrengen Saturn-
Kräften ausgesetzt, und es fehlen ihnen die Frieden und Ordnung
stiftenden Jupiter-Kräfte (Zinn). Sind die Saturn-Kräfte noch
nicht erlöst und ins Geistige gehoben worden, so dominieren
Konservatismus und strenge Regeln für Recht und Ordnung, im
Unterschied zum abwägenden Rechtsempfinden im Sinne von Gerechtigkeit, das die Zinn-Kräfte vermitteln.

Im Vergleich dazu hat Europa – wenn auch kleinere – Lagerstätten aller Metalle und daher ein sehr ausgewogenes und vielgestal-
tiges Energiefeld der Metalle. Das birgt eine große Entwicklungs-
chance für die dort lebenden Menschen und auch eine globale
Verantwortung: nämlich an der Vereinigung und Verbindung der
sieben Metall-Kräfte zu arbeiten, an der Erschließung ihrer höheren geistigen Qualitäten.

Neben den Metallen sind es die Edelsteine, die ebenfalls wertvolle „Magnete" für die Planeten-Energien darstellen. Ihre Verteilung
ist meist noch konzentrierter, also auf bestimmte kleinere Areale

der Erde beschränkt. Zusätzlich zu ihren Formen und Farbwellen bilden wiederum die in ihnen enthaltenen Metalle die Brücke zu den Planeten-Kräften. Die Edelsteine haben vor allem viele Aluminium-Verbindungen in sich, die dem Planeten Neptun zugeordnet werden. Farbgebende Bestandteile sind meist die als Legierungsmetalle bekannten Brüder des Eisens wie Chrom, Titan und Tantal. Der Edelstein Zirkon enthält als Besonderheit sehr geringe Spuren von Uran-Metallen und damit von Radioaktivität. Die Uran-Metalle und die Legierungsmetalle des Eisens aber gelten als höhere Oktaven der Mars-Kräfte und werden daher dem Planeten Pluto zugeordnet. Neptun (Aluminium) wiederum gilt als höhere Oktave der Venus. Es sind also die höheren Aspekte von Venus und Mars, des Weiblichen und Männlichen, die die Metalle in den Edelsteinen vermitteln. Im Vergleich zu den Metallen gelten die Edelsteine als „lichte", weniger verdichtete Träger der Planeten-Kräfte. Während die klassischen sieben Metalle vor allem die vitalen Lebenskräfte vermitteln, stellen die Edelsteine eher die Verbindung zum Seelischen her. So geben die Edelsteine im Schmuck gleichsam Hilfestellung dabei, die Metalle mit ihren höheren Wirkkräften zu verbinden. Das ist auch der tiefere spirituelle Grund, warum Edelsteine die Kronen, Zepter und Ringe zieren. Manche der Edelsteine sind auch in der Natur oft in der Nähe bestimmter Metalle zu finden, so als würden beide in ihrem Wirken im Energiekörper der Erde untrennbar zusammengehören.

Eine vergleichbare Wirkung können die Kräfte der Metalle und Edelsteine auch auf den Menschen ausüben – und in besonderem Maße vermögen sie das in ihrer gereinigten und bereits erhöhten Form als hohe alchemistische Essenzen. Heute muss daher niemand mehr eine Goldkrone oder ein Brustschild mit großen Edelsteinen tragen oder eine riesige Erdgeomantie erzeugen, um die Planeten-Schwingungen nutzen und mit ihnen in Resonanz treten zu können. Überall auf der Erde und zu jedem Zeitpunkt ist das durch Anwenden der neuen alchemistischen Metall-Essenzen – und eventuell begleitend dazu mit den bereits im Jahre 2000 erstmals wieder auf alchemistischem Wege hergestellten Edelstein-Essenzen – möglich. Wer sich beispielsweise die Hautareale im Bereich der sieben Haupt-Chakras – sie werden in der Alchemie „Siegel der Planeten" genannt – mit den entsprechenden sieben Metall-Essenzen einreibt, kann damit eine Zeit lang seinem Körper und Energiefeld gleichsam das energetische „Siegel des Grals" einprägen. Und so wie die Metalle die Magnete und Schaltzentralen der vitalen Lebensenergie sind, so werden die daraus gewonnenen hohen alchemistischen Essenzen zum Magneten für die hoch schwingenden Anteile der universellen Schöpfungsenergie in diesen Planeten-Metallen. Anders als die gediegenen Metalle und kristallinen Edelsteine wirken die daraus gewonnenen alchemistischen Essenzen intensiver und zugleich ganzheitlicher. Der Grund dafür ist, dass im Laufe des alchemistischen Prozesses sowohl die vitalen bzw. körperlichen als auch die seelischen und geistigen Kräfte der Metalle und Edelsteine getrennt, gereinigt und energetisch erhöht werden. Eine auf diese Weise gewonnene hohe alchemistische Essenz wirkt daher auf Körper, Geist und Seele gleichermaßen. Ein innerliches Einstellen auf eine dieser Ebenen wie bei der energetischen Arbeit mit materiellen Edelsteinen oder Metallen, um überhaupt die darin verborgenen Seelen- und Geist-Kräfte erschließen zu können, ist bei der Nutzung alchemistischer Essenzen nicht mehr nötig. Durch die alchemistische Aufbereitung im Labor sind in den Essenzen bereits alle drei Energieebenen vollkommen aufgeschlossen und stehen jedem sofort zur Verfügung. Allein wo die Kräfte der Metall- und Edelstein-Essenzen dabei den ersten Schwerpunkt ihrer Wirkung ansetzen, ist unterschiedlich: Die Metall-Essenzen harmonisieren und aktivieren zuerst die vitalen Lebensenergien und verbinden dann mit den höheren Kräften von Seele und Geist, während die Edelstein-Essenzen anfangs den seelisch-emotionalen Bereich ausbalancieren, bevor sie den Körper erreichen.

Die Entdeckung der geheimen Feuer

Eine sensationelle Entdeckung macht heute die Herstellung der hohen alchemistischen Metall-Elixiere wie des Aurum Potabile, des legendären „Trinkgoldes" der Alchemisten, erst möglich. Nach jahrzehntelangen Studien und langer mühevoller Laborarbeit gelang es, eines der größten Geheimnisse der Alchemie zu enträtseln und tatsächlich auch praktisch herzustellen: die „geheimen Feuer", die höchst außergewöhnlichen Lösungsmittel der Alchemie.

Diese „geheimen" oder „mystischen Feuer" - nämlich das „geheime Salzfeuer", der „Weingeist der Adepten" und der „philosophische Merkur" - sind in der Lage, sogar die härtesten Metalle und Edelsteine aufzulösen. Die heutige Chemie vermag das nur unter Erhitzung mit den allerstärksten Säuren und Laugen. Mit

Hilfe der „geheimen Feuer" aber gelingt das Ganze weit effektiver schon bei Zimmertemperatur. Und was die Sensation perfekt macht: Diese alchemistischen Lösungsmittel sind keineswegs giftige oder ätzende Substanzen, sondern selbst bereits ungewöhnliche energetische Heilmittel bei Steinleiden und anderen „Verkalkungen". Und so lösen sie die Metalle auch nicht nur auf, sondern gewinnen dabei die energetischen Heil- und Wirkkräfte, „Seele und „Geist", der Metalle.

Unter dem Einfluss dieser Lösemittel und im Einklang mit den Rhythmen der Planeten und dem Licht von Sonne und Mond verlieren selbst Metalle wie Blei, Quecksilber und Antimon ihre Giftigkeit. Und nur so gelingt die Herstellung der „hohen Arkanen", der energetisch und spirituell wirksamsten Heilmittel der Alchemie für Körper, Geist und Seele. Neben dem Gold und dem Silber, dem Aurum Potabile und dem Argentum Potabile, werden auf diese Weise auch die Metall-Arkanen von Kupfer, Eisen, Zinn, Zink und Vitriol gewonnen, so dass jedes der sieben Chakras mit Hilfe einer Essenz harmonisiert und angeregt werden kann. Dabei wird statt des klassischen Saturn-Metalls Blei das Vitriol und statt des Merkur-Metalls Quecksilber das Zink für die Essenzen-Herstellung verwendet, die beide eine bereits von der Natur aufbereitete erhöhte Form der jeweiligen Planeten-Kraft verkörpern. Sie sind für die energetisch-gesundheitliche Nutzung weit effektiver als die beiden klassischen Planeten-Metalle.

Langfristig und in bestimmter rhythmischer Weise angewendet, gelingt mit Hilfe dieser sieben Essenzen eine Schwingungserhöhung des gesamten Menschen – und die ist seit Jahrtausenden das eigentliche, geheime Ziel jeder wahren hohen Alchemie. Es ist das Große Werk im Menschen oder modern ausgedrückt: der Lichtkörper-Prozess.

So außergewöhnlich wie ein fertiges Metall-Elixier ist auch seine sehr aufwändige alchemistische Herstellung. Dabei geschehen Dinge, die nach heutigem Stand der Wissenschaft eigentlich nicht möglich sind:

- Stoffe verlieren ihre Farbe und ihre normalen physikalischen Eigenschaften,
- chemische Elemente wandeln sich um, sie transmutieren,
- unbekannte organische Substanzen entstehen, die auf paradoxe Weise miteinander reagieren,
- unerklärliche Lichtphänomene treten auf,

Lichtkörper-Prozess wird das gezielte Erhöhen des Schwingungsniveaus im gesamten Organismus genannt. In der Alchemie ist es „das Große Werk", die „Wandlung von Blei zu Gold" im Menschen.

- und am Schluss steht eine hoch energetische, lichtvolle Essenz, die nach alchemistischer Lehre die gesamte lebendige Heilkraft des Metalls, „seinen erhöhten Körper, seine Seele und seinen Geist" enthält.

Und ähnlich wie aus den harten Metallen durch die „geheimen Feuer" und die kosmischen Planeten-Kräfte diese hohen Arkanen entstehen, geschieht es bei deren Anwendung auch im Menschen: Die Metall-Essenzen werden für uns gleichsam zum „Lösungsmittel", das „Verhärtetes" und „Krankes" verwandelt und transformiert. In Harmonie mit den Planeten-Rhythmen „durchlichten" die Metall-Elixiere Körper, Seele und Geist und bewirken eine tief greifende Harmonisierung. Langfristig eingesetzt, können sie nachhaltig die Persönlichkeits- und Bewusstseinsentwicklung anregen und unterstützen und uns den Weg zum „inneren Gral" ebnen. Und so wie ein materieller Gralskelch aus Metall geformt und mit Edelsteinen zum Strahlen gebracht wird, so wie auch beim Schmuck, in Kronen und Zeptern die Metalle zum Träger der Edelsteine werden, so ergänzen sich auch Metall-Essenzen und alchemistische Edelstein-Essenzen:

- Die Metall-Elixiere harmonisieren und „vergolden" zuerst unseren dichteren Organismus, also den Träger unserer Seele und unseres Geistes.
- Die Edelstein-Elixiere bringen zuerst ins Emotional-Geistige mehr Licht.

Gemeinsam angewendet, „treffen" sie sich quasi auf halbem Weg, und Anwendungserfolge treten oft noch schneller ein. Ihre Wirkkräfte bilden gewissermaßen eine Lemniskate, eine liegende Acht, im harmonisierenden Austausch zwischen innen und außen.

Eine entscheidende Rolle für die außergewöhnlichen Wirkungen der alchemistischen Elixiere spielen die Kräfte der Planeten, deren Schwingungen und Rhythmen gezielt genutzt werden – wie das geschehen kann, ist eines der großen Geheimnisse der Alchemie, das jetzt gelüftet werden konnte.

2

Die Wirkkräfte des Kosmos

Es scheint Zauberei zu sein: Keimlinge, die in einem geschlossenen Behälter wachsen, verlieren bei Neumond an Gewicht und werden bei Vollmond schwerer als sonst, ohne dass Wasser oder etwas anderes hinzugegeben oder weggenommen wurde. Parallel dazu verändern sich auch die Mengen an chemischen Substanzen in der Pflanze – und das kann nach Meinung der heutigen Wissenschaft auf gar keinen Fall sein! Zwar könnte ein chemisches Element von der Pflanze in eine andere Molekülverbindung eingebaut werden, aber seine Gesamtmenge müsste gleich bleiben. Alles andere wäre eine Atom-Umwandlung, eine „Transmutation" wie die berühmte alchemistische Wandlung von Blei zu Gold – und das sei nun einmal einfach nicht möglich.

Den Pflanzen jedenfalls sind die „gesicherten Erkenntnisse" der heutigen Wissenschaftler über Transmutation völlig egal: Nach wie vor nimmt unter anderem der Gehalt an Phosphor in der Pflanze bei Vollmond zu und bei Neumond ab, und die Menge an Kalium wird gegenläufig dazu an Neumond größer und bei Vollmond geringer. Das haben gleich mehrere Forscher wie z.B. der durch seine naturheilkundlichen Kosmetika bekannte Chemiker Dr. Rudolf Hauschka in langjährigen Versuchsreihen immer wieder belegt. (Hauschka, *Substanzlehre*) Wie aber kann der Mond alle 14 Tage so etwas „wissenschaftlich Unmögliches" bewirken?

Auch andere Planeten beeinflussen die Pflanzen messbar: Allen voran steigert der Mars das Pflanzenwachstum, gefolgt von Venus und Merkur. Stehen Jupiter und Sonne zusammen am Himmel oder sich genau gegenüber, wird das Wachstum ebenfalls gefördert, hingegen wird es durch die gleiche Begegnung von Saturn und Sonne gehemmt. Das fanden Forscher der naturheilkundlichen Pharmafirma Weleda in mehreren Versuchsreihen während eines Gesamtzeitraums von sieben Jahren heraus. Sie stellten dabei fest: Setzt man Pflanzen in einen Übertopf aus Eisen (also ohne direkten Kontakt des Metallgefäßes mit der Pflanzenerde oder der Nährlösung), werden die Einflüsse des Mars verstärkt, in einem Topf aus Kupfer die der Venus, beim Zinngefäß die des Jupiter

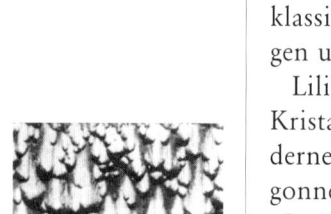

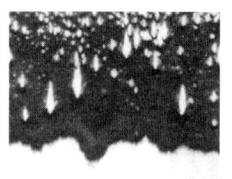

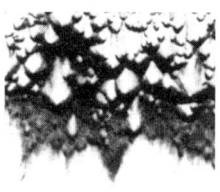

*Kristallisationsbilder
zeigen gleiche Signatu-
ren und damit ähnliche
Wirkkräfte bei Lösun-
gen von Gold (oben),
Fingerhut (Mitte) und
Herzzellen (unten).*

usw. (Pelikan, *Sieben Metalle*) Wie eine Art Antenne verstärken die Metallgefäße offenbar den Einfluss bestimmter Planeten. Anhand des Pflanzenwachstums wurden damit die alten hermetischen Lehren vom Zusammenhang der sieben Metalle mit den sieben klassischen Planeten und das verborgene Mysterienwissen in Sagen und Märchen in sensationeller Weise bestätigt.

Lili Kolisko, die Begründerin der wissenschaftlichen Arbeit mit Kristallisationsbildern, hatte Anfang des 20. Jahrhunderts die moderne Erforschung der qualitativen Wirkungen der Gestirne begonnen. Akribisch erforschte sie die Einflüsse der Planeten, die „Sternenwirkung in Erdenstoffen" – so der Titel ihres ersten Buches (erschienen am Goetheanum 1927). Unter anderem konnte sie den Einfluss der Sonne auf Goldlösungen, des Mondes auf Silber, und des Jupiter auf Zinnlösungen bestätigen und im Kristallbild als jeweils typische Muster sichtbar machen.

Diese Planeten-Kräfte wirken aber auch direkt in den Säften des Menschen: Bei Blutuntersuchungen mit Hilfe der Kristallisationsmethode zeigen sich die Planetenmuster bei Erkrankungen bestimmter Organe. So stellte sich heraus, dass z.B. aus dem Blut eines am Herz erkrankten Menschen exakt das gleiche Kristallmuster entsteht wie durch den Einfluss der Sonne (etwa in dem Moment, wenn sie aufgeht). Und nicht nur das: Auch eine Aufbereitung aus der Lösung eines tierischen Herzmuskels oder einer Pflanzenlösung des Fingerhuts (Digitalis), der als Arznei gegen Herzbeschwerden verwendet wird, erzeugen in der Testsubstanz die gleiche Sonnen-Signatur. Das wurde in umfangreichen Testreihen im Labor der Firma Weleda belegt. (Selawry, *Metall-Funktionstypen*) Sowohl in Organ und Blut als auch in der Pflanze und im Gold-Metall sind also die gleichen Sonnen-Kräfte wirksam – sie schwingen gleichsam „auf der gleichen Welle", sind in Resonanz wie zwei Stimmgabeln gleicher Tonhöhe.

Typische Grundmuster wurden auch bei anderen Planeten, Metallen und Organerkrankungen gefunden. So zeigen sich blattähnliche Rundungen bei Zinn (Jupiter) und bei Lebererkrankungen, schwungvolle Doppelflügel werden bei Quecksilber (Merkur) und Drüsenstörungen ausgebildet, und bergkristallähnliche Formen sind für Eisen (Mars) und Lungenprobleme typisch.

Der bekannte deutsche Wasserforscher Theodor Schwenk wiederholte Jahrzehnte später derartige Experimente und untersuchte, was geschieht, wenn sich zwei Planeten-Kräfte überlagern – also wenn z.B. zwei Planeten am Erdhimmel direkt beieinander stehen. So beobachte er unter anderem eine vier Tage während Konjunktion (also die Begegnung der Planeten am Himmel) von Mars und Saturn. Dabei offenbarten die Steigbild-Untersuchungen deutliche Veränderungen: Die sonst sehr großflächigen Muster in bleihaltigen Lösungen – Blei ist dem Saturn zugeordnet – lösten sich immer mehr auf. Sobald sich die Planeten wieder auseinander bewegten, nahmen auch Zahl und Größe der Strukturen wieder zu. (Pelikan, *Sieben Metalle*)

Derartige Einflüsse sind aus der Astrologie schon seit langem bekannt. Ob die von ihr aufgrund der Planeten-Positionen gemachten detaillierten Aussagen über die Persönlichkeit eines Menschen richtig sind, ist mit diesen Forschungen natürlich nicht belegt. Sicher ist aber:

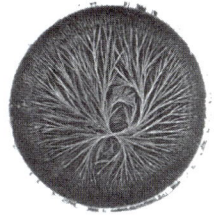

- die Planeten beeinflussen materielle Substanzen auf der Erde,
- die verschiedenen Planeten haben unterschiedliche Wirkungen, was sich unter anderem in jeweils typischen räumlichen Anordnungen von Kristallen und Mustern in Flüssigkeiten äußert,
- die Planeten erzeugen dabei Ordnungskräfte, die in ähnlicher Weise auch von den ihnen seit alters in Alchemie und hermetischer Philosophie zugeordneten Metallen, Pflanzen und Organen hervorgerufen werden,
- die jeweiligen Metalle fungieren als eine Art Antenne für die Schwingungen des zugeordneten Planeten und verstärken dessen Einfluss.

Steigbild-Untersuchungen mit Bleilösung während einer Konjunktion von Mars und Saturn. Bild oben: vor der Planeten-Begegnung, Mitte: fünf Tage später während der Konjunktion, unten: weitere fünf Tage später nach der Konjunktion.

Es gibt bereits viele wissenschaftliche Hinweise darauf, dass die Planeten ihre Kräfte auf mehreren Wegen zu uns senden. Schon das Sonnenlicht enthält bekanntlich in seinen Strahlen Metalle. Es ist gewissermaßen „Metall-Licht". Analysiert man nämlich die Spektrallinien der Sonne, die jeweils typisch für ein bestimmtes Element sind, findet man Gold, Eisen und die meisten anderen Metalle – freilich nicht als Materie. Es ist vielmehr eine elektromagnetische Strahlung in den verschiedenen Metall-Wellenlängen.

Die Nasa-Raumsonde Voyager hat vor einigen Jahren bei ihrem Vorbeiflug an den Planeten unseres Sonnensystems die tatsächlichen elektromagnetischen Schwingungen aufgezeichnet, die von den Himmelskörpern ausgestrahlt werden. Diese Wellen wurden in einen für uns hörbaren Bereich gewandelt. Die dabei entstandenen Töne entsprechen in ganz erstaunlichem Maße jenen Qualitäten,

31

Planeten-Antennen: neben dem Wasser gelten die sieben Metalle, die den Planeten seit alters zugeordnet werden, als besonders gute Empfänger für die sieben Gestirns-Schwingungen.

Planeten-Wellen kennt heute auch die Wissenschaft: als elektromagnetische Wellen und bestimmte Neutrino-Strahlungen.

Resonanz ist die wichtigste Form der Übertragung von Energie und Information in der Natur. Entscheidend dabei ist die Übereinstimmung in der Schwingung von Sender und Empfänger, nicht die Energiestärke.

die den Planeten zugeschrieben werden. Beispielsweise erzeugt der Saturn, der große Begrenzer und Hüter der Schwelle des Todes, dunkel grollende Klänge. Hingegen tönt Jupiter, der für Entfaltung und höhere Ordnungskräfte steht, sehr voll und wohlklingend mit vielen Unter- und Obertönen.

Schon 1961 hatte man erstmals an der Erdoberfläche extrem lange, regelmäßig schwingende elektromagnetische Wellen (zwischen 0,00166 Hz und 5 Hz; Hz = Hertz = Schwingungen pro Sekunde) gemessen. Bis dahin galt die Ionosphäre unseres Planeten als Sperrschicht für derartige kosmische Wellen. Die von den Planeten ausgestrahlten Frequenzen aber liegen genau in dem auf der Erdoberfläche gemessenen Bereich extrem langer Wellen. Wir „hören" also ständig das Lied der Planeten, und es ist nahezu unmöglich sich ihren Schwingungen zu entziehen. Sie durchdringen Glasscheiben, Hauswände und Erdwälle. Am stärksten sind sie, wenn das jeweilige Gestirn auf- oder untergeht. (Etwas schwächer ist die Wirkung, wenn es im Zenit und im Nadir steht.) In der Astrologie spielen genau diese Punkte eine wichtige Rolle: als Aszendent (Aufgangspunkt) und Deszendent (Untergangspunkt).

Die noch sehr junge Neutrino-Forschung zeigt einen weiteren Weg, wie die Gestirne auf die „Erdenstoffe" einwirken können. Neutrinos sind hoch energetische, superschnelle kosmische Teilchen bzw. nach der Theorie des deutschen Wirbelphysikers Prof. Konstantin Meyl hoch energetische Ringwirbel. Zirka 60 Milliarden Neutrinos pro Sekunde durchrasen jeden Quadratzentimeter – egal, ob es sich dabei um Pflanze, Tier, Mensch oder die Erde selbst handelt. Bei jedem Flug durch dichtere Materie und stärkere Felder verlieren die Neutrinos allerdings etwas von ihrer Energie. Die Planeten können natürlich sehr viele dieser Teilchen abbremsen, und so entstehen verschiedene, langsamere „Planeten-Neutrinos". Obwohl die Messmöglichkeiten dafür erst in den Anfängen stecken, konnten deutsche und russische Forscher bei Versuchen im Baikalsee alle zwei Sekunden ein Neutrino von der Sonne auffangen – und das, obwohl sie nur in einem winzig kleinen Ausschnitt des Neutrino-Spektrums messen konnten (ZDF-Expedition/Graichen, *Humboldts Erben*). Im Menschen und in der Pflanze sind es vor allem spiralförmige Strukturen, die nach Prof. Meyl in der Lage sind, Neutrino-Energie einzufangen. Und dabei spielen, wie später erläutert wird, wieder die Metalle als „Stimmgabeln" in den spiralförmigen Molekülen unseres Organismus eine bedeutsame Rolle.

In Kontakt: Die sieben Planeten-Metalle

Genau mit diesen Wirkkräften, den geheimnisvollen Energien der Planeten und den mit ihnen in Resonanz stehenden Metallen, Mineralien und Pflanzen beschäftigen sich Alchemisten bereits seit Jahrtausenden. Und im Laufe dieser Zeit entwickelten sie höchst erfolgreiche Methoden, mit deren Hilfe es wie in der Natur möglich ist, auch scheinbar Unmögliches zu vollbringen.

Eine dieser wissenschaftlich nicht erklärbaren alchemistischen Laborkünste ist die von Paracelsus (1493-1541), dem Begründer der modernen Medizin und zugleich einer der bekanntesten Alchemisten überhaupt, beschriebene Auflösung der Metalle und Wandlung ihrer Giftigkeit – nämlich die Herstellung der Metall-Essenzen. Die sieben den Planeten zugeordneten Metalle werden dabei in eine Art „Konzentrat" der Planeten-Kräfte bzw. in eine optimale „Antenne" für die Planeten-Töne verwandelt. Mit verblüffenden Folgen: Bei der Anwendung wird die menschliche Schwingung gleichsam ein paar Oktaven nach oben transponiert, mit jedem Tropfen aufs Neue – so lange, bis das Energiesystem von sich aus dauerhaft in einer höheren Schwingung verbleiben kann. Das ist das sagenumwobene Große Werk am Menschen und die Wandlung des Organismus in den „Gralskelch", also in ein Gefäß, das höchste Schwingungsenergie aufnehmen und ausstrahlen kann. Und stets haben die Alchemisten betont, dass gerade die Metalle in besonderem Maße diese höchsten Planeten-Kräfte einfangen können: „Die Schwingungstypen der sieben Qualitäten des Naturlichts finden ‚unten' oder ‚auf Erden' ihre materiell dichteste Basis in den Metallen, insbesondere in den ‚sieben magischen Metallen'", heißt es in einer Rosenkreuzer-Anleitung zur praktischen Alchemie. (Archarion, *Von wahrer Alchemie*)

Berichte über die – ebenfalls wieder – unglaublichen und unerklärlichen Wirkungen und Heilkräfte dieser alchemistischen Metall-Elixiere waren bis vor kurzem nur aus den Beschreibungen mittelalterlicher Alchemisten bekannt. „Von allen Elixieren ist das höchste und mächtigste das Gold. Es kann den Körper unzerbrechlich erhalten. ... Trinkbares Gold heilt alle Krankheiten, es erneuert und stellt wieder her", pries Paracelsus die alchemistisch hergestellte Gold-Essenz Aurum Potabile.

Wie kommt es, dass wir heute von diesem offenbar äußerst wirksamen Allheilmittel überhaupt nichts mehr wissen? Und es ist nicht das Einzige, das in Vergessenheit geraten ist: Dem legendären

> „Dein Stein, Chymist, ist nichts; der Eckstein, den ich mein, ist meine Gold-tinktur und aller Weisen Stein." (Angelus Silesius, Cherubinischer Wandersmann, 1657)

33

„Trinkgold" stellte Paracelsus nämlich ein zweites Universalheilmittel zur Seite: das „Electrum der Metalle", eine Mischung aus mehreren der hoch aufgeschlossenen Metall-Essenzen. Und sogar noch weitere alchemistische Metall-Elixiere etwa aus Eisen, Kupfer, Silber und Zink können, wie Paracelsus und andere Alchemisten-Ärzte berichten, ebenfalls mit großem Erfolg bei bestimmten Erkrankungen eingesetzt werden.

Ihre große Heilkraft entfalten sie durch die in ihnen enthaltene Wirkkraft der sieben Planeten. Denn genau in diesen Metallen sollen die von den Gestirnen einströmenden kosmischen Energien am stärksten wirksam sein. So steht das Gold in Kontakt mit den Energien der Sonne, Eisen mit den Mars-Kräften, Kupfer untersteht dem Einfluss der Venus, und Silber ist das Metall des Mondes:

Metall	Planet
Gold	Sonne
Silber	Mond
Eisen	Mars
Quecksilber und Zink	Merkur
Zinn	Jupiter
Kupfer	Venus
Blei, Antimon und Vitriol	Saturn

Zuordnung der Haupt-Metalle zu den sieben klassischen Planeten

Über viele Jahrhunderte hinweg gehörten Metall-Präparate zu den angesehensten Heilmitteln überhaupt und wurden in unterschiedlichster Form für Körper, Geist und Seele eingesetzt. Am wirksamsten und daher auch am angesehensten aber waren die auf alchemistischem Wege aus den Metallen hergestellten „hohen Arkanen", also Essenzen wie das Aurum Potabile. Sie waren die hohe Kunst der Metall-Therapie. Über Jahrtausende hinweg hatte die Alchemie als Universalwissenschaft das Wissen aus den unterschiedlichsten Bereichen zusammengeführt und nach Wegen gesucht, hochwirksame praktische Hilfen für die Gesundung und Bewusstseinsentwicklung zu schaffen. Bereits in den ältesten ägyptischen Papyri über Heilkunst, in den indischen Veden und in

Werken chinesischer Medizinkundiger gibt es zahlreiche Hinweise auf die Zubereitung alchemistischer Metall-Heilmittel. In der Neuzeit aber ging dieses Wissen mit der Aufsplitterung der Alchemie in die heutigen Naturwissenschaften Chemie, Medizin, Biologie, Psychologie und Astronomie weitgehend verloren – und damit auch der Heilschatz der alchemistischen Metall-Elixiere.

In der heutigen Schulmedizin werden meist nur eisenhaltige Mittel fürs Blut, Zinksalbe für die Haut und Zinkpräparate zur Stärkung des Immunsystems und der männlichen Fruchtbarkeit verwendet. Zwar haben Ernährungsforscher viel über die große Bedeutung von metallischen Spurenelementen für unsere Gesundheit herausgefunden, aber eine gezielte Anwendung in der täglichen schulmedizinischen Praxis findet kaum statt. Nur in der Alternativmedizin, vor allem in der Homöopathie wird heute noch zumindest mit „Metall-Informationen" gearbeitet.

Erst vor wenigen Jahren – an der Schwelle des neuen Jahrtausends – gelang es, das in alten alchemistischen Schriften in Form von Symbolen und kryptischen Andeutungen verschlüsselte Wissen um die Herstellung der großen Metall-Elixiere und um die eingangs erwähnten geheimen Lösungsmittel zu enträtseln. Zum ersten Mal seit vermutlich über 500 Jahren können heute diese Kostbarkeiten alchemistischer Heilkunst wieder in der alten, von Paracelsus so überschwänglich gepriesenen Form eines hohen Lebenselixiers hergestellt werden. Und wohl zum allerersten Mal überhaupt in der Geschichte können heute nicht nur Mitglieder eines besonders wohlhabenden Kreises, einer eingeschworenen Anhängerschaft oder einige wenige Kranke, die aufgrund des Wohnortes zufällig zu den Patienten der großen Alchemisten-Ärzte gehörten, diese außergewöhnlichen Elixiere nutzen. Heute kann jeder diese nach den zyklischen Gesetzen der Natur hergestellte Universalmedizin für Heilung und Bewusstseinsentwicklung verwenden.

Gerade in heutiger Zeit, wo durch Umweltbelastung und andere negative Einflüsse dringend energetische Heilung und Harmonisierung von Körper, Geist und Seele benötigt wird, erwächst damit aus der alten Kunst der Alchemie eine ungeahnte Hilfe, die sogar noch umfangreicher ist, denn zugleich mit den Metall-Essenzen gelang nämlich auch die Herstellung eines zweiten bedeutsamen Systems aus Heiltinkturen:

- die neun Edelstein-Essenzen, die „Medizin der Maharadschas", wie sie von den indischen Alchemisten genannt werden (siehe dazu ausführlich in dem Buch „Schätze der Alchemie – Edel-stein-Essenzen"),

- und weitere einzelne Essenzen aus Edelsteinen, Metallen und Pflanzenmischungen sowie spezielle alchemistische Öle und Tinkturen werden folgen.

Und neben den praktischen Rätseln der Laborarbeit konnte eben-falls erst jetzt auch das geheime Wissen der Alchemie um den Energiekörper des Menschen, um die Chakras und um die enor-me Bedeutung der Planeten-Kräfte für ihr Schwingungsniveau ent-schlüsselt werden. Daraus wurde ein System erkennbar, das auf verblüffend einfache Weise Schritt für Schritt eine grundlegende energetische Wandlung von Körper, Geist und Seele ermöglicht – denn eben das war das eigentliche Ziel des alchemistischen For-schens und Strebens: „Alchemie ist nichts anderes als eine schritt-weise Erhöhung des Schwingungszustandes", betont Frater Alber-tus, der bekannte Alchemist des 20. Jahrhunderts Albert Riedel (1911-1984).

Der Baum der „Philoso-phen" (die Kundigen in den geheimen Symbo-len), mit den sieben Pla-neten, den drei Grund-prinzipien Sal, Sulfur und Mercuris (Körper, Seele und Geist oder die drei Wandlungsphasen Nigredo, Albedo, Rube-do) im unteren Dreieck und die Wandlung des alten „Königs" (links) zum jungen Prinzen.

Der Alchemist sieht sich als Diener in einem natürlichen Ent-wicklungsprozess des Menschen, den er lediglich vorantreibt und beschleunigt. „Rubedo-Stufe" wurde dieser Weg zum "Heiligen Gral", zur Wandlung „von Blei in Gold" im Menschen, von allem Dunklen und niedrig Schwingenden in die höchsten Schwingun-gen des Lichts genannt. Denn der Prozess der Schwingungserhö-hung endet nicht bei einer Heilung als bloßer „Reparatur" des Körpers. Vielmehr können die alchemistischen Elixiere die gesam-te Persönlichkeit „erleuchten", indem sie die Entwicklung von Per-sönlichkeit und Bewusstsein unterstützen und beschleunigen.

Dieses geheime Wissen der Alchemie, das dem Heilschatz der al-chemistischen Metall-Essenzen zugrunde liegt, ist die Lehre von

- den drei großen Prinzipien und den drei Wandlungsphasen der Chakras,
- den vier Elementen und den vier Energiekörpern des Men-schen,
- den sieben Planeten und den sieben Organen, sieben inneren Drüsen, sieben großen Nervengeflechten und den sieben Chakras.

Und es ist das Wissen darum, wie sich diese drei, vier und sieben Prinzipien und Kräfte harmonisch miteinander verbinden – ja, wie sie sogar weit effektiver miteinander arbeiten können, als das gemeinhin beim Gesunden der Fall ist und man es sich vielleicht überhaupt vorstellen kann.

Diese komplexen Verbindungen der Wirkkräfte der drei Prinzipien, vier Elemente und sieben Planeten sind wichtig, will man die vielfältigen Wirkungen der großen alchemistischen Elixiere auf Organe, Chakras und Energiesystem verstehen. Erst aus diesen Verbindungen wird deutlich, wie sie die energetischen Abläufe während des Lichtkörper-Prozesses beeinflussen können und warum es in der umfangreichen Literatur über das Chakra-System derart viele Widersprüche und Abweichungen in den Zuordnungen gibt. Für eine Auswahl der persönlich passenden Metall-Essenz genügt zwar das Studium ihrer Einzelbeschreibungen und Anwendungsbereiche.. Die im Folgenden erläuterten Bezüge machen jedoch verständlich:

Das alchemistische Rad mit den Symbolen der zwölf Tierkreiszeichen, der vier Elemente, drei Grundprinzipien, sieben Planeten und dem Menschen im Zentrum.

- Die gleiche Essenz kann bei verschiedenen Personen sehr Unterschiedliches bewirken.
- Je nach individueller Problematik zeigt sich auch die Wirkkraft einer Essenz in verschiedenen körperlichen Ebenen, in Seele oder Geist am stärksten.
- Zu anderen Anwendungszeiten kann die Hauptrichtung der Wirkung variieren.

Das heißt, die alchemistischen Essenzen sind in ihrer Wirkung universell, individuell und rhythmisch zugleich – kurz: Sie sind ein Teil und die Essenz der lebendigen Wirkkräfte der Natur, der kosmischen Planeten-Energien.

Im Folgenden werden erstmals Bereiche des alchemistischen Wissens enthüllt, die bisher streng gehütet wurden. Was über Jahrhunderte in den Büchern der Alchemie nur vage angedeutet wurde, wird hier verständlich und ausführlich erläutert. Moderne Detailerkenntnisse der Naturwissenschaften etwa über Enzyme und Eiweiße, Kolloide und Kristalle, Biophotonen und Neutrinos erhalten durch das Wissen der Alchemie um die grundlegende Ordnungskraft der Planeten erst ihren sinnvollen Zusammenhang.

Die drei alchemistischen Grundprinzipien und die drei „Betriebssysteme" des Organismus

Die grundlegende Dreiheit in allem, was ist, gehört seit jeher weltweit zu den wichtigsten religiösen, philosophischen und wissenschaftlichen Vorstellung der Menschheit überhaupt. Die Ägypter kannten eine Reihe von Göttertriaden, in der sich die Trinität Gottes ausdrückt. In Theben verehrte man den Gott Amun, seine Gemahlin Mut und ihren Sohn Chons. Am bekanntesten aber ist das Paar Isis und Osiris mit ihrem Sohn Horus.

In Griechenland findet man sowohl zahlreiche Göttertriaden als auch dreiköpfige und dreiäugige Gottheiten. So wurde die Unterweltsgöttin Hekate dreigestaltig oder dreiköpfig dargestellt. Im Hinduismus bilden Brahma, Vishnu und Shiwa als Schöpfer, Erhalter und Zerstörer eine Dreieinheit. Die Kelten verehrten die drei Matres und ihre drei Gatten, die jedoch nur die drei Aspekte der einen Urmutter und des einen Urvaters darstellten. Wollten die Kelten ihre Götter in ihrer höchsten Machtfülle zeigen, dann stellten sie diese mit drei Köpfen dar. Auch in dem Templerorden verehrten die Ritter eine geheime dreiköpfige Symbolgestalt, den Baphomet.

Die Welt selbst wurde oft dreigeteilt gesehen. Die schamanischen Religionen kennen eine mittlere Welt, in der die Menschen leben, und eine obere und eine untere Welt, in die nur Seele und Geist des Menschen reisen können. Der Schamane kann im Trancezustand derartige Reisen zu Heilzwecken unternehmen, um in diesen Welten liegende Gründe für Erkrankungen zu beseitigen.

Auch das Christentum ist bekanntlich durch die Dreifaltigkeit von Vater, Sohn und Heiliger Geist geprägt. Heilige Paare, ähnlich der Urmutter und dem Urvater, und ihr Kind tauchen in vielerlei Gestalt auf – am bekanntesten natürlich als Maria, Joseph und Jesus. Auch die schamanische Dreiteilung der Welt wurde von der mittelalterlichen Kirche verkündet: Himmel, Hölle und Erde als obere, untere und mittlere Welt.

Und sogar Logik und moderne Wissenschaft kommen nicht ohne die Dreiheit aus. Man begegnet ihr etwa als These, Antithese und Synthese. Die Physik kennt unzählige Dreifachgliederungen, so wird etwa das Atom als Dreiheit aus Elektronen, Protonen und Neutronen beschrieben. Wir kennen drei Aggregatzustände der Stoffe: fest, flüssig und gasförmig. Die elektrische Ladung hat einen dreifachen Charakter: negativ, positiv und neutral. Es gibt

Alchemistische Trinität aus König (Sal), Sohn (Sulfur) und Geist-Engel (Mercurius).

drei „Stromarten": Gleichstrom, Wechselstrom und Drehstrom. Der Magnetismus ist dreifach durch Paramagnetismus, Diamagnetismus und Ferromagnetismus. In unserer dreidimensionalen Welt orientieren wir uns durch Länge, Breite und Höhe.

Das Leben auf der Erde ist eine Dreier-Gemeinschaft aus Pflanzen, Tieren und Menschen. Auch der Mensch selbst besteht, wie Pythagoras und vor und nach ihm viele Philosophen sagen, aus einer Dreiheit: aus Körper, Geist und Seele. Im Körper wiederum findet man weitere höchst bedeutsame Dreiteilungen. So entsteht der Organismus aus den drei „Keimblättern", die später beim fertigen Körper wie drei Röhren „ineinander liegen" und jeweils drei verschiedene funktionelle Einheiten bilden:

- das Ektoderm, aus dem sich Haut, Sinnesorgane, Nervensystem und Gehirn bilden und wo der Informationsfluss vermittelt wird;
- das Mesoderm, das die Bindegewebe, die Skelettmuskulatur und das Herz-Kreislauf-System umfasst und das gleichsam den rhythmischen Apparat des Menschen darstellt;
- das Entoderm, aus dem sich die Magen-Darm-Röhre formt und das für den Stoff- und Energieumsatz, den Stoffwechsel und die Drüsen zuständig ist.

Auch unser Gehirn ist dreigeteilt. Im Inneren liegen:

- das „Reptiliengehirn" – es gilt als der stammesgeschichtlich älteste Teil und bildet den Kern. Es ist für motorische Prozesse zuständig und präsentiert uns ein erstes Bild der physischen Welt;
- das „Emotionsgehirn" oder „limbische System" – es umhüllt diesen Kern und ist der Sitz der Gefühlsbindung, des Beziehungszentrums. Hier werden uns die Eindrücke des Kernhirns re-präsentiert, sie werden mit Gefühlen verbunden;
- das „neue Gehirn" oder der „Neokortex" – es bildet die äußerste Schicht, in der Intellekt, kreatives Denken, Mitgefühl und Liebe angesiedelt sind. Hier reflektieren wir über das, was die beiden inneren Hirne an Informationen liefern. Wir bilden also einen Zusammenhang, eine Konzeption zwischen der ersten sinnlichen Präsentation der Umwelt und der gefühlsverbundenen Re-Präsentation der Welt.

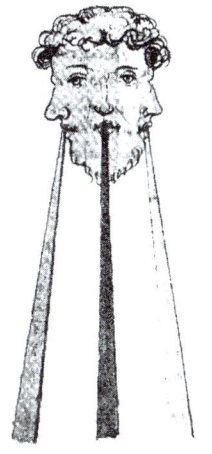

Der dreiköpfige Brunnen steht für die dreigestaltige Qualität in allen Dingen.

Noch weitere Dreiheiten finden sich beim Menschen: Sein Körper wird in Kopf, Rumpf und Gliedmaßen gegliedert. Drei Abfallprodukte scheidet der Mensch aus: Kot, Urin und Schweiß. Und auch in unserer Erbsubstanz sind es jeweils nur drei verschiedene Basenpaare, die Tripletts, aus denen der immens lange Strang der DNS in jeder einzelnen Zelle zusammengebaut wird und mit denen alle Informationen codiert werden.

Die traditionelle tibetische Medizin kennt ebenfalls eine Dreiteilung des Körpers und setzt diese mit drei verschiedenen Lebensenergien in Beziehung:

Dreiheit ist das grundlegende Ordnungssystem in Alchemie, Ayurveda und tibetischer Medizin sowie im Menschen selbst.

- dem Chi sind Gehirn, Rückenmark und Augen zugeordnet,
- Schara regiert das Muskelsystem,
- und Badgan ist für das Mund-Darm-System zuständig.

In ähnlicher Weise nimmt dieLehre des Ayurveda eine Einteilung in drei energetische Reaktionslagen und Konstitutionstypen vor:

- Vata werden die geistige Aktivität, die Sinnesorgane, aber auch die Steuerung der Bewegungsabläufe und Regulationsvorgänge zugeordnet;
- Pitta regiert die Gefühle und das Sehvermögen. Ihm unterstehen die Blutbildung, die Regulation der Körperwärme und der Verdauung;
- Kapha bildet die feste Struktur des Körpers, ist für den Zellaufbau und die Stabilität in Geist und Psyche zuständig.

Drei energetische Zentren des Menschen beschreibt in seinen vom Sufismus inspirierten Lehren auch der spirituelle Lehrer Georg Ivanowitsch Gurdjieff (1873-1949):

- das Bewegungszentrum im Unterkörper,

Alchemie	Ayurveda	Tibet	Gurdjieff
Sal	Kapha	Badgan	Bewegungszentrum
Sulfur	Pitta	Schara	Gefühlszentrum
Mercurius	Vata	Chi	Denkzentrum

Entsprechungen in den verschiedenen Dreier-Systemen

40

- das Gefühlszentrum im Oberkörper,
- das Denkzentrum im Kopf.

In der Alchemie trägt ihr mythischer Begründer Hermes Trismegistos die Dreiheit in seinem Namen: Er bedeutet „Hermes der dreimal Größte". Nach alchemistischer Vorstellung entsteht die grundlegende Ordnung aus den drei Grundprinzipien (oder „philosophischen Substanzen") Sal, Sulfur und Mercurius oder Salz, Schwefel und Quecksilber – vereinfacht Körper, Seele und Geist.

- *Sal* (Salz, Körper) ist das mineralisch-wässrige, das fixierende, verfestigende und konzentrierende Prinzip,
- *Sulfur* (Schwefel, Seele) das feurige, das bewegende und beseelende Prinzip,
- *Mercurius* (Quecksilber, Geist) das neutrale, vermittelnde, steuernde und geistige Prinzip.

Den drei alchemistischen Grundprinzipien können – natürlich mit einer gewissen Vereinfachung – die wichtigen Dreier-Systeme zugeordnet werden, wie die Tabelle unten zeigt.

Nach alchemistischer Lehre trägt alles die drei Grundprinzipien Sal, Sulfur und Mercurius in sich. Wasser z.B. hat einen salischen Charakter durch die darin gelösten Mineralien und Salze, das Mercuriale in ihm zeigt sich in seiner Fähigkeit, zu vermitteln und in Lösung zu bringen, und doch verkörpert das Wasser auch den Sulfur, denn es ist ständig in Bewegung, entwickelt reißende Kräfte, nimmt Rhythmen und Schwingungen auf und gibt sie ab.

Durch eine unterschiedliche Gewichtung unter den drei Prinzipien entstehen unterschiedliche Eigenschaften eines Dings oder ein menschlicher Grundcharakter. Überwiegt beim Wasser das Salische, wird es zum Eis, neigt es zum Mercurialen, wird es Dampf. Dazwischen gibt es unzählige Abstufungen.

Hermes Trismegistos als Lenker der drei alchemistischen Prinzipien Sal (Körper, Mond), Sulfur (Seele, Sonne) und Mercurius (Geist, Feuer zwischen beiden).

Mensch	Keimblatt	Gehirn	Triebkraft
Körper	Entoderm	Kernhirn/Reptilienhirn	Instinkt
Seele	Mesoderm	Emotionshirn/limbisches System	Gefühl
Geist	Ektoderm	neues Gehirn/Neokortex	Intellekt

So findet man im Menschen das Sal-Prinzip auch nicht nur im stofflichen Körper, das Sulfurische nicht allein in der Seele, und Mercurius ist nicht nur der Geist. Vielmehr ist jedes Prinzip in jeder der drei Ebenen wirksam. Beispielsweise entsprechen nicht nur die Knochen und festen Substanzen dem Sal-Prinzip. Auch in in Blut und Zellsäften und Gewebeflüssigkeit findet sich das Salische als Mineralien und Feststoffe. Bei energetischen Vorgängen (also im Sulfurischen) und im Denken (im Mercurialen) sorgt das salische Prinzip dafür, dass sich etwas verdichten, konzentrieren und manifestieren kann.

Und sogar die drei Grundprinzipien Sal, Sulfur und Mercurius selbst bergen in sich eine solche Dreiheit. Es gibt also z.B. einen salischen, einen sulfurischen und einen mercurialen Sal-Charakter. In der modernen Physik nennt man derartig sich wiederholenden Eigenschaften, die auch noch im Kleinsten oder im Größten wieder zu finden sind, „selbstreferentielle" Systeme. Insbesondere aus der Chaosforschung, die sich eigentlich mit höchst geordneten Phänomenen beschäftigt (dem „deterministischen" Chaos), sind solche Strukturen bekannt: etwa die „Julia-Menge" oder das „Apfelbrotmännchen". Und überall, wo die Naturwissenschaftler natürliche Abläufe beschreiben wollen, finden sie heute derartige sich selbst ähnliche „chaotische" Muster und Abläufe. In der hermetischen Philosophie und der Alchemie kennt man dieses Prinzip schon seit langem: „Wie oben so unten, wie innen so außen" lautet der Anfang der Smaragdtafel des Hermes Trismegisto in dem dieser Zusammenhang erstmals als „Naturgesetz" festgehalten wurde.

Bei der praktischen Herstellung der alchemistischer Metall-Essenzen sind diese Unterscheidungen der verschiedenen Sal-, Sulfur- und Mercurius-Anteile sehr wichtig. So werden beispielsweise jene salischen Stoffe, die nicht mehr gelöst und gereinigt werden können, nicht verwendet. In ihnen ist das Giftige enthalten. Die größte Heilkraft liegt bei den meisten Substanzen im Sulfur. Auch bei den Metall-Elixieren beruht ein Großteil der Heilwirkung auf ihren sulfurischen Anteilen.

Im Menschen zeigt sich jedes der drei philosophischen Prinzipien folgendermaßen:

- *Sal* als das verdichtende Prinzip. Alles das, was zum Mineralischen, zum Stofflichen, zur Konzentration und Verhärtung drängt, oder direkt das Feste, das Stoffliche, der Körper bzw. das Salz als der unverbrennbare Teil der Materie;

Trinität in der Dreiheit, also die dreifache Gliederung jedes der drei Prinzipien, führt zu den Geheimnissen der Natur und der Alchemie.

- *Sulfur* als das beseelende Prinzip. Es ist das Kraftgebende, die vitale Lebenskraft und Lebensenergie, das Gefühl, die individuelle Seele und das Ich-Bewusstsein;
- *Mercurius* als das vermittelnde Prinzip. Das sind das Geistige, Flüchtige und Spirituelle ebenso wie die verbindenden und steuernden Aktivitäten der Hormone und Botenstoffe. Zu ihm gehören die steuernden Abläufe, die zugrunde liegenden Muster, der geistige Bauplan. Mercurius ist der Lebensgeist, der den Dingen Wachstum verleiht und der Ausdruck des allgemeinen Weltgeistes im Individuellen.

Wenn Sal das stoffliche Gerüst liefert und Sulfur die belebende Energie, so sorgt Mercurius dafür, dass sich alles zu einem sinnvollen Ganzen verbinden kann.

Bei der Zeugung und Geburt „gerinnen" die drei Prinzipien zu einer stofflichen Form. Je nach Alter und verschieden auch in den Bereichen von Körper, Geist und Seele wird eines der drei Prinzipien vorherrschend. Und während im Laufe des Lebens der Sal-Körper wächst und sich Sulfur-Energie und Mercurius-Geist immer mehr Raum und Ausdruck verschaffen können, geht doch auch eine Verfestigung damit einher: im Körper in Form von Ablagerungen und Verschleiß, im Seelischen als mangelnde Flexibilität und Gefühlsverarmung und im Geistigen als Verkalkung und Starrsinn. Bis schließlich im Alter die verdichtenden Prozesse der salischen Kristallisation so weit vorangeschritten sind, dass die Kräfte des Sulfur und Mercurius den Körper nicht mehr durchdringen, steuern und beleben können – der Mensch stirbt. Eben dieser fortschreitenden Dominanz der Sal-Kräfte wirken die alchemistischen Essenzen entgegen.

Die Dreiheit von Sal, Sulfur und Mercurius liegt auch dem alchemistischen Chakra-System, den alten geheimen Lehren über die drei Wandlungsphasen des Energiesystems und des Bewusstseins zugrunde. Nigredo-, Albedo- und Rubedo-Phase werden diese Wandlungsphasen genannt, also „Schwärzung", „Weißung" und „Rötung" in Anlehnung an die Farbfolge, die sich während der Herstellung des „Steins der Weisen" bei Gelingen des Großen Werkes zeigen.

Die drei Wandlungsphasen verkörpern gleichsam drei verschiedene „Betriebssysteme" des menschlichen Organismus. Dabei ist der Wechsel von Nigredo in die höheren Phasen zugleich mit einer grundlegenden Schwingungserhöhung, einer emotional-seelischen

Verfestigung und Verkalkung bezeichnen in der Alchemie eine Dominanz der Sal-Kräfte. Diese müssen durch Sulur- und Mercurius-Kräfte harmonisiert werden.

43

Klärung und einer Läuterung und Erweiterung des Bewusstseins verbunden:

- Die *Nigredo-Phase* entspricht einer Ausrichtung des Energiesystems auf das Salische, auf Verdichtung und dem damit einhergehenden Abbremsen der Energie und schließlich dem Tod.
- In der *Albedo-Phase* werden die Prinzipien getrennt, um sie „reinigen" und erneuern zu können, und der Organismus wird aufs Neue dynamisiert.
- In der *Rubedo-Phase* dominiert Mercurius und sorgt dafür, dass die drei Grundprinzipien in neuer Weise harmonisch zusammenarbeiten und ein dynamisches Fließgleichgewicht bilden – im Einklang mit den natürlichen Rhythmen der Planeten gemäß dem „Wie oben so unten, wie innen so außen".

Die erst jetzt entschlüsselten tiefen Kenntnisse der Alchemie über die drei Wandlungsphasen des menschlichen Energiesystems bieten auch einen Weg, um die scheinbar zwangsläufig mit dem Älterwerden fortschreitende „Versteinerung" hinauszuzögern, zu stoppen oder sogar umzukehren. Stofflich gesehen, ist der menschliche Organismus, der zu rund 70 Prozent aus Wasser besteht, nämlich nichts anderes als ein flüssiger Kristall (siehe dazu „Der Mensch – ein flüssiger Lichtkristall"). Und das dynamische Schwanken zwischen Flüssigkeit und hoch geordnetem Kristall ermöglicht erst den Fluss des Lebens. In der Rubedo-Phase arbeitet das Energiesystem so zusammen, dass ein optimales Gleichgewicht zwischen dem verfestigenden Sal und dem bewegenden Sulfur, zwischen aufströmenden und abströmenden Kräften, Erd- und Himmels-Energien, Männlichem und Weiblichem, Yin und Yang besteht. Dadurch kann der menschliche Organismus von einem Höchstmaß an Energie und Bewusstsein durchdrungen werden.

Entscheidende praktische Hilfsmittel in diesem Prozess aber sind die alchemistischen Lebenselixiere. Mit ihrer Hilfe kann man sein „Betriebssystem" nach und nach auf Erneuerung umschalten und sich auch innerlich leichter auf die geistige Erneuerung der Rubedo-Phase ausrichten. Daher betont der Alchemist Sincerus Renatus: „Und diese Tinktur ist der Seelen Leben, und des Leibes Nahrung, und in diesem ist, als in einem Licht, Feuer und Geist, in natürlicher Ordnung und Maß und Gewicht vom Archaeo gesetzt, und ist so offenbahr vereinigt, dass nichts anders als Leben und Wohlseyn aus dieser unablässigen Harmonie dieser beyden Ursprünge, und des dritten bewegenden Geistes erwächst. Im Gegentheil kommen alle Kranckheiten ... aus Disproportion, Unordnung und Verunreinigung dieser Prinzipien."

Die vier Elemente und die vier Energiekörper des Menschen

Der griechische Arzt und Philosoph Empedokles (492-432 v. Chr.) nennt sie die vier Wurzelkräfte (rhizomata), für Plato (ca. 427-347 v. Chr.) sind es die unveränderlichen Elemente (stoicheia, lateinisch: elementum): Erde, Wasser, Feuer und Luft.

Natürlich sind die Luft, die wir atmen, und das Wasser, das wir trinken, nicht identisch mit diesen Wurzelkräften. Die Elemente stellen hier vielmehr immaterielle geistige bzw. philosophische Prinzipien dar.

Für Paracelsus sind sie die vier Mütter aller Dinge: „Es gibt vier Mütter der Dinge, die wir Elemente nennen, das Feuer, das Wasser, die Luft und die Erde." (Paracelsus, *Werke*, Bd. III, S. 441)

Die vier Elemente Erde, Wasser, Luft und Feuer auf ihren vier Symbol-Dreiecken. Auf dem Kopf die Symbol-„Tiere" als Phasen des Werkes und die vier Grade des Feuers im Laborprozess.

Als geheimes fünftes Element steht die Quintessenz oder der Äther als Vereinigung und als Ursprung hinter diesen vier Wurzelkräften. Für Empedokles ist es die Liebe, deren Kraft die Verbindung der vier Elemente bewirkt. Die Quintessenz oder der Äther sind als höheres, geistiges Prinzip - gewissermaßen als „Bauplan" - in allen Dingen enthalten. Sie sind der Ursprung aller Heilkräfte. Mit Hilfe der alchemistischen Aufbereitung wird eben diese Quintessenz aus ihrer Bindung an den jeweiligen Stoff befreit, mit Energie aufgeladen und mit dem gereinigten und erhöhten materiellen Träger wieder verbunden. Auch mit den Metall-Elixieren geschieht das.

„Es gibt vier Elemente und ursprüngliche Grundlagen aller körperlichen Dinge. ... Aus diesen sind alle Naturgegenstände unserer Welt zusammengesetzt, jedoch nicht auf dem Wege der Zusammenhäufung, sondern durch Verwandlung und enge Verbindung. Wenn sie zerstört werden, so lösen sie sich wieder in die Elemente auf", schrieb der bekannte Arzt Agrippa von Nettesheim (1486-1535, Zitat nach Rippe, *Paracelsusmedizin*). Diesen Elementen werden wiederum bestimmte Eigenschaften zugeordnet. Agrippa: „Jedes Element hat zwei spezifische Eigenschaften, wovon es die erste für sich ausschließlich besitzt, durch die zweite aber wie durch ein Medium mit dem folgenden Element zusammenhängt."

- *Feuer* – warm und trocken,
- *Erde* – trocken und kalt,
- *Wasser* – kalt und feucht,
- *Luft* – feucht und warm.

Element	Körpersäfte	Temperament	Organ	Krankheiten
Feuer	gelbe Galle	Choleriker	Herz	Fieber, Entzündungen
Erde	schwarze Galle	Melancholiker	Lunge	chronische Erkrankungen, Störungen in Verdauung und Stoffwechsel
Wasser	Schleim	Phlegmatiker	Leber	Drüsenerkrankungen, Hautleiden, Ödeme, Lymphstauungen
Luft	Blut	Sanguiniker	Niere	Stauungen in den Blutgefäßen wie Krampfadern, psychische und psychosomatische, Leiden

Zuordnungen der vier Elemente, Körpersäfte und Temperamente

Diese Qualitäten bilden die Grundlage des viele Jahrhunderte lang gebräuchlichen Diagnose- und Therapiesystems der „Vier-Säfte-Lehre" und der Lehre von den vier Temperamenten.

Sind die vier Elemente, Säfte und Temperamente im Gleichgewicht, ist der Mensch gesund. Das Übermaß eines von ihnen führt zur Erkrankung an Körper, Geist oder Seele. Mit Hilfe der alchemistischen Essenzen kann dieses Gleichgewicht wieder hergestellt werden.

Die vier Elemente wurden zudem mit bestimmten Elementargeistern, den zwölf Tierkreiszeichen und Symboltieren verbunden. Diese Symboltiere findet man auch in vielen alchemistischen Bildern, in denen die geheimen Arbeitsschritte symbolisch dargestellt werden. Bekannter als diese sind aber sicherlich die Symboltiere der Astrologie und der Bibel: Es sind die „vier Gesichter Gottes", die bekannten Symbole der vier Evangelisten und zugleich das fixe Kreuz des astrologischen Tierkreises:

Die vier Elemente (symbolisiert in den Ecken des Bildes) bilden die zwei polaren Qualitäten von Sonne und Mond, Feuer und Wasser (Dreiecke). Mercurius stiftet die Verbindung, und daraus entsteht ein Drittes als Kind: der Lapis (Stern). In der Höhle die sieben Planeten-Metalle.

- *Löwe - Feuer* (Markus, Tierkreiszeichen Löwe),
- *Stier - Erde* (Lukas, Tierkreiszeichen Stier),
- *Adler - Wasser* (Johannes, Tierkreiszeichen Skorpion/Adler),
- *Mensch - Luft* (Matthäus, Tierkreiszeichen Wassermann).

Sie bilden das fixe Himmelskreuz der zwölf Tierkreiszeichen. Daneben gibt es das kardinale Kreuz und das veränderliche Kreuz, die ebenfalls aus je einem Feuer-, Erde-, Wasser und Luft-Zeichen bestehen. In den Bezeichnungen „fix", „kardinal" und „veränderlich" aber verbirgt sich nichts anderes als die drei alchemistischen Grundprinzipien Sal, Sulfur und Mercurius. Und hier enthüllt sich, dass jedes der vier Elemente drei verschiedene Ausprägungen entwickeln kann – nämlich einen Sal-, einen Sulfur- und einen Mercurius-Charakter. Daher betont Paracelsus: „Es gibt also vier

47

Elemente, aber nur drei erste Dinge, drei in der Luft, drei im Feuer, drei in der Erde und drei im Wasser." (Paracelsus, *Werke*, Bd. III, S. 809) In den Sternbildern des Tierkreises sind die drei Grundprinzipien und die vier Elemente wie folgt verteilt:

Feuer (Tiersymbol: Löwe)
Sal: Löwe – fix, verdichtend
Sulfur: Widder – kardinal, aufbauend
Mercurius: Schütze – veränderlich, verteilend

Erde (Tiersymbol: Stier)
Sal: Stier – fix, verdichtend
Sulfur: Steinbock – kardinal, aufbauend
Mercurius: Jungfrau – veränderlich, verteilend

Wasser (Tiersymbol: Adler/Skorpion)
Sal: Skorpion – fix, verdichtend
Sulfur: Krebs – kardinal, aufbauend
Mercurius: Fische – veränderlich, verteilend

Luft (Tiersymbol: Mensch)
Sal: Wassermann – fix, verdichtend
Sulfur: Waage – kardinal, aufbauend
Mercurius: Zwilling – veränderlich, verteilend

Im Laufe des Jahres wird also jede dieser drei Qualitäten der vier Elemente vier Wochen lang wirksam. So wird verständlich, warum uns in dem einen Monat (unter dem Einfluss des fixierenden und verdichtenden Sal-Prinzips) schier alles gelingt und zum Abschluss gebracht werden kann, in einem anderen aber alles aus den Händen rinnt und sich verflüchtigt (Mercurius). Warum wir einmal von unseren Gefühlen hin- und hergerissen werden (Sulfur-Einfluss) und zu anderer Zeit genau wissen, wo es langgeht (Sal-Kräfte gelenkt von Mercurius). Warum wir in manchen Zeiten vor Ideen und Kreativität nur so strotzen (Mercurius) und uns dann wieder ausschließlich auf eingefahrenen Schienen bewegen (Sal).

Nun birgt aber nicht nur jedes der vier Elemente die drei Grundprinzipien in sich, die vier Elemente können auch selbst auf Sal, Sulfur und Mercurius zurückgeführt werden. So betont Paracelsus: „Es ist eine richtige und wohlbegründete Philosophie, wenn wir sagen, dass es nur zwei Elemente gibt, das Warme und das Kalte. Mit dem Warmen wird immer auch das Trockene verstanden, mit dem Kalten das Feuchte. Ungeschlacht ist der Philosoph, der von vielen spricht. ... Nur zwei gibt es. ... Es ist ein Vergleich wie ein Mann und eine Frau. ... Von den Elementen ist also zu wissen, dass Feuer und Luft eines ist, Erde und Wasser auch eins." (Paracelsus, *Werke*, Bd. III, S. 991) Dieser polaren Zuordnung entspricht der Gegensatz von Sulfur (Feuer und Luft) und Sal (Erde und Wasser) oder der aufsteigenden und der absteigenden Kräfte. Sulfur und Sal werden auch dem Männlichen (solares Prinzip) und dem Weiblichen (lunares Prinzip) zugeordnet. Zwischen ihnen aber steht der neutrale und vermittelnde Mercurius, das „Kind" von Sonne und Mond bzw. jenes Prinzip, das beide vereint und zwischen ihnen vermittelt. Mercurius steht damit auch stellvertretend für das geheime fünfte Element, den Äther oder die Quintessenz.

- *Sal*   = Erde + Wasser (lunares Prinzip, Yin),
- *Sulfur*   = Feuer + Luft (solares Prinzip, Yang),
- *Mercurius* = Äther (Quintessenz, mercuriales Prinzip, Yin-Yang-Harmonie).

Auch im Menschen können die Wirkkräfte der drei Grundprinzipien und der vier Elemente aufgespürt werden. Ein wichtiges Beispiel ist das Energiefeld des Menschen (die Aura) und wie es sich mit dem stofflichen Körper verbindet.

Die Existenz der Aura ist heute auch messtechnisch bewiesen. Bekannt ist: Der Mensch hat ein Wärmefeld, ein Duftfeld, ein Magnetfeld und ein elektrisches Feld um sich. Er strahlt die unterschiedlichsten elektromagnetischen Wellen aus – angefangen vom Bereich der Wärmestrahlung (dem Infrarot-Bereich) bis zu Mikrowellen und schwach radioaktiver Strahlung. Schon vor 25 Jahren ist es den japanischen Wissenschaftlern Dr. Hideo Uchida und Dr. Hiroshi Motoyama (Universität Tokio) gelungen, auch die Existenz darüber hinaus gehender Bereiche messtechnisch zu belegen (Motoyama, *Chakro-Physiologie*). Zwar konnte diese „feinstoffliche" Aura nicht direkt gemessen werden – dafür gibt es auch heute noch keine geeigneten Messgeräte –, aber die Forscher konnten ihren Einfluss indirekt erfassen. Die Aura beeinflusst nämlich gewöhnliche elektromagnetische Felder, und so gelang es, bei 4000 Personen die unterschiedliche Gestalt und

Aura wird populär die Energiehülle des Menschen genannt. Wissenschaftler konnten ihre Existenz belegen, und sie entdeckten dabei, dass sie sich rhythmisch verändert.

49

Energiekörper
nennt man die
vier Hauptschich-
ten der Aura, de-
nen je eine Ele-
mente-Qualität
zugeordnet wird.

Größe des feinstofflichen Feldes nachzuweisen. Uchida stellte fest, dass sich das menschliche Energiefeld mehrmals am Tag verändert und auch im Laufe des Jahres mit den Jahreszeiten variiert. Ebenso beeinflussten Umweltbedingungen, klimatische Verhältnisse und psychische Verfassung der Probanden die Form und Größe der Aura.

Der amerikanische Neuroanatom Harold Saxton Burr (Yale-Universität) und die Forschergruppe seines Schülers Leonard Ravitz wiederum fanden heraus, dass das elektrodynamische Feld des Menschen individuelle Rhythmen von 24 Stunden, sieben Tagen und 14 bis 17 Tagen Dauer aufweist. Außerdem treten jahreszeitliche Schwankungen auf. Dabei waren die 14- bis 17-tägigen Rhythmen an die Monphasen gekoppelt – jeweils ein bis drei Tage um Voll- und Neumond stiegen die elektrischen Potentiale der Probanden an.

Es gibt also rhythmisch einströmende kosmische Energien, die die Aura beeinflussen. Und es gibt individuelle, vom Organismus erzeugte Rhythmen und unterschiedlich stark ausströmende Energien. Beide sind miteinander verwoben.

Dr. Motoyama wies nach, dass diese ausströmenden Kräfte von uns selbst beeinflusst werden können: Bei spirituell praktizierenden Menschen ist die Aura-Abstrahlung größer als bei anderen und kann von ihnen bewusst verändert werden – so kann das Ausströmen von Energie aus bestimmten Chakras oder aus den Händen willentlich erhöht werden. Der deutsche Physiker und Biophotonen-Forscher Prof. Dr. Fritz-Albert Popp konnte das in Messungen bei einigen Geistheilern bestätigen. Das heißt, wir

Körper	Wirkrichtung	Element	Grundprinzip
Physischer Körper	Organe	Erde	Sal
Ätherkörper	Meridiane	Wasser	(Sal-Sulfur)
Emotional- oder Astralkörper	Drüsen	Feuer	Sulfur
Mentalkörper	Nervenplexen	Luft	(Sulfur-Mercurius)
Kausalkörper	Chakras	Äther/ Quintessenz	Mercurius

Zuordnung des physischen Körpers und der vier Energiekörper zu den Elementen, Grundprinzipien und Wandlungsphasen

selbst können mit bestimmten Methoden unser Energiefeld anregen und dauerhaft stärken. Und eine höchst einfache und effektive Methode dazu sind, wie wir sehen werden, die alchemistischen Metall-Essenzen.

In vielen spirituellen Lehren wird nun die menschliche Aura in vier Hauptschichten eingeteilt. So unterscheidet man in den einige tausend Jahre alten indischen und tibetischen Chakra-Lehren zunächst drei Körper des Menschen: den grobstofflichen Körper (Sthula Scharira), den feinstofflichen (Suskschma Scharira) und den Kausalkörper (Karana Scharira). Die beiden letzten werden weiter unterteilt, so dass der physische Körper von vier Hüllen oder Schalen (Koschas) mit eigenen typischen Eigenschaften und Funktionen umgeben wird. Diesen entsprechen die westlichen Bezeichnungen von Ätherkörper (Prana-Maya-Koscha), Emotionalkörper (auch: Astralkörper oder niederer Mentalkörper; Mano-Maya-Koscha), Mentalkörper (auch: Intelligenzkörper oder höherer Mentalkörper; Vidschnana-Maya-Koscha) und Kausalkörper (auch: Wonnekörper; Ananda-Maya-Koscha) bezeichnet. Wie die vier Elemente können auch sie einerseits den drei Grundprinzipien zugeordnet werden, und andererseits sind in jedem von ihnen Sal, Sulfur und Mercurius wirksam – nur eben in unterschiedlicher Gewichtung und Ausrichtung (siehe Tabelle unten).

Aus der Zuordnung der Grundprinzipien und Elemente zu den vier Energiekörpern erhalten wir auch einen wichtigen Hinweis darauf, wie die verschiedenen alchemistischen Essenzen gezielt eingesetzt werden können. Alle aktivieren zwar gleichermaßen das Chakra-System und richten im Rahmen des Lichtkörper-Prozesses

Wandlungsphase	Naturreich	Alchemistische Essenz aus
Nigredo	Metalle/Minerale	Metallen
	Pflanzen	Metallen/Pflanzen
Albedo	Tiere	Blütenpflanzen
	Mensch	Edelsteinen
Rubedo		Farben/Lichtplasma

das Energiesystem auf das bestmögliche „Betriebssystem" der Rubedo-Phase aus. Der Wirkungsweg dahin ist jedoch unterschiedlich:

- Die sieben *Metall-Essenzen* greifen durch eine für sie typische, stark erhöhte Sal-Kraft noch auf der stofflich-energetischen Ebene der sieben Hauptorgane ein. Ihre Sulfur- und Mercurius-Anteile arbeiten sich von dort aus über die energetischen Funktionskreisläufe der Organe (nämlich das aus der chinesischen Medizin bekannte System der Akupunktur-Meridiane), über die sieben inneren Drüsen und die sieben großen Nervengeflechte zu den sieben Haupt-Chakras durch. Sie wirken zuerst auf den physischen Körper und den Ätherkörper.
- Die *Edelstein-Essenzen* setzen mit der ihnen eigenen starken Sulfur-Kraft bei den sieben großen Nervenplexen an und entfalten von dort aus in beide Richtungen ihre Wirkung: mit ihren salischen Anteilen über die Drüsen hin zur Organebene, und mit dem Mercurialen wirken sie auf die Chakras. Sie wirken zuerst auf den Mentalkörper.

Aus der Zuordnung der vier Energiekörper zu den Grundprinzipien Sal, Sulfur und Mercurius und deren jeweils unterschiedlicher Anbindung im stofflichen Körper wird auch verständlich, dass bestimmte Leiden – vor allem, wenn sie chronisch geworden sind – zu ganz bestimmten Zeiten am besten behandelt werden können:

- Organleiden in den lunaren Sal-Monaten,
- Drüsenleiden, seelische Probleme und psychosomatische Störungen in den solar geprägten Sulfur-Monaten und
- geistig-energetische Probleme in den Monaten mit stärkerem Mercurius-Einfluss.

Aus den verschiedenen Prägungen der Elemente durch die drei Grundprinzipien entstehen auch die unterschiedlichen Charaktere der Personen, die entweder unter den Feuer-, Wasser-, Erde oder Luft-Zeichen geborenen wurden. So sind beispielsweise die unter den drei Feuer-Sternzeichen Widder, Löwe und Schütze Geborenen bekanntlich keineswegs gleich im Charakter und neigen zu ganz unterschiedlichen Erkrankungen:

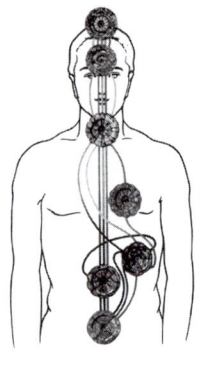

Chakras nennt man die wirbelförmigen Zentren im menschlichen Energiefeld, also in der Aura. Sie sorgen für einen Austausch von Energie und Information zwischen innen und außen. Ihre Rotationsfrequenz wird durch die Resonanz mit den Planeten bestimmt.

Tierkreis-zeichen	Grundprinzip/ Element	Polares Prinzip	Wirk-richtung	Wirk-weise
Widder	Sulfur-Feuer	solar	aufsteigend	aufbauend
Stier	Sal-Erde	lunar	absteigend	verdichtend
Zwilling	Mercurius-Luft	solarer Äther	aufsteigend	verteilend/ verbindend
Krebs	Sulfur-Wasser	lunar	absteigend	aufbauend
Löwe	Sal-Feuer	solar	aufsteigend	verdichtend
Jungfrau	Mercurius-Erde	lunarer Äther	absteigend	verbindend/ verteilend
Waage	Sulfur-Luft	solar	aufsteigend	aufbauend
Skorpion	Sal-Wasser	lunar	absteigend	verdichtend
Schütze	Mercurius-Feuer	solarer Äther	aufsteigend	verbindend/ verteilend
Steinbock	Sulfur-Erde	lunar	absteigend	aufbauend
Wassermann	Sal-Luft	solar	aufsteigend	verdichtend
Fische	Mercurius-Wasser	lunarer Äther	absteigend	verteilend/ verbindend

Der kosmische Jahresrhythmus energetischer Qualitäten

Der Widder mit seinem sulfur-geprägtem und damit doppelt feurigem Feuer (mit einer aufbauenden Wirkweise) ist kämpferisch und tatkräftig. Er neigt häufig zu Schlaflosigkeit und Kopfschmerzen, da der Andrang feuriger Energie ihn nur schwer innerlich zur Ruhe kommen lässt. Das viele Feuer kann zudem die aufbauenden Kräfte der Verdauung beeinträchtigen, daher leiden Widder-Geborene oft an Verdauungsproblemen.

Der Löwe wird von einem salisch-gebremstem Feuer-Element geprägt (mit verdichtender Wirkweise). Er möchte sichtbare Spuren hinterlassen – als Gestalter, Familienvater oder Führer einer Gruppe. Die Sal-Einflüsse führen bei ihm auch häufig zu typischen Sal-Erkrankungen wie Gicht und Rheuma sowie zu Herz-Kreislauf-Krankheiten wie Arteriosklerose.

Der Schütze wiederum untersteht dem Einfluss des geistigen, des Mercurius-Feuers (mit verbindender bzw. verteilender Wirkweise). Er möchte die Welt ganzheitlich erfassen und den dahinter

53

liegenden Sinn verstehen. Dem Mercurius zugeordnet ist das Nervensystem, und tatsächlich treten bei Schütze-Geborenen oft Nervenleiden auf sowie chronische Müdigkeitszustände, die durch eine ständige feurige Überreizung des Nervenkostüms hervorgerufen werden. Häufig sind auch Gelenkentzündungen, was ein Ausdruck der überhitzten verbindenden Wirkweise ist – hier bei der Verbindung der Gelenke.

Die zwölf Sternzeichen und ihre typischen gesundheitlichen Schwächen

Widder (21.3.-20.4.)
Kopfschmerzen, Blutandrang im Kopf, Schlaflosigkeit, Verdauungsstörungen, insbesondere Verstopfungen, durch Aggressivität bedingte Stresserkrankungen

Die vier Elemente in den zwölf Tierkreiszeichen, mit den sieben Planeten und den sieben Grundsubstanzen der Laborprozesse,

Stier (21.4.-21.5)
Hautkrankheiten wie Akne, Verspannungen, vor allem im Bereich des Nackens, Leber- und Nieren-Erkrankungen, Arthrose, Erkältungskrankheiten

Zwilling (22.5.-21.6.)
Nervosität, Konzentrationsstörungen, Nervenleiden, Erkältungen und andere Lungenerkrankungen

Krebs (22.6-22.7.)
Verstopfung, Nervenleiden, Magenbeschwerden, niedriger Blutdruck, Leberkrankheiten, Lymphstauungen, Schleimhauterkrankungen

Löwe (23.7.-23.8.)
Herz-Kreislauf-Krankheiten, Krankheiten des Rückenmarks, Multiple Sklerose, Blutkrankheiten, Rhythmusstörungen wie Schlafprobleme, Nervenleiden, Rheuma, Gicht

Jungfrau (24.8.-23.9.)
Nervosität, Rheuma, Lebererkrankungen, Verstopfung, Krampfadern, Ess-Störungen

Waage (24.9.-23.10)
Herz-Kreislauf-Erkrankungen, Nervosität, Beschwerden im gesamten Beckenraum wie Nierenerkrankungen, Menstruationsbeschwerden, Prostataerkrankungen und Beckenschiefstand

Skorpion (24.10.-22.11.)
Menstruationsbeschwerden, Herpes, Gebärmuttererkrankungen, Geschlechtskrankheiten, Impotenz, Unfruchtbarkeit, Verstopfung

Schütze (23.11.-21.12.)
Rheuma, Nervenleiden, durch Unrast ausgelöste Stresserkrankungen, Gelenkbeschwerden, Müdigkeit, Erkrankungen im Bereich der Oberschenkel

Steinbock (22.12.-22.1.)
Verstopfung, Rheuma, Gicht, Herz-Kreislauf-Erkrankungen, Gelenkbeschwerden, seelische Erkrankungen durch Unflexibilität und Festhalten an Altem

Wassermann (21.1.-19.2.)
Krampfadern, Venenleiden, Erkrankungen im Bereich der Waden, Magen- und Darmbeschwerden, Nervosität, Nervenleiden

Fische (20.2.-20.3.)
Herz-Kreislauf-Erkrankungen, Kopfschmerzen, Magenbeschwerden, Lungenerkrankungen, Gehbeschwerden, Fußleiden und insgesamt Erkrankungen des Bewegungsapparates

Diesen typischen Gesundheitsschwächen kann durch die Anwendung der alchemistischen Essenzen vorgebeugt werden – am besten in Form der „Wochenkur", bei der in täglichem Wechsel eine Essenz eingenommen oder eingerieben und so der natürliche Rhythmus gestärkt wird (siehe Seite 178).

Neben den Sternzeichen-Monaten stehen nämlich auch die sieben Wochentage (und sogar jede Stunde des Tages) unter einem unterschiedlichen kosmischen Einfluss, so dass bei einer gezielten Therapie auch stets der jeweils unterstützende kosmische Rhythmus für die Behandlung gewählt werden kann. Diese Tageseinflüsse sind nichts anderes als die Kräfte der sieben Planeten, denn jedem Wochentag ist einer der sieben Planeten zugeordnet (dazu später ausführlich).

So sind die sieben Planeten auch die Regenten hinter all diesen Verflechtungen. Daher betont Paracelsus: „Nicht die Galle verursacht den Zorn, sondern der Mars. Dieser bringt die Galle zum Überlaufen. ... Jede Krankheit beginnt im Gestirn, und vom Gestirn dringt sie hernach in den Menschen. Das heißt also, womit der Himmel vorangeht, das beginnt sich im Menschen zu vollenden." (Paracelsus, *Werke*, Bd. I, S. 76-77) Denn aus den Strahlen der sieben Planeten entstehen erst die drei Grundprinzipien und die vier Elemente. Und in jeder der sieben alchemistischen Metall-Essenzen wird die Kraft eines der Planeten auf ein Höchstmaß verdichtet, gereinigt und dynamisiert.

Die sieben Planeten und die sieben Haupt-Chakras der Aura

Sieben Lichter wurden die sieben Planeten genannt. Ihre Energien wirken mehrfach auf das menschliche Energiesystem: über die sieben Chakras, über die vier Energiekörper und über die drei energetischen Konstitutionstypen des Menschen.

Die sieben Planeten zerlegen das „Schöpfungslicht" des göttlichen Ursprungs wie eine Art Prisma in sieben Bestandteile. Und aus diesen sieben Strahlen baut sich dann die gesamte Welt auf. Die sieben „Lichter" oder „Geister" wurden die Planeten auch genannt. Ohne das Verständnis ihres Wirkens aber kann nach alchemistischer Auffassung weder die Natur noch der Mensch begriffen werden: „Der wahre unanfängliche Anfang aller Dinge mit seiner ewigen Ausgeburt durch die sieben Geister Gottes (die sieben Planeten) ... muss erkannt werden, so steht die ganze Natur nackend und entdeckt vor unsern Augen, und wir sehen den wahren Grund der Verwandlung einer Gestalt in die andere", betont der Alchemist Sincerus Renatus und weiter: „Das Centrum Naturae mit den sieben Gestalten sollten wir kennen lernen, so hätten wir alles, und wären Meister." (Sincerus Renatus, *Goldene Quelle*)

Ohne die Kenntnis der Planeten-Wirkungen im Menschen ist laut Paracelsus auch eine Heilbehandlung wenig erfolgversprechend: „Wie das Feuer durch den Ofen dringt oder die Sonne durch das Glas, so durchdringt den Menschen das Gestirn mit all seinen Eigenschaften und dringt in ihn ein wie der Regen in das Erdreich und bringt ihm Frucht. ... ist dein Wirken wider den Himmel, flickst du nur mit der Kraft der Erde und ... so bricht all

deine Arbeit wieder auf und ein Schneider
macht deine Arbeit besser als d[...]
sus, *Werke,* Bd. I, S. 447)

Als erstes erzeugen die sieben
neten-Strahlen die vier Eleme[...]
Feuer, Wasser, Erde und Luf[...]
Nach ihrer Entstehung verdich[...]
ten sich die Planeten-Farbstrah[...]
len weiter und bilden die drei
Grundprinzipien Sal, Sulfur
und Mercurius aus. Und aus
den unterschiedlichen Mi-
schungen, Kombination und
Verdichtungen der sieben Planeten-Kräfte, der vier Elemente un[...]
der drei Grundprinzipien ents[...]
hen dann Metalle, Minerale, [...]
steine, Pflanzen und auch der M[...]
So sind die drei alchemistisch[...]
prinzipien ein Ergebnis getrennt[...]
der „lunaren" und der „solaren" Planeten-Strahlen.

*Baumeister (Winkelmaß
und Zirkel), deren Kräf-
te genutzt werden müs-
sen, um das Polare
(Kreissymbole des Salpe-
ters und des Laugensal-
zes) zu vereinen und aus
dem rohen Fels den Py-
ramidenstein (Lapis) zu
schaffen. Die alchemisti-
schen Symbole finden
sich hier in einem frei-
maurerischen Teppich.*

- Das verdichtende *Sal-Prinzip* entsteht aus den Elementen
  Wasser und Erde bzw. aus den Energien der „lunaren" Planeten Mond, Jupiter und Saturn. Zugleich repräsentieren die
  drei „Sal"-Planeten auch wieder die inneren drei Qualitäten
  des Sal-Prinzips, also den Sal-, Sulfur- und Mercurius-Sal.
  (Wegen seiner sulfurischen Sal-Anteile wird Jupiter mitunter
  auch dem Sulfur-Prinzip zugeordnet.)
- Das feurige und beseelende *Sulfur-Prinzip* wird vom Element
  Feuer gebildet und untersteht den „solaren" Gestirnen Mars,
  Venus und Sonne. Auch hier stehen die drei Planeten wieder
  für die drei verschiedenen Ausprägungen des Sulfurs. (Wegen
  der Sal-Qualität im Sulfurischen wird die Venus manchmal
  auch dem Sal-Prinzip zugeordnet.)
- Dem vermittelnden Prinzip des *Mercurius* wird das Element
  Luft zugeordnet. Mercurius untersteht nur einem Planeten,
  dem namensgebenden Merkur. Es steht aber zusätzlich in
  Zusammenhang mit dem Äther und der geheimen „Luft",
  die das ursprüngliche Schöpfungslicht zu allen Planeten
  tragen.

Alles, was existiert, bleibt aber auch nach seiner Entstehung mit diesen erzeugenden Energien verbunden, und alles Lebende wird Tag für Tag immer wieder neu von ihnen erschaffen und regeneriert. Das erklärt, warum – wie weiter vorn beschrieben – ein Metalltopf das Pflanzenwachstum anregen kann, denn er verstärkt die entsprechenden einwirkenden Planeten-Kräfte, und warum die Muster bei der beschriebenen Kristallisation von Lösungen aus den „Planeten-Metallen" und den ihnen zugeordneten Pflanzen und Organen einander gleichen.

Welche Gestirnkräfte in einem Metall oder einer Pflanze, in einem Menschen oder bei einer Erkrankung am stärksten wirksam sind, das offenbart sich nach der so genannten Signaturenlehre. Sie schreibt den Planeten bestimmte Grundeigenschaften zu. Aus Ähnlichkeiten mit diesen sieben „Charakteren" kann auf deren vorherrschenden Einfluss geschlossen werden. Dabei können diese Ähnlichkeiten sehr vielfältig sein – etwa in der äußeren Form,

Planet	Thema	Ausdruck	Eigenschaft
Sonne	väterliches, lebensspendendes Urprinzip	Vitalität, Selbstbewusstsein	warm, würzig, majestätisch, gelb und orange
Mond	mütterliches, reflektierendes Urprinzip	Rhythmus, Wachstum	feucht, saftig, schleimig, samenreich, rhythmisch, weiß
Mars	aktives, aggressives Urprinzip	Dynamik, Tatkraft	stachlig, brennend, scharf, rot
Merkur	kommunikatives Urprinzip	Beweglichkeit, Kommunikation	schlank, gewunden, gefiedert, blau und violett
Jupiter	formendes, entwickelndes Urprinzip	Ordnungskraft, Ideenbildung	gerade, herrschaftlich, glatt, bitter, aromatisch, heilsam, lichte Farben aller Töne
Venus	harmonisierendes Urprinzip	Sinneskraft, Sinnlichkeit, Schönheit	harmonisch, regelmäßig, gerundet, samtig, üppig, stark duftend, heilsam, bunt
Saturn	be- und entgrenzendes Urprinzip	Schwellenerfahrung, höhere Sinnes- und Bewusstseinstätigkeit	langlebig, immergrün, gekrümmt, düster, harzig, giftig, zäh, ausdauernd

Die Hauptsignaturen der sieben Planeten

in Farbe oder Geruch, in den Reaktionen mit anderen Substanzen oder bei einer Veränderung der Temperatur, in der Art ihrer Entstehung und vielem mehr.

Für die Anwendung der Metall-Elixiere wichtig ist nun: Im Menschen wirken die Kräfte der sieben Planeten nicht nur, wie geschrieben, über die erwähnten vier Temperamente als Ausdruck der vier Elemente. Sie beeinflussen die sieben Haupt-Chakras und die mit diesen in Verbindung stehenden sieben Hauptorgane, sieben inneren (endokrinen) Drüsen und sieben großen Nervengeflechte. Auch in den indischen und tibetischen Chakra-Lehren und im Ayurveda werden die Planeten zu den sieben Chakras in Beziehung gesetzt und diese wiederum mit den beschriebenen vier Energiekörpern verbunden. Dabei gibt es verblüffenderweise eine große Übereinstimmung mit den Lehren der Alchemie, so dass die beiden jahrtausendealten Heilsysteme des Ayurveda und der Alchemie sich hierin gegenseitig bestätigen (siehe näher dazu in: Arndt, *Schätze der Alchemie: Edelstein-Essenzen*). Dadurch kann die bisher sehr verwirrende Vielzahl unterschiedlichster Chakra- und Planeten-Zuordnungen auf ihre tatsächliche Wurzel zurückgeführt werden. Ein Grund für das heutige Wirrwarr ist nämlich, dass das Wissen um die drei Ebenen in allem, also die Kenntnis des Sal-, Sulfur- und Mercurius-Prinzips, verloren gegangen ist. Auch im System der Chakras gibt es aber diese drei Ebenen, und jedes der sieben Chakras hat also eine Sal-, eine Sulfur und eine Mercurius-Ebene. Diese Ebenen werden nun in der westlichen Chakra-Literatur und in der subjektiven sensitiven Wahrnehmung wie der Aurasichtigkeit vielfach verwechselt und miteinander vermischt, wodurch eine Vielzahl unterschiedlicher Lehrsysteme und „Schulen" entstand. Erstmals wird hier die geheime Chakra-Lehre der Alchemie mit ihren drei Ebenen, den Wandlungsphasen Nigreo, Albedo und Rubedo, wieder in ihrem tatsächlichen Zusammenhang enthüllt.

Nigredo, Albedo, Rubedo: Die drei alchemistischen Wandlungsphasen entsprechen drei verschiedenen Planeten-Resonanzen der Chakras. In jeder dominiert eine der drei Grundenergien: die verfestigenden und formbildenden Energien im Nigredo, die bewegenden und auflösenden Energien im Albedo und die verbindenden, ausgleichenden und steuernden Energien im Rubedo.

Die Nigredo-Stufe des Chakra-Systems

Am bekanntesten sind die von der Alchemie vorgenommenen Planeten-Zuordnungen zu den sieben Organen. „Also versteht, dass das Hirn der Mond ist, die Lunge Mercurius, die Niere Venus, die Galle Mars, die Leber Jupiter, die Milz Saturn und das Herz ist die Sonne", heißt es bei Paracelsus. (Paracelsus, *Werke*, Bd. I, S. 40)

Diese Organ-Bezüge der Planeten entsprechen der Sal-Ebene des Menschen bzw. dem physischen Körper.

Planet	Organ
Mond	Gehirn
Merkur	Lunge
Sonne	Herz
Venus	Niere
Mars	Galle
Jupiter	Leber
Saturn	Milz

Das Wirken der sieben Planeten auf der Ebene des physischen Körpers (Sal-Prinzip, Element Erde)

Diese alchemistischen Planeten-Zuordnungen können nicht auf die Ebene der sieben Chakras bzw. der vier Energiekörper übertragen werden, sondern beziehen sich ganz auf den stofflichen Körper (siehe auch die Tabelle auf Seite 50).

Doch die Alchemisten nahmen auch völlig andere Zuordnungen vor, die sie vor allem in symbolischen Bildern verschlüsselt haben. Am bekanntesten wurde – allgemein allerdings mehr aufgrund der schönen grafischen Darstellung – der „Planetenmensch" von Johann Georg Gichtel (1638-1710), den er 1696 in seiner *Theosophica practica* veröffentlicht hat (siehe Bildtafel). Gichtel markiert hier mit den Planeten-Symbolen die Chakras, von den Alchemisten „Siegel der Planeten", „Brennöfen der Seele", „Tore" oder – verwirrenderweise – auch „Organe" (im Sinne von übergeordneten Energie-Organen) genannt. „Wenn ein Kind geboren wird, so wird mit ihm sein Firmament geboren und die sieben Organe, die für sich selbst die Macht haben, sieben Planeten zu sein und so alles, was zu seinem Firmament gehört", schrieb Paracelsus. (*Werke*, Bd. I, S. 38)

Gichtels Abbildung des „Planetenmenschen" zeigt, der Beschriftung des Bildes zufolge, den „ganz irdischen, natürlichen, finsteren Menschen". Zugleich schraffiert er die Figur schwarz. Damit symbolisiert er, dass hier der Mensch in seiner „Schwärze", also auf seiner dunkelsten, niedrigsten Schwingungsebene gemeint ist. Aus diesem Grund ordnet er ihm auch die sieben Todsünden und

nicht die sieben Tugenden zu. Es ist der Mensch auf der „Nigredo-Stufe" („Nigredo" bedeutet „Schwarz"), der niedrigsten der
drei Schwingungsebenen der Chakras. Die alten Mysterien setzen
diesen Zustand mit dem (energetisch) „gefallenen Menschen"
gleich, wie er durch Adam und Eva nach ihrem „Sündenfall"
symbolisiert wird: „Doch in Adam und Eva verdarb oder fiel
nicht allein die Seele, sondern weil alles an einem hing, so steckte das Seelen-Feuer auch den Geist und Leib an, der Geist und
Leib steckte an Lufft, Wasser und Erden, und zwangen sie durch
Zustimmung mit zu fallen, dieweil Geist und Leib und das Universal-Centrum oder Herz gefallen waren. ... Gleicher Maßen als
gegenwärtig in unserm Leibe, wenn das Herz kranck ist, so muß
der ganze Leib mit kranck sein", beschreibt Sincerus Renatus, Alchemist und Schüler Jakob Böhmes, den Fall des Menschen in
den niedrigsten Schwingungszustand und weist auf die Bedeutung des Herzens als energetisches Zentrum und auf die Klärung
der Gefühle hin.

Auf diesem Energieniveau der Nigredo-Stufe dominieren die
verdichtenden Kräfte des Sal – bis hin zur „Verkalkung" des
Menschen (dazu näher auf den Folgeseiten). In dieser ersten der
drei Wandlungsphasen sind die Chakras mit den Planeten wie
folgt verbunden:

Der Sündenfall steht symbolisch für den energetisch niedrigsten Schwingungszustand des Menschen, der mit einer „Unordnung" der Elemente und Planeten-Resonanzen verbunden ist – das ist die Nigredo-Phase.

Verfestigungsprozesse bis hin zur Verschlackung und Verkalkung dominieren, wenn die Planeten-Energien in der Nigredo-Resonanz im Menschen wirken.

Chakra		Planet
7	Kronen-Chakra	Saturn
6	Stirn-Chakra	Jupiter
5	Hals-Chakra	Mars
4	Herz-Chakra	Sonne
3	Solarplexus-Chakra	Venus
2	Milz/Sexual-Chakra	Merkur
1	Wurzel-Chakra	Mond

Nigredo: das Wirken der sieben Planeten auf der Sal-Ebene des Energiekörpers

Bezogen auf die Metall-Kräfte weist diese Folge verblüffende Entsprechungen auf: Ordnet man die zugehörigen Planeten-Metalle
nach ihrer Leitfähigkeit für Wärme und Elektrizität, ergibt sich
(bis auf eine geringe Abweichung bei Quecksilber) die gleiche

Reihenfolge der Planeten – und sie ergibt sich auch bei Anordnung der Planeten nach ihrer mittleren Bahngeschwindigkeit:

Metall	Leitfähigkeit für Wärme/Elektrizität		Geschwindigkeit der Planeten in Bogengraden	
Blei	8	10	Saturn	2
Zinn	15	13	Jupiter	4
Eisen	17	20	Mars	18
Gold	53	73	Sonne	30
Kupfer	74	77	Venus	32
Quecksilber	68	76	Merkur	36
Silber	100	100	Mond	392

Leitfähigkeit als energetische Eigenschaft der sieben Metalle in Bezug zu den sieben Planeten; die Werte für Quecksilber als festes Metall (aus Hauschka, Substanzlehre, S. 211)

Einen Hinweis darauf, warum Gichtel diese Planeten-Folge als „finster" und schädlich für Körper, Geist und Seele ansieht, erhält man ebenfalls aus den Eigenschaften der Metalle: aus der elektrischen Spannung, die die Metalle in einer Sole erzeugen – und damit vergleichbar auch im menschlichen Körper, der ja zu rund 70 Prozent aus Wasser und darin gelösten Stoffen, also einer Art Sole besteht. Hier zeigt sich, dass in dieser Reihung der Planeten-Metalle schlechte und gute Leiter einander gegenüberstehen. Dem entsprechen auch die am häufigsten auftretenden chemischen Reaktionslagen der Metalle – nämlich ob sie sauer oder basisch reagieren, wobei die saure Reaktionslage den gestaltbildenden und die basische den dynamischen Prozessen entspricht. Die Metalle beider Gruppen stoßen sich also gleichsam untereinander ab, und so findet man auch in der Natur etwa Blei, Zinn und Eisen (die drei Metalle mit schlechter Leitfähigkeit und saurer Reaktionslage) kaum gemeinsam in Erzen.

Auf den Menschen übertragen bedeutet das: Bei diesen Chakra-Planeten-Bezügen wird der Energiefluss gehemmt und blockiert, was die Verfestigungsprozesse fördert – bis hin zu den krankhaften stofflichen Verfestigungen wie Arteriosklerose, Verschlackung, Steinbildung und „Verkalkung".

Chakra	Planet	Metall	Elektrische Spannung in Sole	Reaktionslage
7 Kronen-Chakra	Saturn	Blei	− 0,12 V	Sauer
6 Stirn-Chakra	Jupiter	Zinn/Zink	− 0,10 V	Sauer
5 Hals-Chakra	Mars	Eisen	− 0,43 V	Sauer
4 Herz-Chakra	Sonne	Gold	+ 1,50 V	Neutral
3 Solarplexus-Chakra	Venus	Kupfer	+ 0,33 V	Basisch
2 Milz/Sexual-Chakra	Merkur	Quecksilber	+ 0,86 V	Basisch
1 Wurzel-Chakra	Mond	Silber	+ 0,79 V	Basisch

Nigredo-Stufe: Chakra-Zuordnung der Planeten und Metalle und ihre elektrische Spannung in Sole und Reaktionslage Minuswerte = schlechte elektrische Leiter, Pluswerte = gute Leiter; Sauer = Verhärtungsprozesse, gestaltbildend, Basisch = rhythmische Prozesse

Eine vergleichbare Trennung der Reaktionslage entsteht übrigens auch in der zuvor beschriebenen Zuordnung der Planeten-Metalle zu den Organen – nur mit umgekehrter „Polung". Und während die Nigredo-Folge also die Sal-Stufe des Energiekörpers darstellt, ist die Organ-Folge die Sal-Stufe des physischen Körpers:

Organ	Planet	Metall	Elektrische Spannung in Sole	Reaktionslage
Gehirn	Mond	Silber	+ 0,79 V	Basisch
Lunge	Merkur	Quecksilber	+ 0,86 V	Basisch
Herz	Sonne	Gold	+ 1,50 V	Neutral
Niere	Venus	Kupfer	+ 0,33 V	Basisch
Galle	Mars	Eisen	− 0,43 V	Sauer
Leber	Jupiter	Zinn	− 0,10 V	Sauer
Milz	Saturn	Blei	− 0,12 V	Sauer

Organebene: Zuordnung der Organe, Planeten und Metalle und ihre elektrische Spannung in Sole und Reaktionslage. Minuswerte = schlechte elektrische Leiter, Pluswerte = gute Leiter; Sauer = Verhärtungsprozesse, gestaltbildend, Basisch = rhythmische Prozesse

Die Albedo-Stufe des Chakra-Systems

Gichtel kennzeichnete in seiner Abbildung des „Planetenmen-schen" aber auch den Weg, der aus dem Nigredo hinausführt: der Weg der Spirale. Das signalisieren schon die drei Farben der Planeten-Siegel Gelb, Blau und Rot auf dem geschwärzten Nigredo-Menschen – es sind die Farben des Großen Werkes. In der praktischen Laborarbeit zeigt das Auftreten dieser Farben zu bestimmten Zeitpunkten dem Alchemisten, dass sein Weg richtig ist und tatsächlich zum Großen Werk führt. Auf diesem „Spiralweg" wirken die Planeten positiv auf die Chakras ein, und die Untugenden werden in Tugenden verwandelt.

Die Spirale verbindet alle „Planeten-Siegel" in neuer Weise. Sie verläuft vom Saturn aus ganz nach unten zum Mond und gelangt über Jupiter, Merkur, Mars und Venus zur Sonne – bzw. in umgekehrter Spiralrichtung von der Sonne zum Saturn. Es sind also gleichsam zwei Wege, die aus dem dunklen Zustand des Nigredo herausführen: der Weg der Sonne und des Herzens und der Weg des Saturn, der Mystik. Manchmal wird auch die Albedo-Stufe, die sich durch die zweite Spiralrichtung ergibt, als ein vierter eigenständiger Schritt aufgefasst – die Citrinitas (Gelbung).

Chakra	Planet Weg des Herzens	Planet Weg der Mystik
7 Kronen-Chakra	Sonne	Saturn
6 Stirn-Chakra	Venus	Mond
5 Hals-Chakra	Mars	Jupiter
4 Herz-Chakra	Merkur	Merkur
3 Solarplexus-Chakra	Jupiter	Mars
2 Milz/Sexual-Chakra	Mond	Venus
I Wurzel-Chakra	Saturn	Sonne

Albedo: das Wirken der sieben Planeten auf der Sulfur-Ebene des Energiekörpers

Ordnen wir den Metallen wieder die elektrische Spannung in einer Sole und die vorherrschende Reaktionslage zu, ergibt sich eine grundlegende Veränderung zur Nigredo-Stufe: Jetzt entsteht ein polarer energetischer Wechsel von Chakra zu Chakra. Hierin drückt sich die in der Albedo-Phase einsetzende Dynamik aus. Durch sie kommen die Verfestigungen des Nigredo wieder in Fluss, beginnt eine tief greifende Reinigung und eine neue Dynamisierung. In dieser Reihung der Metalle finden sich auch Kombinationen wieder, wie sie in der Natur vorkommen: Eisen, Kupfer und Gold im Pyrit oder Blei, Silber und Zinn in den Fahlerzen und im Bleiglanz.

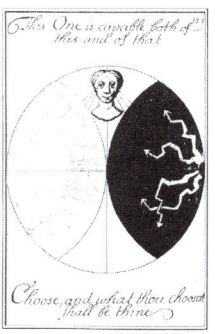

Chakra	Planet Weg des Herzens	Metall	Elektrische Spannung in Sole	Reaktionslage
7 Kronen- Chakra	Sonne	Gold	+ 1,50 V	Neutral
6 Stirn-Chakra	Venus	Kupfer	+ 0,33 V	Basisch
5 Hals-Chakra	Mars	Eisen	− 0,43 V	Sauer
4 Herz-Chakra	Merkur	Quecksilber	+ 0,86 V	Basisch
3 Solarplexus-Chakra	Jupiter	Jupiter	− 0,10 V	Sauer
2 Milz/Sexual-Chakra	Mond	Silber	+ 0,79 V	Basisch
1 Wurzel-Chakra	Saturn	Blei	− 0,12 V	Sauer

Albedo-Stufe 1

„Wir haben das Centrum Naturae in uns: Machen wir einen Engel aus uns, so sind wir das; machen wir einen Teufel aus uns, so sind wir das auch. Wir sind allhier im Machen in der Schöpfung." (Jakob Böhme)

Chakra	Planet Weg der Mystik	Metall	Elektrische Spannung in Sole	Reaktionslage
7 Kronen-Chakra	Saturn	Blei	− 0,12 V	Sauer
6 Stirn-Chakra	Mond	Silber	+ 0,79 V	Basisch
5 Hals-Chakra	Jupiter	Zinn/Zink	− 0,10 V	Sauer
4 Herz-Chakra	Merkur	Quecksilber	+ 0,86 V	Basisch
3 Solarplexus-Chakra	Mars	Eisen	− 0,43 V	Sauer
2 Milz/Sexual-Chakra	Venus	Kupfer	+ 0,33 V	Basisch
1 Wurzel-Chakra	Sonne	Gold	+ 1,50 V	Neutral

Albedo-Stufe 2

Immer noch aber lebt die weitaus überwiegende Mehrheit der Menschen fast ständig im „finsteren" Zustand des Nigredo. In ihm wird der Mensch von den Instinkten und niederen Gefühlen und Reflexen beherrscht. Erst in den letzten Jahren aber hat sich diese Nigredo-Resonanzverbindung immer mehr „gelockert" und verändert. Andere, wechselnde Planeten-Resonanzen sind zu finden – insbesondere jene, die der Spiralfolge Gichtels entsprechen. Das kann man mit Hilfe energetischer Resonanztests ermitteln. (Die einfachsten Methoden dafür sind der kinesiologische Muskeltest und der Vergleichstest mit Hilfe des Biotensors (Einhandrute). Apparative Messungen dafür können mit Hilfe von EAV, Prognos und ähnlichen Systemen durchgeführt werden.) Das heißt, immer mehr Menschen treten zur Zeit in die Albedo-Stufe ein. Das kann mit seelisch-emotionalen oder auch körperlichen Umstellungsproblemen verbunden sein. In der Albedo-Phase ist die bewusste Entscheidung zwischen „Hell und Dunkel", „Gut und Böse" gefordert – also die Ausbildung höherer Gefühlsqualitäten, eines tieferen Gewissens und einer größeren Bewusstheit.

Gerade in einer solchen grundlegenden energetischen Umstellungsphase wäre es fatal, wenn eine Behandlung das Energiesystem wieder auf die Planeten-Resonanzen der niedriger schwingenden Nigredo-Stufe ausrichtet. Das kann beispielsweise geschehen, wenn an einem Chakra genau mit jenen Farben, Edelsteinen, Klängen oder Aromaölen gearbeitet wird, die der niedrigen Planeten-Resonanz entsprechen. So könnte der Behandler zwar akute Probleme lindern, aber dauerhafte Erfolge treten nur ein, wenn Disharmonien auf allen Ebenen – also von den Organen über die Nervengeflechte und Drüsen bis zu den Chakras bzw. den damit in Zusammenhang stehenden vier Energiekörpern – beseitigt werden. Und eben das wird auf einfache und nachhaltige Weise erreicht, wenn das gesamte Energiesystem auf ein höheres Niveau als die Nigredo-Phase angehoben wird. Jede energetische Therapieform, die mit Planeten-Bezügen und -zuordnungen zu Metallen, Edelsteinen, Farben etc. arbeitet, sollte diese Unterschiede auf den drei Energiestufen der alchemistischen Wandlungsphasen beachten. Daher sind die hohen alchemistischen Elixiere auf die höchste Schwingungsebene, auf die Rubedo-Stufe hin ausgerichtet – sie heilen, indem sie das Energiesystem bei jeder Anwendung ein Stück weit auf diese Ebene heben. Die Metall-Essenzen beginnen diesen Prozess von der Ebene der Organe und den diesen zugeordneten energetischen Funktionskreisläufen der Akupunktur-

Pyrit und Fahlerze enthalten Kombinationen von Planeten-Metallen, die auch in der Chakra-Zuordnung des Albedo benachbart sind, während die Natur keine Metall-Kombinationen entsprechend der Nigredo-Folge kennt – sie vermeidet also diese zu einseitige Abfolge.

66

Meridiane aus. Die alchemistischen Edelstein-Essenzen setzen auf der Ebene der zu den Organ-Chakra-Zonen gehörenden Nerven-geflechte an. Beides führt letztlich zum gleichen Ziel.

Das Wissen um die entstandene „Unordnung" der natürlichen Abläufe im Menschen bzw. um deren Ausrichtung auf bloße Ma-terialisation, Verfestigung und Verfall (symbolisch im „Sünden-fall" beschrieben), aber auch um die Hilfe, die aus der Alchemie erwachsen kann, wurde in vielen spirituellen Lehren bewahrt. Man findet Hinweise darauf im Rosenkreuzertum ebenso wie in der Freimaurerei: „Was ist hermetische Scheidekunst? Sie ist: eine naturgemäße Absonderung des Reinen vom Unreinen, des Segens von jenem Fluch, der durch die Übertretung unseres ersten Stammvaters sich über die ganze Kreatur verbreitet hat, und wel-cher die rechten und innerlichen Naturkräfte der Geschöpfe unter den vielfachen, aus den nach dem Fall und wegen der Erbsünde zurückgehaltenen uranfänglichen Segen des allmächtigen Bau-meisters der Welt, entstandenen Hefen und unter den Banden der Gerinnung eingekerkert und gefangen hält." („Freimaurerische Versammlungsreden, Nr. 8", in: Archarion, *Von wahrer Alchemie*)

Die Rubedo-Stufe des Chakra-Systems

Die Rubedo-Stufe, die dritte und höchste Stufe der drei Wand-lungsphasen, ist nach den geheimen Lehren der Alchemisten eben-falls durch eine typische Chakra-Planeten-Folge gekennzeichnet. Und erst in dieser Form der Resonanzverbindung von Chakras und Planeten erreicht das menschliche Energiesystem seinen best-möglichen „Betriebszustand" - kann der Mensch ein Höchstmaß an Energie und Bewusstheit entwickeln. Während die Nigredo-Fol-ge meist als gerade Reihe dargestellt wird und die Albedo-Folge als Spirale, kennzeichneten die alten Alchemisten diese dritte Plane-ten-Folge in Form eines Sterns: im Siebenstern. In ihm sind zu-gleich auch die beiden anderen Planeten-Folgen codiert, denn nur, wer sie durchschritten hat, kann die höchste Stufe erreichen.

Die bekannteste derartige Darstellung ist der VITRIOL-Sieben-stern, der von vielen Alchemisten wiedergegeben wird - z.B. von D. Stolcius von Stolcenberg in seinem *Viridarium chymicum* (1624). Im VITRIOL-Siebenstern liegt dieser Planeten-Stern auf einem Kreis, der die Inschrift trägt: „Visita Interiora Terrae Rectificando Invenies Occultum Lapidem", zu deutsch: „Suche das Untere der

Rubedo bedeutet „Röte". Der Name leitet sich von den Farben des Gro-ßen Werkes ab, da-bei verändert sich die Materie von Schwarz über Weiß und Gelb zum Rot.

67

Erde auf, vervollkommne es, und du wirst den verborgenen Stein finden" (oder auch: „Besuche das Innere der Erde, durch Läuterung wirst du den verborgenen Stein finden"). Die Anfangsbuchstaben der lateinischen Worte ergeben den Namen VITRIOL, das alchemistische Symbol für den Prozess der Transmutation und auf den Menschen bezogen für dessen Wandlung zum Licht und den Weg zum Gral. Der VITRIOL-Siebenstern ist eines der bekanntesten und wichtigsten Symbolbilder der Alchemie überhaupt. Vom legendären Orden der Tempelritter wurde dieser Siebenstern sogar als riesige geomantisch-geistige Anlage über ganz Frankreich „installiert" (siehe „Die Suche nach dem Heiligen Gral und der Siebenstern der Templer").

Der berühmte Siebenstern der Alchemie mit der VITRIOL-Formel. Die Nummern der Zahlenfolge markieren im Kreis die Nigredo-Folge, der „Sternenweg" von Strahl zu Strahl die Rubedo-Folge.

Im VITRIOL-Siebenstern sind die drei Chakra-Planeten-Phasen folgendermaßen verschlüsselt:

- Nigredo-Stufe: In jedem Strahl des Siebensterns wurde eines der Planeten-Symbole eingezeichnet. Die mit Zahlen bezeichnete Abfolge von 1 bis 7 entspricht genau der zuerst beschriebenen Planeten-Folge im „dunklen" Zustand.
- Albedo-Stufe: Eine der Spiralfolgen der Planeten ergibt sich, wenn man angefangen beim schwarz markierten unteren Strahl des Saturn wechselseitig von rechts nach links nach oben geht – also im Zickzack von einem Strahl zum anderen oder dreidimensional gesehen in Form einer Spirale.
- Rubedo-Stufe: Der dritte Weg folgt den Sternstrahlen entlang jeweils zum gegenüberliegenden Strahl: von Saturn zu Venus und über Jupiter, Merkur, Mars und Mond zur Sonne.

Die dritte Chakra-Zuordnung im höchsten Schwingungszustand weist die folgenden Resonanzen auf:

	Chakra	Planet
7	Kronen-Chakra	Saturn
6	Stirn-Chakra	Venus
5	Hals-Chakra	Jupiter
4	Herz-Chakra	Merkur
3	Solarplexus-Chakra	Mars
2	Milz/Sexual-Chakra	Mond
1	Wurzel-Chakra	Sonne

Rubedo: das Wirken der sieben Planeten auf der Mercurius-Ebene des Energiekörpers

Ordnen wir den Metallen wieder die jeweilige elektrische Spannung in einer Sole und die vorherrschende Reaktionslage zu, zeigt sich auch hier ein dynamischer Wechsel von Chakra zu Chakra. Dem Unterschied zur Albedo-Phase entspricht verblüffenderweise in der Natur der Unterschied zwischen alten und jungen Gold-Lagerstätten: Während in alten Gold-Erzen das Sonnen-Metall vor allem gemeinsam mit Eisen, Kupfer und Quarzen zu finden ist, sucht es in jungen Lagerstätten die Nähe zum Silber und zur Kieselsäure, also dem noch nicht verhärteten Quarz. Genau das geschieht energetisch in der Rubedo-Phase – die Resonanzverbindung zum Mond als Silber-Planet wechselt in die Nachbarschaft des Goldes, der Sonnen-Resonanz. Der Nähe zur Kieselsäure statt zum festen Quarz entspricht die Wandlung des Menschen vom festen Kristall zum dynamischen „Flüssigkristall", wie es im Folgekapital ausführlicher erläutert wird. So ist das flexible Reagieren in allen Lagen des Lebens eine der typischen Eigenschaften eines Menschen im Rubedo-Zustand. Dabei kann er seinen hohen Zustand an Harmonie, Bewusstheit und Liebe auch unter widrigen Umständen bewahren.

Diese geheime Planeten-Reihe der Rubedo-Stufe ist aber eigentlich jedem bekannt: Es ist die Folge der Wochentage – jeder Name eines der sieben Tage bezieht sich bekanntlich auf einen der sieben klassischen Planeten. Und damit ist die Planeten-Reihe auch in der biblischen Schöpfungsgeschichte verborgen. Der Tag, an dem die Genesis, die Erschaffung der materiellen Welt nach der „Schöpfungswoche" vollendet ist, ist der Sonne zugeordnet – der Sonntag. Und zugleich ist er nach mystischer Tradition auch der Anfang der Woche, die wie jeder einzelne Tag mit dem Aufgang der Sonne – eben dem Sonnen-Tag – beginnt. Noch heute feiert man im Judentum den Sonnabend als siebten und letzten Tag der Woche. Demzufolge ist der Sonnabend auch der letzte Tag der Genesis-Schöpfungswoche. Am Sonntag, dem Sonnen-Tag, „ruht" das Schöpfungslicht in der Materie, die Schöpfungsenergie ist also in Materie verwandelt worden – und von diesem Tag an beginnt das materielle Licht in der Schöpfung zu strahlen: die Sonne, und daher heißt dieser Tag „Sonnen-Tag", Sonntag. Einen Hinweis auf den Wochenbeginn am Sonntag findet man im Deutschen noch im Namen Mittwoch ausgedrückt – dieser Tag kann ja nur die Mitte der Woche sein, wenn diese schon am Sonntag und nicht am Montag beginnt.

Zeit und Rhythmus sind kennzeichnend für die Rubedo-Planeten-Folge, nämlich die Ordnung der Wochentage. Die Nigredo-Folge hingegen entspricht nicht einer dynamischen, sondern einer räumlichen Ordnung, nämlich der Anordnung der Planeten um die Sonne.

Die Wochentage und ihre namensgebenden Planeten:

Sonne	*Sonntag* (Sonnen-Tag)
Mond	*Montag* (Mond-Tag)
Mars	*Dienstag* (dt.: Zius-Tag nach Ziu, dem althochdeutschen Namen des germanischen Kriegsgottes Tyr; der Planet Mars erhielt seinen heutigen Namen vom röm. Kriegsgott Mars; franz.: mardi von mars)
Merkur	*Mittwoch* (der vierte Tag und damit die Mitte der Woche; ursprünglich Wodans-Tag, und Wodan wurde mit Merkur gleichgesetzt; franz.: mercredi von mercure = Merkur)
Jupiter	*Donnerstag* (dt: Donars-Tag, die Römer setzten den germanischen Gott Donar mit Jupiter gleich – lat: dies jovis = Tag des Jupiter, davon franz.: jeudi)
Venus	*Freitag* (dt: Freia-Tag nach der nordischen Liebesgöttin Freia. Von jeher ist die Liebesgöttin mit dem Planeten Venus verbunden; die Römer sahen in Freia eine Verkörperung der Göttin Venus – auch lat: dies veneris = Tag der Venus)
Saturn	*Samstag* oder *Sonnabend* (in Nordostdt. früher: Sunnunaband = Vorabend des Sonnen-Tages, in Nordwestdt. früher: Saterdag = Saturn-Tag; engl.: saturday = Saturn-Tag.

70

Betrachtet man die Schöpfungsgeschichte als eine Materialisation, eine Verdichtung von Energie zu Materie, dann beginnt diese Verstofflichung also mit den Energien der Sonne und endet mit denen des Saturn. Der Mensch wird in gleicher Weise täglich neu erschaffen: Wie die Bibel berichtet, wurde Adam aus „Erde" geformt, und durch den von Gott eingehauchten Atem erhält „die Erde" Leben und Bewusstsein. Bezogen auf das menschliche Energiesystem und die täglich neue Schöpfung und Erneuerung unseres Organismus heißt das: Der Mensch entsteht aus der Verbindung von zwei Energieströmen – einer irdischen und einer himmlischen, einer absteigenden und einer aufsteigenden bzw. einer weiblichen und einer männlichen Kraft.

- Die absteigenden Energien – die Elemente Erde und Wasser – haben verdichtende, kristallisierende Wirkung (Sal-Prinzip).
- Die aufsteigenden Energien – die Elemente Feuer und Luft – drängen zur Auflösung und Verteilung (Sulfur-Prinzip).
- Beide Kraftströme müssen im Gleichgewicht (Mercurius-Prinzip) gehalten werden – und genau das wird in der dritten Chakra-Planeten-Zuordnung, im Rubedo, am harmonischsten und effektivsten erreicht.

In der Rubedo-Planeten-Folge wandern die aufsteigenden Energien vom Wurzel-Chakra (dem Sonnen-Chakra) hinauf zum Kronen-Chakra (Saturn-Chakra). Sie entsprechen dem Männlichen, den Yang-Kräften. Die absteigenden Energien treten im Saturn-Chakra am Scheitel ein und senken sich zum Wurzel-Chakra ab. Sie entsprechen dem Weiblichen, den Yin-Kräften. Durch die Rubedo-Planeten-Resonanz der Chakras werden die aufsteigenden Energien, die zur Auflösung und zum Verströmen

Mercurius mit Flügelhelm und Hermesstab vermittelt zwischen den polaren Bäumen der sieben Sonnen und der sieben Monde, zwischen Himmel und Erde, und vereint die sieben Planeten (Berge) im Lapis (unten).

71

drängen, gebremst und für das menschliche Energiesystem besser nutzbar gemacht. Umgekehrt werden die am Kronen-Chakra eintretenden absteigenden Energien, die bereits selbst zur Kristallisation streben, an einer zu schnellen Verdichtung gehindert. Im alchemistischen Prozess wird das als Auflösung des Leibes und Kristallisierung des Geistes beschrieben: „Der ganze Prozess des Philosophischen Werkes ist nichts anderes, als auflösen und wieder hart machen: Nämlich auflösen den Leib und hart machen den Geist." (Espagnet, *Das Geheime Werk*)

Seit alters gilt die Sonne als Lebensspender im Sinne von Vitalität und Lebenskraft, das entspricht den Eigenschaften des Wurzel-Chakras als energetischem Tor der aufsteigenden Sonnen-Energie. Es ist einem Kraftstrom vergleichbar, der den Körper mit einer auf Individualität gerichteten Energie beseelt.

Der Saturn hingegen wird als Lebensgeber und Lebensnehmer angesehen. Ihm untersteht das Kronen-Chakra als Tor für den Eintritt und Austritt der Geist-Seele. Dieser absteigende Kraftstrom ergießt sich aus dem Meer des Weltgeistes, des Göttlichen und ist der jeweils individuelle Anteil an dieser Geist-Energie.

Beide Kraftströme treffen sich in der Mitte, im mittleren der sieben Chakras, also im Herz-Chakra. Dieses Energietor steht daher mit Mercurius, dem großen vermittelnden und verbindenden Prinzip in Resonanz.

Erzeugt und gesteuert werden die polaren Kraftströme letztlich von den sieben Planeten-Kräften. Je nachdem, welche Chakra-

Lebensspender wird die Sonne genannt, sie steht für die vitalen, belebenden Energien.. Lebensgeber und Lebensnehmer aber ist der Saturn, er ist das Tor der geistigen Energien und der Geist-Seele bei der Reinkarnation.

Chakra	Nigredo-Stufe Sal-Resonanz	Albedo-Stufe I Sulfur-I-Resonanz
7 Kronen-Chakra	Saturn – Vitriol	Sonne – Gold
6 Stirn-Chakra	Jupiter – Zinn	Venus – Kupfer
5 Hals-Chakra	Mars – Eisen	Mars – Eisen
4 Herz-Chakra	Sonne – Gold	Merur – Zink
3 Solarplexus-Chakra	Venus – Kupfer	Jupiter – Zinn
2 Milz/Sexual-Chakra	Merkur – Zink	Mond – Silber
I Wurzel-Chakra	Mond – Silber	Saturn – Vitriol

Die Sal-, Sulfur und Mercuius-Ebene der Chakras und die jeweils zugeordneten Planeten und Metalle

72

Schwingung die Gestirne durch Resonanz anregen, können die verdichtenden oder die auflösenden Energien dominieren. Auf Verfestigung ausgerichtet sind die Planeten-Chakra-Schwingungen in der Nigredo-Phase. Die reinigenden und verströmenden Kräfte dominieren in der Albedo-Phase. Und eine ausgewogene „Mischung" und ein harmonisches Zusammenwirken zwischen beiden Energieströmen besteht in der Rubedo-Phase. Diese Planeten-Chakra-Beziehungen bestimmen daher, ob der Mensch sich immer weiter verfestigt, ob nämlich die rund 70 Prozent Wasser in unserem Körper verschmutzen und verschlacken und der Organismus „versteinert". Oder ob unser Körper, unsere Zell- und Gewebeflüssigkeiten in einem hoch geordneten flüssigen Zustand bleiben, vergleichbar einem flüssigen Kristall. Und ob wir ebenso auch in unserem Fühlen und Denken flexibel reagieren können, ohne unsere erreichte Harmonie zu verlieren. Genau dieses ideale Zusammenwirken der auf- und absteigenden Energien, von Yin und Yang in der Rubedo-Phase wird von den hohen alchemistischen Arkanen angeregt. Insbesondere dann, wenn man die Essenzen im täglich wechselnden Wochenrhythmus einnimmt. Ein schnelles Aufladen der solaren Yang-Kräfte und der lunaren Yin-Energien ist durch eine Anwendung der Gold-Essenz morgens und der Silber-Essenz abends möglich.

Mit der Anwendung der alchemistischen Elixiere werden die Chakras aktiviert und auf ihre optimale Resonanz mit den Planeten-Schwingungen hin ausgerichtet. Da diese hohen Heilarkanen

Albedo-Stufe 2 Sulfur-2-Resonanz	Rubedo-Stufe Mercurius-Resonanz
Saturn – Vitriol	Saturn – Vitriol
Mond – Silber	Venus – Kupfer
Jupiter – Zinn	Jupiter – Zinn
Merkur – Zink	Merkur – Zink
Mars – Eisen	Mars – Eisen
Venus – Kupfer	Mond – Silber
Sonne – Gold	Sonne – Gold

die Informationen von Körper, Seele und Geist, die höchsten Schwingungen des Sal-, Sulfur- und Mercurius-Prinzips der Metalle enthalten, können sie das menschliche Schwingungssystem auf jeder der drei Chakra-Stufen anregen und in die nächsthöhere Chakra-Wandlungsphase heben. Die Essenzen holen den Anwender gleichsam dort ab, wo er sich energetisch momentan befindet. Und daher ist die Hauptwirkung der Essenzen individuell verschieden, je nachdem, ob die Essenz bei dem Anwender auf der Organebene, der Nigredo-, der Albedo oder schon auf der Rubedo-Stufe der Chakras ansetzt. Und so wie man auf seinem Lebensweg und seinem „Weg zum Gral" nicht die wichtigsten Etappen seiner Reise vergisst, so geht auch der Einfluss einer Essenz auf ein Chakra mit dem Wechsel in die Albedo- oder Rubedo-Stufe nicht verloren: Die erhöhte Sal-Schwingung der Essenz wirkt weiterhin auf der Sal-Ebene des Chakras, also der Nigredo-Stufe, auch wenn der Mensch bereits die nächste Stufe erreicht hat. In der Albedo-Phase kann sich jetzt vielmehr zusätzlich die Sulfur-Schwingung der Essenz stärker in sein Energiesystem einkoppeln. Und wenn man in die Resonanz der Rubedo-Stufe eintritt, wird die Mercurius-Schwingung der Essenz dominant. Sal- und Sulfur-Schwingung aber wirken dann natürlich ebenfalls weiter. Es entsteht also für jedes Metall und jeden Planeten eine Art „Dreiklang" der Chakra-Wirkung:

- Wenn wir also die Gold-Essenz Aurum Potabile anwenden, dann werden gleichzeitig Herz-Chakra (Sal-Schwingung), Kronen- und Wurzel-Chakra (beide Sulfur-Schwingungen), Wurzel-Chakra (Mercurius-Schwingung) und auf der Organebene das Herz angesprochen.
- Bei der Silber-Essenz Argentum Potabile sind es Wurzel-Chakra (Sal), Stirn- und Sexual-Chakra (Sulfur), Sexual-Chakra (Mercurius) und auf der Organebene das Gehirn.
- Der Kupfer-Dreiklang umfasst Solarplexus-Chakra (Sal), Sexual- und Stirn-Chakra (Sulfur), Stirn-Chakra (Mercurius) und auf der Organebene die Nieren.
- Der Zinn-Dreiklang bewegt sich zwischen Stirn-Chakra (Sal), Hals- und Solarplexus-Chakra (Sulfur), Hals-Chakra (Mercurius) und auf der Organebene die Leber.
- Der Eisen-Klang tritt mit dem Hals-Chakra (Sulfur 2 und Sal) und dem Solarplexus-Chakra (Sulfur 1 und Mercurius), auf Organebene mit der Galle in Resonanz.

- Die Zink-Resonanz umfasst das Sexual-Chakra (Sal) und das Herz-Chakra (beide Sulfur 1 und 2, Mercurius) und auf Organebene die Lunge.
- Das Vitriol regt Kronen-Chakra (Sal, Sulfur 1 und Mercurius) und Wurzel-Chakra (Sulfur 2) an.

Die Essenzen von Eisen-Mars, Zink-Merkur und des Vitriol-Saturn beschränken ihren „Dreiklang" also auf zwei verschiedene Chakras, während die anderen vier Essenzen mit jeweils drei Chakras in Resonanz treten.

3

Der Mensch – ein flüssiger Lichtkristall

Matrix oder
Grundsubstanz
nennt man die Ge-
webeflüssigkeit
außerhalb der Zel-
len. Ist der Mensch
gesund und voller
Energie, schwankt
die Matrix zwi-
schen flüssigem
und kristallinem
Zustand – der
Mensch ist also ein
Flüssigkristall.

Der Mensch ist eigentlich eine Art Meer. In Wahrheit sind nämlich die Zellen im Körper keineswegs fest miteinander verbunden. Sie schwimmen vielmehr einzeln im „Meer" der Gewebeflüssigkeit – egal, ob es sich dabei um eine Zelle in einem Organ, im Muskel, Bindegewebe oder im Blut handelt. Ein Erwachsener besteht zu 60-75 Prozent aus nichts anderem als Wasser, ein Säugling sogar zu über 80 Prozent. Etwa 10 bis 18 Liter ist allein das „innere Meer" der extrazellulären, also außerhalb der Zelle befindlichen Gewebeflüssigkeit groß. Das „Ufer" bildet die allerletzte äußerste Zellschicht der Haut und den Meeresgrund die innere Oberfläche der Verdauungsorgane. Nur hier sind Zellen (Epithelzellen) zu einer dünnen Schicht fest miteinander verbunden und bilden eine Begrenzung, damit der Mensch quasi nicht „auseinander läuft". Die Flüssigkeitsmenge im Gewebe gilt als Kriterium des menschlichen Alterungsprozesses: Sinkt der Gehalt einer Zelle unter 50 Prozent, erlahmen ihre Lebensprozesse – sie stirbt ab. Und wird Wasser im Organismus nicht ständig ausgetauscht, verschmutzt er und verwandelt sich sozusagen vom klaren Gebirgsbach zum brackigen Tümpel. Dagegen ist eine Zelle, deren Flüssigkeit genügend erneuert wird, nahezu unsterblich. Das hat Dr. Alexis Carrel entdeckt, der dafür 1912 den Nobelpreis für Medizin erhielt.

„Grundsubstanz" oder „Matrix" werden die extrazelluläre (außerhalb der Zelle befindliche) Gewebeflüssigkeit und die darin schwimmenden Zellen, das weiche Bindegewebe, genannt. Erst vor rund 30 Jahren wurde ihre große Bedeutung für die Gesundheit des Menschen als Grundregulationssystem entdeckt. Die Erforschung der dortigen Abläufe durch Dr. Pischinger, Dr. Perger, Prof. Hauss und Prof. Heine wurde zur Basis einer wissenschaftlichen Alternativmedizin. Seitdem versuchen viele naturheilkundlichen Therapien ganz gezielt das „Milieu" der Zelle, nämlich den Zustand der Grundsubstanz zu sanieren – im Gegensatz zur heutigen Schulmedizin, die nach wie vor allein auf das Geschehen in den Zellen und auf Bakterien und Viren als Krankheitserreger fixiert ist. Dieses „innere Meer" zu reinigen, war auch von jeher das Bestreben der alchemistischen Heilkunde, wie z.B. in der bereits erwähnten Vier-Säfte-Lehre des Menschen.

Tatsächlich entscheidet nämlich der Zustand der Gewebeflüssigkeit darüber, ob wir gesund oder krank sind, an welcher Befindlichkeitsstörung wir leiden und wie vital wir uns fühlen. Er ist ausschlaggebend dafür, ob die „Zell-Inseln" darin genügend Nährstoffe erhalten oder ob Verschmutzungen den Fluss in diesem „Meer" behindern und Bereiche mit Giften und Müll verstopfen. Je nach Ort der „Meeres-Verschmutzung" ist das die Ursache unterschiedlichster Krankheiten. Denn dieses „Urmeer" ist auch Quell bzw. Ziel aller „Flüsse" im Menschen: Sowohl die Blut- und Lymphgefäße als auch die Energieflüsse der Nerven und Meridiane (die Leitbahnen „feinerer" Energien, die seit Jahrtausenden in der chinesischen Medizin genutzt werden) münden bzw. beginnen hier. Über dieses „Meer" findet jeder Flüssigkeits- und Stoffaustausch im Körper statt und werden die wichtigsten Grundfunktionen des menschlichen Lebens reguliert: Säure-Basen-Verhältnis (bekannt durch die gefährliche „Übersäuerung"), Sauerstoffhaushalt, Wärmehaushalt, Elektrolyt- und natürlich der Wasserhaushalt. (Heine, *Biologische Medizin*) Nur wenn diese „Grundsubstanz" ihren dynamischen Zustand erhält und nicht verschlackt und „versteinert", bleibt der menschliche Organismus gesund und vital.

Wie im vorigen Kapitel erklärt, neigt der Organismus nun dazu, je nach Sternzeichen des Menschen und je nach Planeten-Einfluss, die Stoffwechselschlacken und Umweltgifte an jeweils typischen Stellen abzulagern. Das heißt aber auch, dass wir diesen typbedingten Ablagerungen auch vorbeugen können, einfach indem wir den jeweiligen Planeten-Einfluss mildern bzw. ihn auf eine höhere energetische Ebene heben – ein Niveau, durch das nicht die Verfestigung, sondern die Reinigung und der dynamische Fluss unterstützt werden. Also nicht die Sal-Einflüsse, wie in der Organ-Planeten-Zuordnung und in der Nigredo-Folge, sondern die Sulfur- und Mercurius-Kräfte müssen unterstützt werden. Eben das geschieht, wenn die Chakras nach der Albedo-Folge und noch besser nach der Rubedo-Folge mit den Planeten in Resonanz treten. Und eben das ist durch die Anwendung der alchemistischen Metall-Elixiere möglich. Angenehmer „Nebeneffekt" der energetischen Neuausrichtung ist, dass auch das „innere Meer" des Menschen sich nach und nach wieder gründlicher reinigen

Übersäuerung

entsteht energetisch gesehen, weil die verfestigenden Energien des Salischen dominieren, und das ist typischerweise der Fall, wenn die Chakras in der Nigredo-Planeten-Resonanz schwingen.

Entschlackung wird gefördert, wenn wir unser Energieniveau erhöhen und die Chakras auf die Rubedo-Resonanz ausrichten. Tatsächlich regen die alchemistischen Essenzen spürbar die Entgiftung und Entschlackung an.

und „Zell-Inseln" darin besser versorgen kann. Am Schnellsten gelingt dies natürlich, wenn das Wirken der alchemistischen Essenzen noch durch eine gesunde Ernährung, das Trinken von genügend mineralarmem, kohlensäurefreiem und energiereichem Wasser und regelmäßiger leichter Bewegung unterstützt wird.

Wichtig ist diese Reinigung aber nicht nur für den materiellen Fluss im Menschen. Zugleich kann dadurch auch die energetische Information zwischen den Zellen besser fließen, und die Planeten-Kräfte können den Menschen in seinem natürlichen Rhythmus schneller stabilisieren. Und erst durch diesen energetischen Fluss und die damit verbundenen Informationen wird der Strom der verschiedenen materiellen Substanzen und ihr sinnvoller Einbau in unseren Körper reguliert.

Planeten-Metalle als Antennen: Das Licht in unseren Zellen

In jeder einzelnen Zelle laufen bis zu 100 000 chemische Reaktionen pro Sekunde ab. Die Steuerung in diesem Schaffensrausch übernimmt das „innere Licht" des Organismus, die von Prof. Fritz-Albert Popp entdeckten Biophotonen. Eine biochemische Regulation wäre viel zu langsam – auch wenn die Schulmedizin das immer noch nicht wahrhaben will. Allein die Photonen des Lichts und andere „Wellenpakete" in Form so genannter Ringwirbel sind dazu in der Lage (zur Ringwirbel-Theorie der Teilchen in: Meyl, *Umweltverträglichkeit*, Bd. 2; Biophotonen sind nach Prof. Meyl Ringwirbel, die sich mit Lichtgeschwindigkeit drehen und mit dem Tempo des Körperschalls ausbreiten, in: Meyl, *Skalarwellentechnik*). Dabei dienen die DNS-Spiralen (der stoffliche Träger der Erbinformation in der Zelle) und andere spiralförmige Substanzen wie Hormone, Hämoglobin (der rote Blutfarbstoff) und Enzyme sowie bestimmte Eiweiße als „Magnete", Speicher und Sender für das „innere Licht" – und hier spielen die Metalle, wie sie in den alchemistischen Metall-Elixieren in hoch energetischer Form vorhanden sind, eine zentrale Rolle.

Die Menge an diesem „Licht" entscheidet, ob wir fit und vital oder krank und unsere Abwehrkräfte geschwächt sind. Neben den Photonen, die der Organismus über Augen, Haut und Nahrung aufnimmt, kann die menschliche Zelle „freie Energie" einfangen, abbremsen und für ihren Energiebedarf, zur inneren Informationsübertragung oder zur Steuerung nutzen.

Nach der Theorie des deutschen Wirbelphysikers und Neutrinoforschers Prof. Konstantin Meyl können energetisch aktive, spiralförmige Strukturen den superschnellen Neutrinos Rotationsenergie entziehen und daraus Elektronen materialisieren. Die Spiralmoleküle erzeugen nämlich durch die Elektronenwolke ihrer Atome ein schwingendes Feld um sich, wodurch sie mit den Neutrinos in Resonanz treten können. Dadurch wird Energie auf das Molekül übertragen – vergleichbar dem aus der Musik bekannten Effekt, dass zwei Stimmgabeln gleicher Tonhöhe einander zum Mittönen anregen. Wichtig dabei sind die Art der Eigenschwingung und die räumliche Anordnung der Spiralmoleküle. „Die Mitochondrien, die in jeder Zelle die Energiezentrale bilden, haben die Form einer Teslaspule. Wer den Energiehaushalt einer Zelle oder die Photosynthese verstehen will, sollte sich zuerst mit der Teslaspule beschäftigen", betont Prof. Meyl. (Meyl, *Umweltverträglichkeit*, Bd. 2) Eine Teslaspule ist im Unterschied zu den heute in der Elektrotechnik gebräuchlichen Spulen nicht ringförmig wie ein Rohr gewickelt, sondern spiralförmig. Bei der richtigen Resonanz können sie die Neutrino-Wirbelenergie zur Mitte der Spirale hin verdichten und umwandeln – es entsteht ein Elektron, wie z.B. bei der Photosynthese und dem spiralförmigen Chlorophyll-Molekül. Und derartige spiralförmige Moleküle und Strukturen gibt es in unserem Organismus in den unterschiedlichsten Größen zuhauf.

Die große Wichtigkeit der Metalle liegt nun darin, dass sie direkt an viele Spiralmoleküle andocken können. Dadurch werden die energetischen Eigenschaften und die räumliche Struktur z.B. eines Enzyms verändert (Kamyszek, *Metallionen*). Und das wiederum beeinflusst die Eigenschaften des Spiralmoleküls als Antenne für Neutrinos und die Schwingungen der Planeten. Die Metalle sind also eine Art Stimmgabel für die Spiralmoleküle und beeinflussen so erheblich die „Licht-Kommunikation" unseres gesamten Organismus. Daher sind sie tatsächlich eine Art „Magnet" und „Schaltzentrale" für die von den Planeten einströmenden Lebensenergien. Auf verblüffende Weise bestätigt so die avantgardistische Theorie der Neutrinos die uralten Lehren der Alchemie vom Wirken der Planeten-Kräfte in uns.

Die Folgen dieser energetischen „Steuerung" durch die Planeten-Metalle für unsere Gesundheit sind enorm, denkt man allein an

Freie Energie ist nach der Theorie von Prof. Meyl nichts anderes als das Neutrino-Meer. Spiralmoleküle in unseren Zellen können den superschnellen Neutrino-Teilchen Bewegungsenergie entziehen und für den Organismus nutzbar machen.

die überragende Bedeutung der spiralförmigen Enzyme für unseren Stoffwechsel und für die Zellregeneration:

Etwa 75 000 bis 100 000 verschiedene Enzyme sind nach Schätzungen von Biologen in unserem Körper tätig. Nur knapp 3000 Enzyme davon wurden bisher überhaupt erst identifiziert. Als so genannte Biokatalysatoren ermöglichen sie den reibungslosen stofflichen Ablauf der mehr als 36 Millionen biochemischen Reaktionen in uns. Fehlt es an ihnen oder sind sie nicht genügend aktiv, kann es zu schweren Gesundheitsstörungen kommen.

Wie wichtig derartige Katalysatoren sind, dafür gab der Chemie- und Friedens-Nobelpreisträger Linus Carl Pauling (1901-1994), Entdecker unter anderem des Spiralmodells der Proteine und Mitbegründer der Quantenchemie, ein berühmt gewordenes Beispiel: Versucht man ein Stück Würfelzucker anzubrennen, so wird sich nicht viel tun. Vermischt man den Zucker jedoch mit einer Prise Asche, brennt er lichterloh. Ähnlich wie die Asche beim Zucker wirken die Enzyme im menschlichen Stoffwechsel.

Es gibt „Langsamarbeiter" wie das Lysozym, das „nur" 30 Moleküle pro Minute umbaut, und andere wie die zinkhaltige Carboanhydrase, die in einem dauernden „Schaffensrausch" fantastische 36 Millionen Moleküle pro Minute verändert. Bei ihrer Arbeit als Stoffwechsel-„Steuermann" stehen den Enzymen hilfreiche „Navigatoren" – die Co-Enzyme – zur Seite. Co-Enzyme werden vom Organismus aus Vitaminen, Mineralien und Spurenelementen zusammengebaut. Unter den Vitaminen sind dies vor allem jene der B-Gruppe und Vitamin C, bei den Metallen und Halbmetallen z.B. Kupfer, Eisen, Zink und Selen, bei den Mineralien Magnesium, Natrium und Kalium. So ist allein schon das Zink als Bestandteil von Co-Enzymen für die Tätigkeit von rund 80 verschiedenen Enzymen erforderlich und ist zudem wichtiger Bestandteil von Hormonrezeptoren und Proteinen. Die erwähnte zinkhaltige Carboanhydrase beispielsweise ist an der Magensäurebildung beteiligt, spaltet Kohlensäure in Wasser und Kohlendioxid auf und wirkt der Übersäuerung des Gewebes entgegen.

Dieser unermüdlich verbindenden und ausgleichenden Tätigkeit des Zinks in den Enzymen und Hormonen entspricht verblüffenderweise genau seiner Zuordnung in der alchemistischen Chakra-Lehre zum Planeten Merkur (in der höchsten energetischen Stufe der Rubedo-Phase). Auch in uns ist „Merkur" also als Götterbote und Vermittler höherer lenkender Informationen und Energien beschäftigt. Ein weiteres Beispiel dafür ist seine Rolle bei einem ganz eigenständigen „Informationssystem" des Organismus – dem Immunsystem. Hier gilt die Menge des Zinks im Blutserum als ein wichtiger Indikator für die Stärke der Abwehrkräfte. Zinkmangel führt zur Schwächung des Immunsystems. Zu viel Zink ist aber auch nicht gut, denn es hemmt den Kalziumstrom als Überträger von Erregungsprozessen in die Zelle. Eine zu große Anzahl an „Götterboten" erzeugt quasi einen „Informationsstau". Und diese Form einer Verdichtung wird tatsächlich durch den Einfluss des verfestigenden Saturn verstärkt: Wird der Zinküberschuss nämlich auch noch von einem Zuviel an Blei begleitet, kommt es zur totalen Blockade des Kalziumstroms. Auch hier stimmen also die alchemistischen Lehren über den Charakter der Planeten-Kräfte und deren Einfluss auf den Menschen mit den Beobachtungen der modernen Naturwissenschaften überein.

Wie die Enzyme ihre Tätigkeit als „Götterboten" erfüllen und wie Millionen von ihnen innerhalb winzigster Bruchteile einer Sekunde koordiniert zusammenarbeiten können, fanden die Biophotonen-Forscher um Prof. Popp heraus: Schon früher hatten Wissenschaftler festgestellt, dass die zusammengekringelte Enzym-Eiweißkette eine Art Höhle bildet, in der sich das eigentliche aktive Zentrum des Enzyms befindet. Von diesem Zentrum werden die zu bearbeitenden Stoffe angezogen. Die Biophotonen-Forschung konnte nun zeigen, was eigentlich in derartigen Hohlräumen passiert: Sie sind kleine Empfangs- und Sendestationen. Anhand des Studiums der DNS, die mit ihrer mehrfach spiraligen Form ebenfalls einen solchen geometrisch regelmäßigen Hohlraum bildet, entdeckten die Forscher: Immer dann, wenn sich ein „passendes" Molekül auf den Hohlraum zubewegt, setzt ein ständiger Austausch von Biophotonen zwischen „DNS-Höhle" und Molekül ein – die so genannte Photonen-Resonanz. Wie auf einem Leitstrahl beim Landeanflug von Flugzeugen wird die Substanz dadurch herangelotst. Dabei ist die jeweilige Frequenz und Intensität des Biophotonen-Lichts dafür entscheidend, welche Moleküle herangezogen werden und welche biochemischen Reaktionen stattfinden. Auch hier im Kleinsten muss also wieder eine „Verwandtschaft", eine Übereinstimmung der Schwingungs-Signaturen bestehen, soll eine ordnende Verbindung zustande kommen – vergleichbar jener Resonanz zwischen den Planeten-Wellen und den Metallen. Immer wieder findet man das alchemistisch-hermetische Gesetz des Hermes Trismegistos bestätigt: „Wie oben so unten, wie innen so außen".

Hohlraum-Resonanz nennt man die Eigenschaft von Spiralmolekülen wie der DNS, Wellen auszusenden und zu empfangen und damit bestimmte Moleküle per Resonanz anzuziehen. Welche Welle ausgesendet wird, kann durch die Planeten-Metalle beeinflusst werden.

Letztlich hat der gesamte Alterungsprozess seine energetische Ursache in einer Störung dieser Anbindung zwischen „innen und außen, oben und unten": Mit zunehmendem Alter - beginnend bereits ab 20 bis 25 Jahren - nimmt nämlich die Zahl der Enzyme ab, und so verliert der Organismus seine „Spiral-Antennen". Dadurch wird der Empfang von Schwingungsenergien und die Weitergabe von Biophotonen im Körper immer schlechter, bis der Organismus nicht mehr von diesen steuernden Energien durchdrungen werden kann.

Werden aber genügend lebende Spiralmoleküle mit der Nahrung aufgenommen - sie sind vor allem in Keimlingen, Sprossen, frischem Obst, Salaten, Gemüse, Nüssen und milchsauer vergorenem Gemüse wie Sauerkraut und Getränken wie Kwass und Kombucha enthalten -, stehen dem Organismus wieder ausreichend „Antennen" zur Verfügung. Ihre exakte Ausrichtung und energetische Anregung erhalten sie dann durch die alchemistischen Metall-Elixiere, die sie auf die höchste Schwingungsresonanz mit den Planeten einstimmen.

Transformation bei Pflanzen: Die Wandlung der Elemente

Wozu Spiralmoleküle wie die Enzyme in der Lage sind - wenn sie gleichsam in der richtigen „Stimmung" sind -, lassen spektakuläre Beispiele aus der Forschung erahnen:

In deutsch-russischen Studien wurde belegt, dass mit Hilfe eines milchsauren Gärgetränks mit hohem Enzymgehalt giftige Kohlenwasserstoffverbindungen, gefährliche Pflanzen- und Holzschutzmittel wie Lindan und andere Umweltgifte im Erdreich und in Klärschlämmen (und vermutlich auch im Menschen) erheblich reduziert werden können. Außerdem kann ein solches Getränk mit Faulschlamm belastete Seen innerhalb weniger Wochen (je nach Größe) „wieder beleben". Und noch spektakulärer: Die im Körper befindliche radioaktive Strahlung (Cäsium 137) von Opfern der Tschernobyl-Katastrophe wurde mit Hilfe des Enzym-Gärgetränks innerhalb von 25 Tagen auf die Hälfte bis ein Drittel gesenkt, also weit schneller, als das selbst bei Einnahme von Mineralien durch den normalen Austausch des Cäsiums möglich ist.

Klingen solche Berichte schon erstaunlich genug, ist damit das Repertoire an Meisterleistungen der Enzyme noch längst nicht abgeschlossen. Ihnen gelingt nämlich mit ein wenig „Biolicht" und Planeten-Schwingungen, was heutiger Technologie nur unter Einsatz ungeheurer Energiemengen und riesiger Teilchenbeschleuniger möglich ist: die Umwandlung von einem chemischen Element in ein anderes, vergleichbar der alchemistischen Verwandlung von Blei in Gold.

Wie eingangs erwähnt, ist das nach heutiger Wissenschaftstheorie ein unmögliches Geschehen, und doch ereignet es sich tagtäglich in Pflanzen und wahrscheinlich auch im Organismus des Menschen. Louis Kervran, Direktor des französischen Instituts für Arbeitsmedizin in Paris, Mitglied der „New York Academy of Science" und des wissenschaftlichen Beirats der UNESCO, konnte anhand von Forschungen an Pflanzen wissenschaftlich belegen, dass unter Beteiligung natürlicher Enzyme zumindest einige chemische Elemente umgewandelt werden können: Zum Beispiel erzeugen Enzyme aus Kalium und Wasserstoff, aus Magnesium und Sauerstoff oder aus Silizium und Kohlenstoff das Element Kalzium. Natrium und Wasserstoff verwandeln sie in Magnesium, und aus Natrium und Sauerstoff wird Kalium, wobei das so erhaltene Magnesium und Kalium wiederum – wie zuvor beschrieben – in Kalzium umgewandelt werden kann. Ein offenbar perfekter Kreislauf der drei Hauptmineralien des menschlichen Körpers, durch den eventuelle Mangelzustände ausgeglichen werden können. „Biologische Transmutation" oder auch „Kervran-Effekt" wird dieses Phänomen genannt. (Gebelein, *Alchemie*) Kervran bestätigte damit Forschungen des Biologen von Herzeele, die dieser Ende des 19. Jahrhunderts durchführte. (Hauschka, *Substanzlehre*)

Diese Eigenschaften von Enzymen lassen für den menschlichen Stoffwechsel vermuten: Das Auftreten mancher Mineralmangelzustände bei verschiedenen Erkrankungen wie etwa der Kalziummangel bei Osteoporose (Schwund von Knochengewebe) könnte seine tiefere Ursache in einem Defizit an Enzymen und Metallen und an einer dadurch fehlerhaften „Planeten-Ausrichtung" der „Spiral-Antennen" haben. Genau diese „Einstimmung" kann mit Hilfe der alchemistischen Metall-Essenzen wieder verbessert werden (siehe unter „Wochenkur" in: „Die Metall-Essenzen in der praktischen Anwendung").

Kervran-Effekt
wird die Umwandlung von Elementen in Pflanzen und Tieren nach ihrem Entdecker Louis Kervran genannt – er ist nichts anderes als eine von Enzymen gesteuerte Transmutation, die prinzipiell auch im Menschen stattfinden kann.

Die Formkraft der Planeten-Metalle: Hohe Ordnung im Meer der Zellen

Das „innere Meer" der Grundsubstanz ist keineswegs einfach nur eine chaotische Wasserpfütze, in der die Zellen schwimmen und Stoffe ausgetauscht werden. Es besitzt eine hohe innere Ordnung und eine höchst komplexe dynamische Struktur. Das verschaffte ihm auch den Beinamen „Matrix". Man kann das „innere Meer" daher besser als eine Art „Flüssigkristall" bezeichnen. Und dieser Kristall wird durch die Metalle und die Planeten-Wellen entscheidend in seiner Struktur beeinflusst.

In der Grundsubstanz schwimmen nämlich unzählige Mineralien, Enzyme, Co-Enzyme, Vitamine, Hormone, Eiweiße und vieles mehr. All diese Moleküle und Substanzen aber sammeln Hüllen aus Wassermolekülen um sich herum, wodurch das Wasser eine räumliche Anordnung erhält – es entsteht ein „Flüssigkristall". Ein weiterer „Kristallbildner" sind Vernetzungseiweiße wie Kollagene und vor allem bestimmte Zuckerverbindungen: die so genannten Proteoglykane (kurz PGs) und die Glykosaminoglykane (GAGs, dazu gehört auch die frei in der Grundsubstanz bewegliche, therapeutisch bekannte Hyaluronsäure). Diese Zuckerketten, die wie ein Fächer an einem Stiel aus Proteinen befestigt sind, verknüpfen sich zu einem dichten Maschenwerk. Wie ein Fangnetz die Fische kann dieses Netz Schlacken und Umweltgifte herausfiltern. Zu viele Schlacken aber können auf Dauer nicht mehr abtransportiert werden und verstopfen die Maschen des Netzes. Im Laufe der Jahre kommt es immer häufiger zu Stauungen. Treten diese etwa im Bereich von Nervenenden auf, die ja ebenfalls in der Grundsubstanz enden, kommt es zu wiederkehrenden oder sogar chronischen Schmerzen. Im Bereich der Endpunkte der Meridiane wiederum kann es zu energetischen Stauungen kommen.

Die Zuckerketten der PGs und GAGs bauen auch eigenständige Tunnelstrukturen, in denen dann bestimmte Substanzen wie stark wasseranziehende Nährstoffe besser transportiert werden können. Energetisch gesehen können in diesen Tunneln auch Informationen übertragen werden, nämlich mit Hilfe von Wellenlängen im Bereich der ultravioletten Strahlung bzw. der Mikrowellen. Mit der Verschlackung der Grundsubstanz nimmt aber auch die Fähigkeit ab, bei Bedarf in Windeseile derartige Strukturen auf- und abzubauen. Obwohl also dieses Leitungssystem anders als die Blutgefäße und Lymphbahnen eigentlich immer im Umbau ist,

PGs und GAGs sind die Abkürzungen für spezielle Zuckerverbindungen in unserer Gewebeflüssigkeit, die blitzschnell kristallisieren und sich auflösen können – beeinflusst von den Planeten-Metallen.

schreitet auch hier mit zunehmendem Alter die Verfestigung voran. Wie die Adern und Venen verschlacken auch diese Transportbahnen und Informationsleitungen immer mehr.

Die PGs und GAGs nun binden in noch größerem Maße als die in der Grundsubstanz schwimmenden Enyzme, Eiweiße und Nährstoffe das umgebende Wasser an sich. Ihre wechselnde räumliche Form beeinflusst daher das gesamte „innere Meer". So lassen sie bei einem ihrer schnellen Umbauvorgänge die Grundsubstanz blitzschnell kristallisieren oder sich wieder verflüssigen - je nach elektrischer Ladung und räumlicher Anordnung. Diese Fähigkeit, auf Umweltreize zu reagieren und zwischen „Kristall" und „Meer" wechseln zu können, ist den Forschungen von Prof. Pischinger und Prof. Heine zufolge ein entscheidendes Kriterien von Gesundheit überhaupt.

Die räumliche Strukturierung des Wassers in der Grundsubstanz ist aber nichts anderes als das rätselhafte „Gedächtnis" der Zelle. Auch die Zellen des Körpers haben nämlich ein Gedächtnis. Und wenn man die DNS und die Aminosäuren als eine Art Langzeitgedächtnis des Organismus ansieht, so stellt die Grundsubstanz und das durch die Zuckerpolymere geordnete Wasser das Kurzzeitgedächtnis dar. (Heine, *Lehrbuch der biologischen Medizin*) Ein Kurzzeitgedächtnis, das jedoch auf unerwünschte Weise manchmal nicht mehr vergessen kann.

Viele Körpertherapeuten und alternative Psychotherapeuten kennen das Phänomen: Bei Behandlung einer schmerzenden oder anderweitig erkrankten Körperregion tauchen beim Patienten plötzlich Erinnerungen an einen dort gespeicherten Schock auf. Oder bei der psychotherapeutischen Bearbeitung eines Traumas macht plötzlich ein Körperareal durch Schmerzempfindung, Hitze oder ähnliche Empfindungen auf sich aufmerksam - genau diese Region der Grundsubstanz hat das Erlebnis gespeichert.

Werden nämlich z.B. bei einem Schock die entsprechenden Stresshormone ausgeschüttet, verändern sie die Anordnung der Wassermoleküle und Zuckerverbindungen in der Grundsubstanz. Das ist zunächst ganz normal und ermöglicht in diesem Moment wichtige Körperreaktionen. Beispielsweise erhalten bestimmte Regionen und Zellen mehr Energie und andere werden „abgeschaltet". In der Regel werden diese Veränderungen in der Ordnung der Grundsubstanz wieder abgebaut und „gelöscht". Manchmal aber hat sich die Anordnung der Wassermoleküle und Zuckerverbindungen so sehr verfestigt, dass zumindest Teile

Körpergedächtnis nennt man die Fähigkeit des Gewebes, Informationen etwa von Schocks und Traumata speichern zu können. Beteiligt daran sind die Zuckerverbindungen in unserer Gewebeflüssigkeit, die von den Metallen beeinflusst werden.

davon dauerhaft erhalten bleiben. Die „Schock-Ordnung" wird „konserviert", und damit bleibt auch die Erinnerung an den Schock „im Gewebe" erhalten.

Das Phänomen einer solchen Informationsspeicherung in Wasser wurde zumindest außerhalb des Körpers mehrfach auch wissenschaftlich bewiesen. So zeigte Prof. Cyril W. Smith von der Universität Salford (England) in Doppelblindstudien, dass Allergien allein durch in Wasser gespeicherte Schwingungen ausgelöst werden können. Bekamen Allergiker ein Glasröhrchen mit Wasser in die Hand, dem zuvor die Frequenz einer allergieauslösenden Substanz „aufgeprägt" wurde, zeigten sie die typischen Abwehrreaktionen. Nach dem gleichen Prinzip konnten die Reaktionen auch wieder gestoppt werden. Die Probanden nahmen einfach ein Fläschchen mit der Gegenfrequenz in die Hand. Bekanntlich beruht die gesamte alternative Heilkunst der Homöopathie auf diesem Effekt der Informationsspeicherung, denn in der Regel sind die „Verdünnungen" so hoch, dass kein einziges Molekül der Ausgangssubstanz in dem homöopathischen Heilmittel mehr enthalten ist – wohl aber die Information davon. (Bischof/Rohner, „Wasser", in: *ZDN*, Bd. II)

Auch in direkten Frequenzmessungen wurde bewiesen, dass Wasser tatsächlich derartige Schwingungen speichern kann. Dr. Wolfgang Ludwig von der Universität Freiburg, Deutschland, bekannt geworden durch seine Erforschungen der Resonanzfrequenzen unserer Erde, konnte im Wasser einerseits die natürlichen Wellen der Erde, die so genannten Schumann-Frequenzen, messen. Wurde das Wasser in die Nähe einer Stromquelle gestellt, war darin andererseits aber auch die technische Frequenz der 50-Hertz-Schwingung des Stromes gespeichert.

Prof. W. Peschka von der Deutschen Forschungs- und Versuchsanstalt für Luft- und Raumfahrt in Stuttgart stellte in einer Versuchsserie fest: Wasser, das zuvor mit Hochfrequenzfeldern bestrahlt wurde, kann besonders gut Schwingungen speichern. Und er wies nach, dass solches Wasser bei Auf- und Untergang von Sonne und Mond seine Schwingung und innere Struktur verändert. (Bischof/Rohner, „Wasser", in: *ZDN*, Bd. II)

Die alchemistischen Essenzen nun enthalten bereits eine Art Konzentrat dieser Planeten-Kräfte in Form der alchemistisch geläuterten und erhöhten Planeten-Metalle. Und zugleich verbessern die darin befindlichen organisch aufgeschlossenen Metalle auf ganz unterschiedliche Weise die „Empfangsbereitschaft" des

Wasser als Informationsspeicher: Studien belegen, dass Wasser Schwingungen speichern kann – auch das Gewebewasser in unserem Körper.

Wassers unserer Grundsubstanz für die natürlichen Planeten-Wellen: Beispielsweise sorgen das Sonnen-Metall Gold und das dem Mars zugeordnete Eisen für einen größeren Durchfluss in unserem „inneren Meer", indem sie Neubildung und Freisetzung der Zuckerverbindungen (der GAGs) hemmen. Tatsächlich wird den beiden Planeten-Metallen schon seit alters eine anregende, aktivierende Wirkung zugeschrieben.

Andere Metalle können die Grundsubstanz auch negativ beeinflussen wie beispielsweise das giftige Cadmium. Es steigert die GAG-Bildung und macht dadurch das Netzwerk der Zuckerverbindungen immer undurchlässiger – das „innere Meer" erstarrt und kristallisiert.

Das Venus-Metall Kupfer hat keinen Einfluss auf die GAGs und überraschenderweise auch nicht das Blei, dessen bekanntermaßen verfestigender Einfluss hier im wässrigen Medium der Grundsubstanz nicht wirksam wird. Erst an der Zellmembran bewirkt es eine Verdichtung.

Indirekt wirken die Planeten-Metalle auf die Ordnung des „inneren Meeres" und der Zuckerketten über ihren energetischen Einfluss auf die Chakras und die damit jeweils verbundenen Hormondrüsen. Einige Hormone verändern die Grundsubstanz nämlich ganz erheblich, insbesondere das Stresshormon Adrenalin, das Wachstumshormon STH, das männliche Geschlechtshormon Testosteron, Insulin, das weibliche Hormon FSH und das in der Nebenniere gebildete ACTH. Diese werden von verschiedenen Planeten-Kräften reguliert: Über das Wurzel-Chakra beeinflusst das Gold mit seinen Sonnen-Kräften die in Mark und Rinde der Nebenniere gebildeten Hormone Adrenalin und ACTH. Die Bauchspeicheldrüse und damit die Insulin-Bildung untersteht der energetischen Kontrolle des Solarplexus-Chakras und damit dem Mars-Metall Eisen. Das Testosteron unterliegt dem Einfluss des Sexual-Chakras und damit dem Mond-Metall Silber, während das weibliche FSH im Hypophysenvorderlappen gebildet wird und damit ebenso wie das Wachstumshormon STH unter der Kontrolle des Scheitel-Chakras und damit der Saturn-Einflüsse (Blei und Vitriol) steht.

All diese Einflüsse zeigen, welch enorme Bedeutung die Planeten-Metalle und -Wellen für die innere Alchemie des menschlichen Organismus haben und wie stark die Gesundheit von Körper, Seele und Geist von einem ausgewogenen Zusammenwirken ihrer Kräfte abhängt.

Auch in der Grundsubstanz werden die Planeten-Kräfte in ihrem Sal-, ihrem Sulfur- und ihrem Mercurius-Charakter wirksam. Die auf Verfestigung zielenden Sal-Einflüsse zeigen sich in negativer Weise als verschiedene Formen der Verschlackung der Gewebe. Nach der alternativmedizinischen Verschlackungs-Theorie von Matthias Leisen und Katharina Vanselow-Leisen besteht nämlich ein enger Zusammenhang zwischen bestimmten Metallen und der Art der Schlacken-Ablagerung. Die beiden Ernährungsforscher und Heilpraktiker hatten in jahrzehntelangen praktischen Untersuchungen festgestellt, dass viele Krankheiten mit dem Auftreten jeweils typischer Schlacken, also bestimmter Stoffwechselreste und Ablagerungen, verbunden sind. Eine zentrale Rolle dabei spielen Metalle und Halbmetalle, die ihre dynamische Aktivität verloren und sich mit Stoffwechselresten verbunden haben.

Derartige inaktive Metalle sind demnach beispielsweise bei Rheuma und den damit verbundenen Gelenk-Verschlackungen die Elemente Zinn, Quecksilber und Kupfer. Tatsächlich ist heute medizinisch bekannt, dass Kupfer allgemein bei mangelhafter Ausscheidung von Giften und Stoffwechselresten hilfreich ist. Die mit dem Jupiter verbundenen Zinn-Kräfte sind nach alchemistischer Lehre zuständig für das Gleichgewicht zwischen Festem und Flüssigem, und ihr „Erlahmen" muss folglich auch zur Verfestigung und Schlackenbildung führen. Die Merkur-Kräfte im Quecksilber wiederum verkörpern in der Alchemie das Prinzip des Verbindens, Vermittelns und Verteilens – klar, dass es bei einer Störung dieser Kräfte ebenfalls zur schädlichen Verfestigung von Schlacken kommen muss.

In derartigen Kombinationen spielen die sieben Planeten-Metalle bei allen Krankheitsschlacken eine zentrale Rolle. Einige der anderen Metalle, die die Leisens darüber hinaus als Verursacher solcher Schlacken und damit der Krankheiten gefunden haben, können laut Alchemie auf die sieben Planeten-Metalle zurückgeführt werden. So gelten beispielsweise Nickel, Kobalt und Legierungsmetalle wie Chrom, Wolfram, Vanadium, Molybdän, Cer und die Platin-Metalle als Geschwister des Eisens und unterstehen damit ebenfalls den Mars-Kräften. Sie werden gewissermaßen als unterschiedliche Ausdifferenzierungen der gleichen Ursprungsenergie angesehen. (Hauschka, *Substanzlehre*; Pelikan, *Sieben Metalle*)

Nach den Erfahrungen der Leisens konnten die verschiedenen Schlacken mit Hilfe spezieller Teemischungen (siehe Seite 133) zur Ausleitung gebracht werden. Dabei enthalten die ausgewählten

Metall-Schlacken sind an der Entstehung von Krankheiten mitbeteiligt. Diese sind nichts anderes als das verdichtete, salische Metall-Prinzip. Wandelt man die Dominanz des Sal-Prinzips, können auch diese Krankheits-Schlacken wieder gelöst und ausgeschieden werden.

Kräuter genau jene Metalle und Halbmetalle, die in der jeweiligen „Krankheits-Schlacke" vermehrt zu finden sind. Alchemistisch gesehen geschieht dabei Folgendes: In der Verschlackung befindet sich das Metall im tiefsten Sal-Zustand – es ist „verfestigt". In den Teekräutern hingegen ist das Metall organisch aufgeschlossen, es ist energetisch und biologisch aktiv. Hier liegt es quasi im Sulfur-Zustand vor und kann dadurch seine eigene salische Form wieder energetisieren. Die Metall-Schlacke wird dadurch wieder reaktionsfähig, kann abtransportiert und ausgeschieden werden.

Leider enthalten heute viele Pflanzen durch die Versauerung der Böden weit weniger Metalle und Spurenelemente als früher. Bekannt ist beispielsweise die Verarmung unserer Nahrungsmittel an Kupfer, Zink, Gold, Eisen, Selen und Mangan. Dadurch nehmen wir selbst bei ausgewogener Mischkost nur noch ein Drittel (Zink), ein Fünftel (Kupfer) oder gar nur ein Sechzehntel (Selen) der empfohlenen Tagesmindestmenge auf. (Hoffmann, *Vom Lebendigen in Lebensmitteln*) Dabei bräuchten wir sogar mehr statt weniger Planeten-Metalle, Enzyme und andere Vitalstoffe, um die Umweltgifte kompensieren zu können. Schon die Pflanzen selbst lagern durch die übersäuerten Böden vermehrt giftige Schwermetalle wie Cadmium ein, ohne sie organisch aufschließen und „beleben" zu können. Deren negativer Einfluss etwa auf die innere Ordnung der Grundsubstanz aber muss durch entsprechende Gegenspieler ausgeglichen werden. So haben leider auch die meisten Teepflanzen nicht mehr die gleiche Wirkkraft wie früher.

Hier bringen nun die alchemistischen Metall-Essenzen Abhilfe: Sie führen eine geringe Menge an Planeten-Metallen in hoch energetisierter, organisch aufgeschlossener Form zu, und vor allem energetisieren sie die im Körper abgelagerten Metall-Schlacken. Und indem die Essenzen den Sulfur und sogar den Mercurius der Metalle zuführen, wird der Sal-Charakter der Metalle in den Schlacken verändert und auf ein höheres energetisches Niveau gehoben. Dadurch können diese wieder aktiv oder ausgeschieden werden. Als Grundanwendung zur Entschlackung hat sich die Kombination von Gold-Essenz (morgens), Zinn-Essenz (mittags) und Kupfer-Essenz (abends) bewährt. Ihre Wirkung kann durch die Einnahme der alchemistischen Edelstein-Essenzen von Chrysoberyll (morgens), Smaragd (mittags) und Perle (abends) noch unterstützt und intensiviert werden.

Im Rhythmus der Planeten: Die Schwingungen unseres „Lichtkristalls"

Neben diesen Einflüssen der Planeten-Metalle auf materielle Substanzen im „inneren Meer" der Matrix und auf damit verbundene energetische Steuerungsprozesse wirken ihre Schwingungen auch als Information: Die Metalle fungieren als Vermittler von Planeten-Schwingungen, und diese wiederum haben eine enorme Bedeutung als „Taktgeber", als „Ordnungsstifter" und als Regel- und Steuermechanismus – kurz: als Heilinformation. Beispielsweise weiß man aus Untersuchungen zum Rhythmus der Harnausscheidung und zu Temperaturschwankungen bei Krebsgeschwüren, dass die Grundsubstanz natürlichen täglichen Schwankungen unterliegt. Tumorgewebe hingegen weisen diesen Rhythmus des „inneren Meeres" nicht auf. Es wird von den Schwingungen nicht mehr durchdrungen. (Heine, „Das System der Grundregulation", in: *ZDN*, Bd. II) Eine gesunde Grundsubstanz und damit die Gesundheit aller Zellen hängt also von bestimmten, während eines Tages immer wieder ablaufenden Prozessen ab – also von einer bestimmten Rhythmik bzw. einer schwingenden Ordnung.

Verschiedene Schwingungen können in Flüssigkeiten ähnliche zehnstrahlige Muster von sehr komplexer Ordnung erzeugen.

Was aber bringt die Grundsubstanz in Schwingung? Was ist der verborgene Taktgeber, der den gesunden Rhythmus erhält? Auch hier spielen die Planeten-Wellen eine entscheidende Rolle. Wie es den Planeten-Kräften gelingt, unser „inneres Meer" in Schwingung und in verschiedene Rhythmen zu versetzen, kann allerdings nicht direkt im Körper beobachtet werden. Ähnlich wie erst durch die eingangs beschriebenen Wachstumsversuche bei Pflanzen und die Kristallbildung von Lösungen das Wirken der Planeten-Kräfte auf der Erde sichtbar wird, müssen auch hier den Planeten-Wellen ihre Geheimnisse indirekt entlockt werden. Hinweise auf ihren Einfluss können aus der Grundlagenforschung zur Wirkung verschiedener Frequenzen und Schwingungsarten auf Flüssigkeiten gezogen werden. Ganz nach den Regeln des hermetischen Gesetzes „Wie oben so unten, wie innen so außen" erhalten wir so Aufschlüsse darüber, wie die Planeten-Wellen das „innere Meer" durch ihre ordnende Kraft in einen rhythmisch schwingenden „Flüssigkristall" verwandeln.

Berühmt wurden bereits die Klangfiguren von Ernst Chladni (1756-1827), der eine Platte mit feinem Pulver bestreute und sie mit einem Geigenbogen in Schwingung versetzte. Jeder Ton, jede Frequenz ergab dabei ein unterschiedliches Muster. Das Pulver wanderte nämlich während der Vibration der Platte zu den Schwingungsknoten, den Wellenbergen der Schwingung hin und bildete so das Muster der jeweiligen Tonwellen ab.

Der bekannteste Vertreter der jüngeren Schwingungsforschung, der Kymatik, ist der Schweizer Arzt und Physiker Hans Jenny. Am Goetheanum in Dornach, Schweiz, untersuchte er, welche Ordnungen entstehen, wenn man Flüssigkeiten in Vibration versetzt. In höchst beeindruckenden Bildern gelang es ihm, die im Flüssigen durch Schwingungen erschaffenen, komplexen regelmäßigen Muster festzuhalten. Und in Bildserien zeigte er, dass sich die Materie innerhalb dieser stabilen Schwingungsmuster dennoch bewegt und pulsiert. Äußerst wichtig dabei war die Entdeckung, dass manchmal schon winzige Abweichungen in der Schwingungsart oder der Intensität genügen, um die bisherige Ordnung völlig umzuwandeln. So kann die gleiche Frequenz einmal ein kreuzförmiges bzw. viereckiges Muster in der Flüssigkeit erzeugen, bei etwas höherer „Lautstärke" (größerer Amplitude) aber eine fünfstrahlige bzw. fünf- oder zehneckige Struktur, um dann bei noch größerer Intensität in weitgehendes Chaos zu zerfallen. Andererseits können auch aus der Überlagerung zweier verschiedener „Töne" wiederum völlig neue Muster entstehen.

Mit jeder Veränderung der Schwingungsordnungen wird aber auch der Fluss der Moleküle in der Flüssigkeit in eine andere Richtung gelenkt. In ihr befindliche Stoffe wie Salze, Eiweiße oder Zucker werden zu den Wellenbergen hin bewegt – ganz so, wie es Chladni bei dem Pulver auf der Platte beobachtet hatte. Und sie beginnen, entlang dieser Wellenmuster „zu wandern" – d.h., durch eine Schwingung werden Stoffe in einer Flüssigkeit konzentriert und transportiert. Hierin finden wir eine offensichtliche Parallele zum Geschehen in der Grundsubstanz, im „inneren Meer" des Menschen. Auch hier formen sich aus den in der Grundsubstanz schwimmenden Zuckerketten komplexe (Schwingungs-)Netze. Und auch in ihnen bewegt sich die Materie, werden Moleküle transportiert. Was aber versetzt nun unser Inneres tatsächlich in derart starke Schwingungen wie die Flüssigkeit in den Laborgefäßen?

Das „innere Meer" der Grundsubstanz wird ständig von unzähligen Schwingungen durchdrungen, die aus unserm eigenen Organismus kommen oder die uns von außen her durchpulsen. Bereits unsere Muskelfasern setzen durch ihre so genannte Bereitschaftsspannung den gesamten Körper in eine ständige, messbare

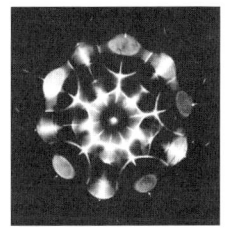

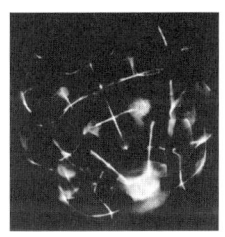

Auch die gleiche Schwingung kann unterschiedliche Muster erzeugen, sobald ihre „Lautstärke", ihre Intensität verändert wird: Hier springt das vierstrahlige Muster in ein zehnstrahliges, um dann bei weiterer Steigerung in Turbulenzen zu verwischen. Die Planeten verändern ebenfalls die „Lautstärke" ihrer Schwingungen, wenn sie auf- und untergehen und wenn sie im Zenit und Nadir stehen.

Mikrovibration. Je nach Mess-Stelle auf der Haut liegt diese Grundvibration zwischen 4 und 18 Hz (Hertz = Schwingungen pro Sekunde), mit einer Häufung zwischen 7 und 13 Hz. Auch unser Gehirn sendet bekanntlich ständig Schwingungen, die Gehirnwellen, aus. Diese elektromagnetischen Wellen beginnen praktisch bei 0 Hertz und erstrecken sich bis weit über 100 Hertz. Ihr Schwerpunkt im wachen Zustand und bei geöffneten Augen liegt bei 14 bis 40 Hz (Beta-Wellen), bei geschlossenen Augen und bei Entspannung dominieren Gehirnwellen zwischen 7 und 13 Hz (Alpha-Wellen). Die Organe haben ebenfalls eigene Vibrationen, so hat unsere Magenmuskulatur einen Spannungsrhythmus von 0,02 bis 0,25 Hz. Die Lymphdrüsen lassen in einem Rhythmus von zirka 0,1 Hz die Flüssigkeit durch ihre Bahnen strömen. Das Craniosacral-System, also die Liquorflüssigkeit, die Gehirn und Rückenmark umhüllt, pulsiert unabhängig vom Atem- und Herzrhythmus im kontinuierlichen Takt von etwa 0,13 Hz. Die überall im Körper messbaren akustischen Wellen des Herzens liegen bei ruhigem Puls zwischen 60 und 80 Schlägen pro Minute, also bei zirka einem Schlag pro Sekunde bzw. 1,0 bis 1,33 Hz. Die Zellkommunikation geschieht in rasendem Tempo im Bereich der Mikrowellen (von 1 bis 300 Gigahertz) bzw. des Biophotonen-Lichts. Im Mikrowellen-Takt schwingen auch die Wassermoleküle unserer Grundsubstanz, nämlich mit 10 000 Gigahertz. Und auch bei der Nervenleitung (bei der Depolarisation der Nervenmembranen) werden Schallwellen erzeugt, die im Frequenzbereich der Mikrowellen liegen.

Feste „Schwingkristalle" im Menschen wiederum sind die verschiedenen Knochen und die Zähne. So unterscheidet sich z.B. die Resonanzfrequenz eines von Arthrose befallenen Knochens deutlich von der eines gesunden. Der Einsatz von pulsierenden Magnetfeldern zur Knochenheilung nutzt diesen Unterschied zur Schwingungstherapie und ist heute bereits schulmedizinischer Standard.

Trotz dieses scheinbaren Chaos an unterschiedlichsten Frequenzen und Resonanzen gibt es dennoch ordnende Gemeinsamkeiten: So ist der Frequenzbereich um 7 bis 8 Hz sowohl bei den Gehirnwellen als auch bei der Muskulatur eine Art Ruhe- oder „Leerlauf"-Frequenz. Interessanterweise ist das genau die Haupt-Resonanzfrequenz der Erde: Zwischen Erdoberfläche und Ionosphäre entstehen durch Blitzschläge oder äußere Anregungen des Erdmagnetfeldes elektromagnetische Schwingungen, die Schumann-

Im Planeten-Rhythmus schwingt vieles in unserem Organismus: die Gehirnwellen (vor allem während des Schlafs), die Magenmuskulatur und damit das „Bauchhirn", die Liquorflüssigkeit in Rückenmark und Hirnschale und das Lymphsystem.

Wellen, Spherics oder ELF-Wellen (für extrem-langsame Frequenzen). Dabei liegt die stärkste dieser Frequenzen bei 7,5 bis 8 Hertz. Die Vibration der Erde kann daher diesen Grundrhythmus in uns regulieren und uns tagtäglich wieder „einstimmen".

Die elektromagnetischen Schwingungen der Planeten-Wellen auf der Erdoberfläche zwischen 0,00166 Hz und 5 Hz wiederum liegen im Takt der Vibration unserer Magenmuskulatur, der Lymphe, des Craniosacral-Systems, des ruhigen Pulses und im Bereich der langsamen Hirnwellen (wie sie im Tiefschlaf, in tiefster Meditation und oftmals auch bei paranormalen Phänomenen wie Telepathie, Trance und geistigem Heilen vorherrschen).

Biologen haben erst in den letzten Jahren die Bedeutung des Craniosacral-Systems erkannt. Seine Liquorflüssigkeit versorgt das Gehirn und die am Rückenmark ansetzenden Nerven mit Nährstoffen und stellt ein eigenständiges hydraulisches System dar. Treten Stauungen darin auf, kann es zu den unterschiedlichsten Erkrankungen und psychischen Problemen kommen. Umgekehrt können traumatische Erlebnisse und Schocks Störungen des Liquor-Rhythmus hervorrufen und werden dadurch quasi „gespeichert". (Upledger/Vredevoogd, *Lehrbuch der Kraniosakraltherapie*) Umso bedeutsamer ist, dass unser Hirn und Nervensystem über dieses Flüssigkeitssystem ständig im Takt der Planeten umspült wird.

Ebenfalls erst in letzter Zeit haben Mediziner mit Verblüffung festgestellt: Gerade im Magen-Darmbereich befinden sich derart viele Nervenzellen, dass man von einem „Bauch-Hirn" sprechen kann. Der Volksmund weiß seit langem um die enge Beziehungen zwischen Bauch und Gefühlen bzw. dem Unbewussten – man „hat Schmetterlinge im Bauch", ein „flaues Gefühl im Magen" oder etwas „schlägt auf den Magen". Über den Puls der Magenmuskulatur aber schwingt das Bauch-Hirn quasi im Rhythmus der Planeten.

Während also die Erdwellen den menschlichen Grundrhythmus bei 7 bis 8 Hz stabilisieren, der mit unserem Wachbewusstsein und unserer Aktivität verbunden ist, wirken die Schwingungen der sieben Planeten regulierend auf die langsamen Grundrhythmen ein, die mit unbewussten Zirkulationen und Prozessen und generell mit unserem Unterbewusstsein in Beziehung stehen.

Eine weitere Resonanz-Kopplung vermuten alternative Forscher im Bereich der Mikrowellen. Sie spielen, wie zuvor beschrieben, vermutlich bei der Zellkommunikation in der Grundsubstanz eine Rolle. Biophotonen-Forscher Prof. Popp hält die Mikrowellen sogar für das Trägerfeld der Meridian-Energien und damit für das chinesische Chi der Akupunkturlehre. (Bischof, *Biophotonen*) Nach Dr. Dr. Wüst und Dipl. Ing. Robert Endrös wiederum strahlen die Hormondrüsen selbst Mikrowellen aus. Zudem können Mikrowellen das Ladungspotential von Zellwänden verändern und dadurch den Transport in die Zellen beeinflussen. Gerade für den Bereich der Mikrowellen aber weist die Atmosphäre ein „Fenster" im Strahlungsgürtel auf – ähnlich wie für das sichtbare Licht und die Wärmestrahlung. Neben einer gleichbleibenden kosmischen Strahlung aus Mikrowellen und dem Mikrowellen-Rauschen der Erde gibt es einzelne starke Sender: die Planeten und unsere Sonne, deren Einstrahlung auch auf der Erdoberfläche deutlich messbar ist. Besonders starke Mikrowellen-Sender sind nach Endrös die Sonne und fast genauso stark der Saturn. Auch Merkur, Venus, Mars und Jupiter haben noch eine größere Mikrowellen-Einstrahlung als der Mond. Letzterer hat vor allem bei Vollmond eine deutlich über dem natürlichen Rauschen liegende Sendestärke. (Endrös, *Die Strahlung der Erde*) Durch ihre Mikrowellen-Strahlung können daher die Planeten auch im Allerkleinsten die Ordnung unseres „inneren Meeres" beeinflussen.

Mindestens diese drei verschiedenen, relativ stabilen Schwingungsbereiche in uns erzeugen also überall in der Grundsubstanz eine Art komplexes Schwingungsmuster. Diese Ordnung wird durch Resonanz mit den natürlichen Rhythmen von Planeten und Erde stabilisiert. Und die Fähigkeit unseres Organismus zu dieser Resonanzanbindung an die Planeten-Schwingungen wird wiederum durch die alchemistischen Metall-Essenzen entscheidend verbessert. Die Stabilität dieser Grundschwingungen aber ist entscheidend für unsere Gesundheit, für das gesamte Wohlbefinden von Körper, Seele und Geist. Schon Albert Einstein (1879-1955), Physik-Nobelpreisträger und Begründer der Relativitätstheorie, betonte immer wieder, dass „das energetische Feld die Form hervorbringt".

Erstaunlich ist, dass die drei Bereiche unserer Grundschwingung Unterschiede aufweisen, die nach der alchemistischen Lehre den Qualitäten von Sal, Sulfur und Mercurius entsprechen: Das Sal-Prinzip dominiert im Einfluss der Mikrowellen, das Sulfurische zeigt sich im Rhythmus der Aktivität, Wachheit und des Ich-Bewusstseins von 7 bis 8 Hz, und das Mercurius-Prinzip wirkt als „unterbewusst" Verbindendes in den regulativen Rhythmen sowie als Transzendierendes, wenn die langsamen Gehirnwellen des

Deltabereichs dominieren wie im Tiefschlaf und bei Psi-Phänomenen.

Was aber geschieht, wenn das menschliche Schwingungsfeld sehr stark oder jeden Tag aufs Neue ein Wenig gestört wird? Die kymatischen Forschungen Jennys haben gezeigt, dass jedes Frequenzmuster durch andere Schwingungen verändert, überlagert oder sogar komplett umgebaut werden kann. Das kann durch natürliche Frequenzen geschehen, aber auch durch künstliche. Während der menschliche Organismus gelernt hat, die natürlichen Veränderungen mit Hilfe der Rückkopplung an die Planeten-Schwingungen auszugleichen, ist seine Reaktion auf die technischen Frequenzen noch weitgehend unbekannt. Die biologischen Konsequenzen aber könnten enorm sein: So weiß man aus der Elektrosmog-Forschung, dass sogar die Blut-Hirn-Schranke aufgehoben werden kann. Sie schützt sonst zuverlässig das Gehirn vor Giften und unerwünschten Stoffen. Wird aber eine hoch frequente Schwingung, wie sie heute in der Nachrichtentechnik vielfach verwendet wird, mit einer niedrigen Frequenz zwischen 1 und 32 Hz moduliert (also durch die natürlichen Schwingungen der Erde), so kann die Funktion der Blut-Hirn-Schranke teilweise außer Kraft gesetzt werden, wie sich in wissenschaftlichen Untersuchungen zeigte. Dadurch können z.B. Kalzium-Ionen aus den Gehirnzellen austreten oder Schwermetalle hineingelangen. (Varga, *Grundlagen des Elektrosmogs*)

Manche Menschen reagieren auf Elektrosmog besonders empfindlich und bilden die unterschiedlichsten Erkrankungen aus. Nach der Schwingungstheorie wird ihre innere Ordnung durch die technische Frequenz gestört, wodurch die verschiedenen Leiden ausgelöst werden. Zum Beispiel können die typischen diffusen Schmerzen bei Elektrosmog ihre Ursache in der Anhäufung von „Schlacken" in den jeweiligen Schmerzbereichen der Grundsubstanz haben - hervorgerufen durch eine Verlagerung der Schwingungsberge und -muster in diesen Bereichen, wodurch sich der Stofftransport wie beschrieben verändert. Bei manchen Elektrosmogsensiblen kommt es sogar zur Bildung von Geschwüren – auch diese Wucherungen erinnern an das Auftürmen von Substanzen unter dem Einfluss bestimmter Schwingungen und der starken Konzentration von Schwingungsbergen, wie es Jenny in seinen kymatischen Forschungen gezeigt hat. Autoimmunkrankheiten und diffuse Allergien durch Elektrosmog wiederum ähneln den chaotischen Überlagerungsbildern bei verschiedenen,

Elektrosmog bringt das menschliche Schwingungssystem „aus dem Tritt". Die künstlichen Frequenzen überlagern die natürlichen Schwingungen von Erde und Planeten.

zueinander disharmonischen Frequenzen. Die Umgangssprache kennt derartige Erkrankungen durch disharmonische Schwingungen sehr gut: „Wir sind aus dem Tritt" heißt nichts anders, als dass unser innerer Rhythmus gestört ist.

Natürlich tragen auch die individuellen Lebensumstände – angefangen bei der Ernährungsweise bis zur emotionalen Ausgeglichenheit – dazu bei, wie stabil der innere Rhythmus und damit die Gesundheit ist. Eine besondere Hilfe, um diese innere Ordnung und die inneren Rhythmen zu harmonisieren und zu stärken aber sind die alchemistischen Metall-Elixiere. Sie geben dem Energiesystem bei jeder Anwendung einen kleinen „Schubs" in Richtung der harmonischsten Schwingungsmuster, hin zur bestmöglichen Resonanz mit den natürlichen Rhythmen. Gleichzeitig richten sie gewissermaßen die „Schwingungs-Antennen" in uns wieder auf einen optimalen Empfang der Planeten-Signale aus. Bei gezielter, längerer Anwendung der Metall-Essenzen im täglich wechselnden Wochenrhythmus der sieben Planeten können wir die innere Ordnung sogar immer mehr verfeinern. Es ist vergleichbar einer höheren Ordnung, die wie in Jennys Schwingungsbildern bei gleicher Frequenz allein durch die größere Lautstärke, also durch mehr Energie erzeugt wird. Ist der nötige Schwellwert erreicht, dann schwingt unser Energiesystem in einer neuen Ordnung – ähnlich einem besseren energetischen „Betriebssystem". Das ist der Punkt, an dem wir nach der alchemistischen Chakra-Lehre die Nigredo-Stufe hinter uns lassen und in die Ordnung des Albedo bzw. des Rubedo eintreten. Und durch die geänderte innere Harmonie werden wir auch um uns eine neue Ordnung und Harmonie anziehen und aufbauen können.

Tatsächlich sind es gerade die langen Wellen der Planeten und der Erde, die die größte harmonisierende Kraft besitzen. Nach der Biophotonen-Theorie von Prof. Popp haben langwellige Wellen nämlich die größte Kohärenz, also die größte Ordnung und ordnende Kraft. Wenn sie dominieren, dann wird auch das Biophotonen-Feld des Menschen messbar stärker. Das ist der Fall im Schlaf, wenn im Gehirn die langsamen Theta- und Delta-Wellen vorherrschen, aber auch während einer tiefen Meditation, bei Qi Gong oder anderen Formen der Körper- und Energiearbeit. Eine derartige Stärkung des Biophotonen-Feldes ist nach Popp immer mit einer stabileren energetischen Ordnung und größeren Harmonie verbunden. Meditation kann nach Popp daher „als eine Art Kohärenztherapie im langwelligen Bereich unseres Photonen-

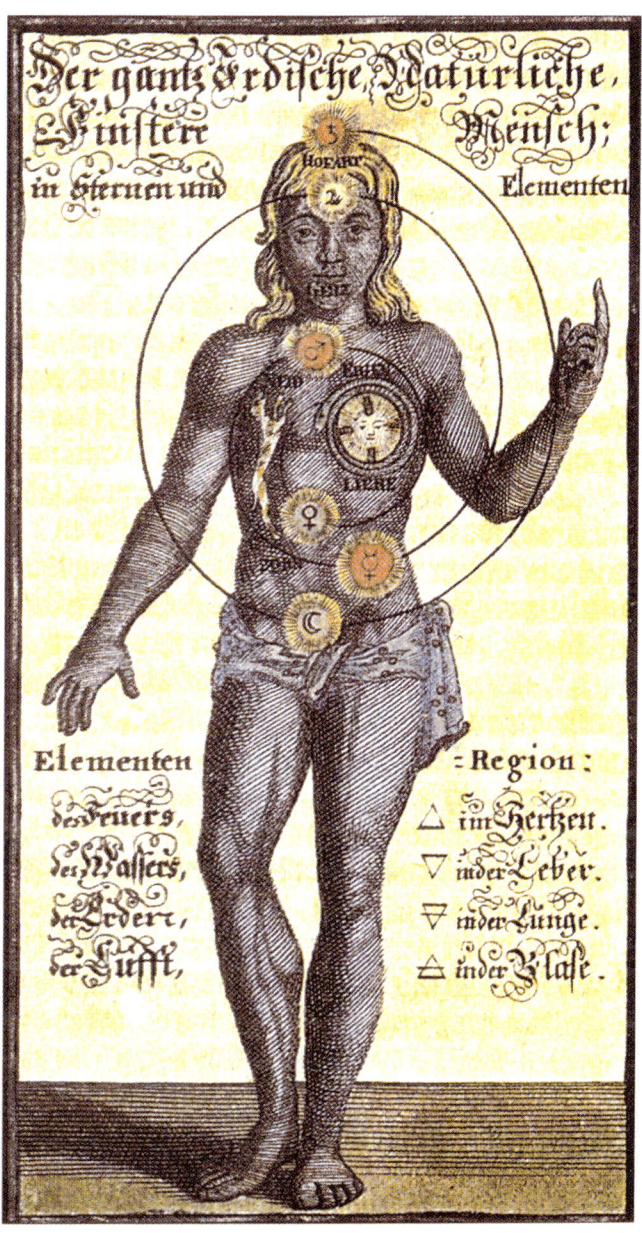

Den sieben Chakras werden die sieben klassischen Planeten zugeordnet – erstens in der vertikalen Anordnung (diese Chakra-Zuordnung entspricht der ersten Wandlungsphase, dem Nigredo), zweitens in einer spiralförmigen Folge (sie entspricht der Albedo-Stufe).

Oben und Mitte:
Vorbereitungsarbeiten.
Unten: Auskristallisierung
der vorbereiteten
Materialien.

Oben: Conjunctio. Oberer und unterer Drache direkt nach ihrer Vereinigung, aus der das geheime Feuer entsteht. Rechts: „Drachenbild" aus Toeltius: Coelum reseratum chymicum, *Erfurt 1737, Ndr. Iserlohn 1994. Unten: Vitriol.*

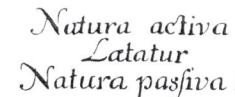

Oben: Unter Wärmeeinwirkung steigt aus dem Grünen Löwen das Arkanum des Kupfers in tief goldroter Farbe auf. Unten: Isaacus Hollandus beschreibt in seinem Werk Sammlung unterschiedlicher bewährter chymischer Schriften *(1773) die farbigen Übergänge bei der Herstellng der Arkanen.*

höret zu bringen, bey Verdammnuß eurer Seelen, denn er ist ein Secret über alle Secret, Denn man vermag mit derselben Materia alle Metallen in Oel zu bringen, als sie im Aq. Fort. solvirt, und der Kalck zu Grunde geschlagen, und ausgelöst ist worden wie sichs gehöret.

Alle Olea Metallorum werden roth als Blut, ohne ☾ und ♄ nicht, denn alle Metall sind im Innersten roth, aber eines röther als das ander. Als sie nun zu der Röthe gebracht sind, so sol ihr sie solviren, und wieder coaguliren, biß sie rein seyn von allen Fecibus, und ihre Elementa vollkömmlich bey einander haben denn als sie so fern gebracht sind, so bleibt nichts dahinten als Feces, und die Erde ist auch subtil und flüssig worden, und resolvirt sich mit den andern dreyen.

So sie nun also mit solviren und coaguliren subtil gemacht sind, so möcht ihr sie übern Helm distilliren zu einem rothen Oel, wie ihr hören werdet, und wie ihr handelt mit dem Vitriol, also handelt auch mit dem ☿, als er im Aq. F. solvirt ist, und nieder geschlagen, und rein ausgesüsset von der Saltzigkeit und getrucknet, darnach in ein Glas gethan, als vor dem Vitriol, oder man möchte einen sublimirten Merc. in ein solch Glas thun, also procediren und reinigen von seinen Fecibus und zu einem rohen Oel herüber distilliren, also mag man auch mit ☿ handeln. Wie meinet ihr, ist das nicht ein groß

groß Secret, nie ist dergleichen gehöret worden, darum thut auf eure Ohren, höret und verstehets wohl. Nun wollen wir an unser Werck treten, als ihr nun sehet, daß eure Materia in solcher Gestalt bleibet, so nehmt sie aus der Aschen, und thut sie in ein ander starck Glas, und giesset darauf eine gute Quantität Wein-Essig setzt es ins Balneum zu sieden 4. Tag offt mit einem höltzern Spatel umgerühret, nach den 4. Tagen laß es erkalten und fitzen, und geuß das Klare oben ab, und auf die übrigen Feces geuß mehr distillirten Essig, das thu zu 3. mahlen, denn wirff die Feces weg, und auf das Glas, darinn die Solution ist, setze einen alembic, und ziehet den Essig davon, daß die Materia gantz trucken werde, so habt ihr die Materia auf dem Grunde des Glases viel schöner als zuvor: gießt wieder frischen Essig darauf, und thut ihm wie oben, reiteriret so lange, biß keine Feces mehr liegen bleiben in der Solution, denn coagulirs zu einem trucknen Pulver, setze einen Helm, der ein groß Caput habe, darauf, distillirs, so gehen am ersten gelbe Spiritus, darnach rothes Oele, zum letzten weisse Spiritus, laß erkalten, nimm den Recipienten ab, und das darinnen ist, das ist das gebenedeyte Oele, das bewahrt wol, biß ihr sein zu eurem metallischen Saltz vonnöthen haben werdet.

Unten in den Kolben werdet ihr finden eine Materia, so weiß als Schnee, und klar als ein feldes aufgefasst werden. Nachweislich erhöht sie die Kohärenz unserer Gehirnwellen und führt möglicherweise zur Erweiterung unseres Bewusstseins". (Popp, *Molekulare Aspekte*) Die Anwendung der alchemistischen Metall-Essenzen verstärkt die Resonanz des Menschen zu den extrem langwelligen Planeten-Schwingungen und stärkt daher in besonderem Maße die Ordnung und Kohärenz unseres Organismus. Dabei wirken die alchemistischen Rescue-Mischungen der Metall- und Edelstein-Essenzen gleichsam wie ein vollständiges harmonisches Planeten-Orchester. In ihnen sind alle Metall- bzw. Edelstein-Essenzen enthalten, und daher werden durch sie alle sieben Chakra-Schwingungen aufeinander abgestimmt, vergleichbar einer energetischen Grundtherapie. Die zusätzliche Auswahl einer einzelnen Essenz ermöglicht dann eine eventuelle Miss-Stimmung aufgrund von Krankheit, Stress etc. im Konzert der Chakras noch besser auf die Harmonie der Planeten-Töne einzustimmen.

Die alchemistische Wandlung und die Geometrie der Elemente

Während der tief gehenden energetischen Wandlung im Verlauf des Lichtkörper-Prozesses wechseln die Chakras, wie zuvor beschrieben, ihre Resonanz mit den Planeten-Energien: von deren Sal-Schwingungen hin zu den höheren Energien ihrer Mercurius-Schwingungen. Mit dieser neuen Einstimmung ist auch ein Wechsel der Elemente und Polaritäten verbunden. Und dieser „Rotation" der Elemente in uns entspricht zumindest symbolisch die Umwandlung von Blei in Gold, die Transmutation der Stoffe im Labor. Hinweise darauf, dass diese Vorgänge tatsächlich möglich sind, geben die alte Lehre von den Elementen und ihre Verknüpfung mit dem Wissen der Heiligen Geometrie. Genau diese Verbindung der Elemente mit bestimmten Formen machte die von Plato entwickelte Elemente-Lehre berühmt.

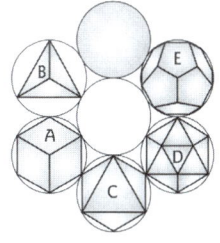

Die fünf platonischen Körper: A = Würfel, B = Tetraeder, C = Oktaeder, D = Ikosaeder, E = Dodekaeder.

Plato ordnet jedem der fünf Elemente Erde, Wasser, Feuer, Luft und Äther einen der „regelmäßigen Körper" zu. Diese nach ihm „platonische Körper" genannten Formen werden aus jeweils gleichen Flächen gebildet. Nur fünf dieser regelmäßigen Körper gibt es, also genauso viele wie Elemente:

Aus identischen Dreiecken entstehen der Tetraeder (die dreieckige Pyramide), der Oktaeder (die Doppelpyramide mit quadratischer

97

Grundfläche) und der Ikosaeder (aus 20 Dreiecken bestehend). Aus Quadraten wird der Hexaeder (Würfel) geformt und aus Fünfecken der Dodekaeder. Alle anderen Körper müssen aus mindestens zwei verschiedenen Flächen bestehen – etwa aus Quadraten und Dreiecken oder aus Fünfecken und Sechsecken (weit verbreitete Nähform der Fußbälle). Oder sie werden aus ungleichmäßigen Flächen wie Parallelogrammen zusammengesetzt. Daher gelten die fünf platonischen Körper als der Ausgangspunkt aller Formen, aus dem sich alles andere entwickelt.

Element	Körper	Flächen
Erde	Würfel	6 Quadrate
Wasser	Ikosaeder	20 Dreiecke
Feuer	Tetraeder	4 Dreiecke
Luft	Oktaeder	8 Dreiecke
Äther	Dodekaeder	12 Fünfecke

Zuordnung der fünf Elemente zu den fünf platonischen Körpern

Auch den drei alchemistischen Grundprinzipien Sal, Sulfur und Mercurius werden bestimmte platonische Körper zugeordnet: Das Sal-Prinzip wird durch Würfel und das Quadrat (Element Erde) symbolisiert, das Sulfur-Prinzip durch Tetraeder und Dreieck (Element Feuer) und das Mercurius-Prinzip durch Fünfeck und Dodekaeder (Element Äther).

Alchemistisches Grundprinzip	Element	Körper
Sal	Erde	Würfel
Sulfur	Feuer	Tetraeder
Mercurius	Äther	Dodekaeder

Zuordnung der alchemistischen Grundprinzipien zu platonischen Körpern

Tatsächlich finden wir in vielen alchemistischen Darstellungen den Würfel als Symbol von Sal-Erde und den Tetraeder als Zeichen für Sulfur-Feuer. Der Dodekaeder als Symbol des heiligen fünften Elements, des Äthers, wurde nur selten dargestellt.

In der alchemistischen Praxis wird auf vielfältige Weise versucht, mit Formen die Wirkung der entsprechenden Grundkräfte zu unterstützen – z.B. durch spezielle Gefäße: vier- und achteckige Formen unterstützen danach die Verfestigung und das „Konservieren" von Energien, fünfeckige Formen hingegen fördern das Auflösen einer Substanz und das Verbinden verschiedener Stoffe.

Plato zog nun aus den Formengesetzen der Geometrie eine für die gesamte Alchemie höchst bedeutsame Schlussfolgerung: Da die fünf regelmäßigen Körper nach geometrischen Regeln ineinander „gewandelt" werden können, müssen auch die fünf Elemente selbst ineinander wandelbar sein – und letztlich können daher auch alle stofflichen Dinge ineinander gewandelt werden. Man muss die Substanzen nur auf ihre elementaren Urprinzipien zurückführen und diese wieder neu miteinander verbinden. Das ist nichts anderes als eine Form der berühmten alchemistischen Idee einer Verwandlung von Blei zu Gold, der Rückführung in den „status nascendi" und der Transmutation in eine neue lichtvollere Substanz. Damit verband die Alchemie die Vorstellung einer komplexen Entwicklungslehre: Die Materie „reift" gleichsam „zum Gold" und wird dabei immer mehr „durchlichtet". So sind letztlich alle Metalle nur „krankes Gold" und befinden sich in verschiedenen Zwischen- und Übergangsstufen auf dem Weg zum „Sonnen-Metall". Eine Transmutation wäre demnach nur die Beschleunigung des natürlichen Entwicklungsweges. In gleicher Weise vollzieht auch der einzelne Mensch und insgesamt die Menschheit eine Persönlichkeits- und Bewusstseinsentwicklung „vom dunklen Blei zum lichten Gold" – aus dem „gefallenen Adam", dem tierischen Menschen, wird dabei wieder das „Ebenbild Gottes" (siehe auch „Die Suche nach dem Heiligen Gral und der Siebenstern der Templer").

Die geometrische Wandlung der fünf Elemente-Körper untereinander, ihre Durchdringung und Schachtelung ineinander hat immer wieder Mathematiker, Künstler und Alchemisten beschäftigt – erhoffte man sich doch Hinweise darauf zu finden, wie denn das Blei zum Gold, die Materie zum Licht gebracht werden kann. So konstruierte beispielsweise der Goldschmied Wenzel Jamnitzer (1508-85) gleich 140 geometrische Grundfiguren und ließ die Abbildungen dazu in Kupfer stechen. Für andere Forscher wie Johannes Kepler (1571-1630) war die Ineinanderschachtelung

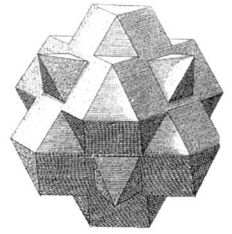

Aus den fünf Grundformen können durch Ineinanderschachteln und Kombinieren unendlich viele Figuren, die Grundformen der Natur, entstehen – hier Studien aus dem 16. Jahrhundert des Goldschmieds Jamnitzer.

der Körper auch ein Modell im Großen, nämlich des Planetensystems. Mit verblüffend guter Annäherung gelang es ihm mit Hilfe der fünf Körper, die Bahnen der Planeten zu berechnen und zu erklären, warum sie gerade diesen Abstand von der Sonne haben und nicht einen anderen. (Kepler, *Mysterium Cosmographicum*) Die platonischen Körper regieren also gleichsam den kosmischen Raum der Planeten, und vielleicht formen die Planeten-Schwingungen ja tatsächlich ein solches, den regelmäßigen Körpern ähnliches Muster als stehende Wellen im Äthermeer.

Um die Beziehungen der Elemente-Körper zueinander besser verstehen und beschreiben zu können, wurden Geometrie, Mathematik und später die Physik immer weiter entwickelt. Die praktischen Nutzanwendungen dabei waren lange Zeit nur ein willkommener Nebeneffekt der tieferen spirituellen Beweggründe.

Der Astronom Johannes Kepler berechnete erstmals erfolgreich die Planetenbahnen mit Hilfe eines Modells der fünf ineinander geschachtelten platonischen Körper.

Zwar lehnen moderne Physiker wie Werner Heisenberg das Modell der platonischen Körper als Urbausteine des Seins ab, weil sie zu simpel erscheinen: „Die endgültige Theorie der Materie wird, ähnlich wie bei Platon, durch eine Reihe von wichtigen Symmetrieforderungen charakterisiert sein. ... Diese Symmetrien kann man nicht mehr einfach durch Figuren erläutern, wie es bei den platonischen Körpern möglich war, wohl aber durch Gleichungen." (Heisenberg, *Schritte über Grenzen)* Jedoch finden Chemiker, wenn sie den energetischen Bindungskräften in den Molekülen nachforschen und daraus den Aufbau einer Substanz ergründen, sehr wohl derartige einfache geometrische Grundformen. (Müller, *Anorganische Strukturchemie)* Mitunter denken sich die Strukturchemiker sogar zuerst geometrische Formen aus, um sie dann im Labor herzustellen – z.B. eine spezielle Form des Kohlenstoffs, die Fullerene (in Form eines „Bucky-Balls" bzw. Fußballs aus Fünf- und Sechsecken zusammengesetzt).

Der Alchemist will aber die von ihm beabsichtigte Erhöhung von Substanzen oder sogar deren Transmutation gar nicht unbedingt bis ins Kleinste genau berechnen können, vielmehr möchte er sie nach den Regeln der Natur ganz praktisch im Labor vollziehen. Für ihn können daher die geometrischen Beziehungen und die Wandlung der fünf Elemente-Körper sehr wohl nützlich sein. Seinem Ziel, die Materie zum Licht zu führen, entspricht geometrisch die Wandlung vom Würfel (Erde-Sal) zum Dodekaeder (Äther-Mercurius). Und soll aus einer Substanz wie einem Metall, einem Edelstein oder einer Pflanze die Heilkraft gewonnen werden, so versucht der Alchemist die Energie des Äther-Elements und damit den geistig-energetischen Bauplan und die ursprüngliche Schöpfungsenergie herauszulösen. Das Äther-Element und der zugeordnete Dodekaeder gelten nämlich als Ursprung und Quintessenz der anderen vier Elemente.

Tatsächlich kann der Würfel geometrisch zum Dodekaeder gewandelt werden, indem fünf Würfel ineinander geschachtelt werden. Dabei markieren die 40 Körperecken der fünf Würfel die 20 Ecken des Dodekaeders. Fügt man nämlich die Würfel so zusammen, dass jeweils zwei Ecken zweier verschiedener Würfel aufeinander liegen, dann entsteht aus den Verbindungslinien dieser 20 Ecken der Dodekaeder (siehe Abb.). Er bildet also den so genannten Hüllkörper der fünf „Sal-Erde-Würfel", gleichsam ihre „Äther-Aura".

In den Würfeln ist geometrisch zugleich auch das Sulfur-Prinzip enthalten: Es können nämlich zwei Tetraeder (Elemente-Körper des Feuers und des Sulfurs) in einen Würfel gestellt werden. Dazu werden sie versetzt ineinander geschoben, so dass jede der vier Tetraeder-Ecken auf einer der acht Würfelecken liegt. Das ist die durch den spirituellen Lehrer Drunvalo Melchizedek als „Sterntetraeder" bekannt gewordene Form.

Die Heilige Geometrie kennt aber noch zwei andere Wege, wie der Äther-Dodekaeder gebildet werden kann. Ähnlich wie die eingangs beschriebene Dreiteilung jedes der drei alchemistischen Grundprinzipien Sal, Sulfur und Mercurius in jeweils einen Sal-, Sulfur- und Mercurius-Charakter führt auch der geometrische Weg zu einer solchen Dreiteilung der drei Prinzipien. Der erste Weg zum Dodekaeder über den Würfel stellt dabei den Sal-Mercurius dar, ist also nur ein Teil der Äther-Information. Die beiden anderen Wege ergeben den sulfurischen und mercurialen Mercurius. Sie werden aus Tetraedern, also der „Feuer-Form", und Oktaedern, der „Luft-Form", gebildet. Als Besonderheit dabei können die Tetraeder mit einem „Linksdrall" und einem „Rechtsdrall" ineinander gefügt werden. Wie schon in den normalen Würfel zwei entgegengesetzte Tetraeder eingefügt werden können, tritt also auch hier der Sulfur-Tetraeder in zweifacher Form auf.

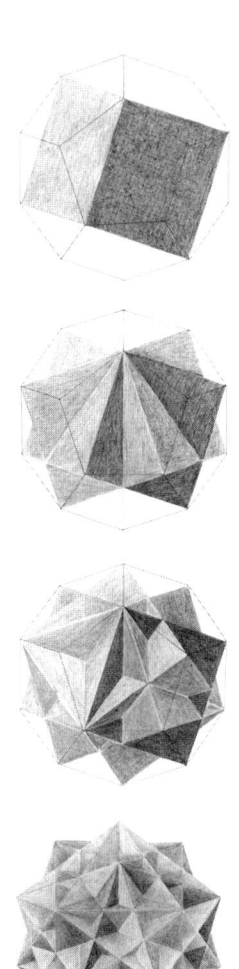

Fünf Würfel bilden einen Dodekaeder; unten: fertiger Würfel-Fünfling

Fünf Tetraeder bilden sich durchdringend einen Dodekaeder. Er entsteht als Hüllkörper, als umhüllende „Aura-Form".

Aus vielen alten Hochkulturen ist diese Zirkelfigur, die „Blume des Lebens" genannt, bekannt.

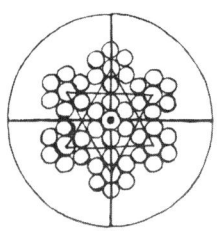

Die geheime Form des Rosenkreuzes mit den sieben Kraft- und Blütenzentren der Planeten ist eine Variante der „Blume des Lebens" und „Metatrons Würfel".

Und der daraus entstehende Dodekaeder ist demnach ein zweifacher, ein „männlicher" und ein „weiblicher" sulfurischer Mercurius. Tatsächlich ist auch in der Laborpraxis die Gewinnung des doppelten Sulfurs eines der Geheimnisse in der Herstellung der alchemistischen Essenzen, die für eine hohe Wirksamkeit der Arkanen unbedingt nötigt ist.

Auffällig ist, dass der Dodekaeder stets aus fünf gleichen Formen, fünf Würfeln, Tetraedern oder Oktaedern gebildet wird. Hier wird das Wirken eines selbstähnlichen Prinzips erkennbar, nach dem das fünfte Element stets aus fünf gleichen Elementeformen zusammengesetzt sein muss. In der Natur ist eine solche geometrische Elemente-Formung natürlich kein starres einmaliges Geschehen, sondern ein ständiger dynamischer, bewegter Prozess. Deshalb sprechen die alchemistischen Schriften von einer „Rotation" und „Umschichtung" der Elemente.

Das Ineinanderschachteln von Würfel, Tetraeder oder Oktaeder zur Bildung der Äther-Form muss also eher als eine Rotation des jeweiligen „Körpers" verstanden werden bzw. als eine Wirbel- oder Spiralbewegung der Äther-Energien, bei der sich in der Schwingung eine stehende Welle bildet. Ein vergleichbares Phänomen kennen wir bei den Speichenfelgen der Autos: Bei einer bestimmten Geschwindigkeit sind in den drehenden Rädern plötzlich wieder die einzelnen Speichen sichtbar – eine stehende Welle hat sich herausgebildet. Bei den Elementen bilden sich in den Wirbeln des sich verdichtenden Äthermeeres solche stehenden Wellen in Form eines Dodekaeders – und in diesem wiederum sind weitere Muster erkennbar, nämlich die Formen von Würfel, Tetraeder oder Oktaeder.

Diese dreifache Qualität des Mercurius (und ebenso des Sulfur- und des Sal-Prinzips) hat vielfältige Konsequenzen für die praktische Alchemie: Soll beispielsweise aus einer Pflanze, einem Mineral oder einem Metall die Heilkraft und Heilinformation komplett gewonnen werden, so müssen darin der dreifache Mercurius und geometrisch gesehen alle drei Dodekaeder-Bildungen enthalten sein. Erst wer diese dreifache Essenz gewinnt und – gleichsam geometrisch passend – wieder zusammenfügt, kann ein hohes alchemistisches Arkanum wie das Aurum Potabile erschaffen. Alle anderen Essenzen und Auszüge sind daher alchemistisch und hermetisch gesehen unvollständig.

Ein Symbol für dieses Durchdringen stehender Ätherwellen und zugleich ein Hilfsmittel der Heiligen Geometrie für die geometrische Konstruktion der platonischen Körper ist die durch Drunvalo Melchizedek wieder allgemein bekannt gewordene „Flower of Life", die „Blume des Lebens" (siehe Abb.). Diese Zirkelfigur ist im alten Tibet ebenso bekannt wie in Ägypten, wo sie bereits vor Jahrtausenden in Tempelwände graviert wurde. Eine Variation davon wird bei den Rosenkreuzern die geheime Form des „Rosenkreuzes" genannt (siehe Abb.). Dabei umgeben die „Rosen" der sechs Planeten die mittlere „Rose" der Sonne. Zusammen repräsentieren sie die gleichförmig verteilten Energien der sieben Planeten im kosmischen Äthermeer. Entsteht zwischen ihnen eine „stehende Welle", können die Formen der fünf Elemente und damit auch ein geistiger Inhalt bzw. eine Qualität entstehen. Um dieses Zusammenwirken von Form und Schwingung zu studieren, wird eine vereinfachte Variante des geheimen Rosenkreuzes verwendet, der „Würfel des Metatron". Mit seiner Hilfe können die fünf platonischen Körper sehr leicht konstruiert werden (siehe Abb.). Diese Zirkelfiguren sollen auch den legendären Orden der Baumeister unserer Kathedralen als Einweihungsfigur in die Lehre von den Elementen und ihrer Wandlung gedient haben.

Viele Schüler der Heiligen Geometrie und der Alchemie aber haben den dreifachen Charakter des Äther-Dodekaeders bzw. des Mercurius-Prinzips, also die innere Form des Sal-, Sulfur- und Mercurius-Mercurius nicht verstanden oder nicht beachtet. Nur sehr selten wurde diese Unterscheidung auch derart deutlich ausgesprochen wie hier. Immer sind die alchemistischen Werke mehrfach symbolisch verschlüsselt – gerade an den Stellen, wo es um die hohe Alchemie und die Arbeit mit den Metallen als Weg zum Großen Werk geht. Aus den verrätselten Andeutungen alter Schriften aber wurden ganz verschiedene Wege der Herstellung alchemistischer Essenzen oder sogar ganze „Lehrschulen der Alchemie" abgeleitet – jedoch haben sie meist nur einen, aber nicht den dreifachen Mercurius gewonnen .

Auch die drei Wandlungsphasen Nigredo, Albedo und Rubedo des Chakra-Systems (und damit der Lichtkörper-Prozess des menschlichen Energiesystems) werden erst aus dieser dreifachen Ordnung – hier der Planeten und ihrer Metalle – und der „Rotation der Elemente" verständlich. Denn so wie das alchemistische Elixier im Labor dieser „Transmutation" bedarf, so muss auch der Mensch in sich die „Elemente" wandeln.

Nach dem Alchemisten Ripley müssen „die zwölf Pforten drei Mal gedreht werden" – d.h. der Tierkreis dreimal durchlaufen

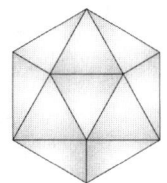

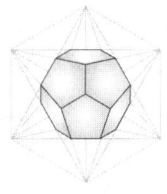

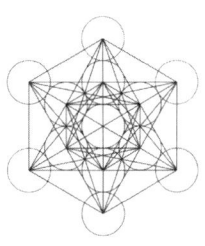

Eine Variante der „Blume des Lebens" ist „Metatrons Würfel", mit dessen Hilfe die fünf platonischen Körper konstruiert werden können. Bild Mitte: der Ikosaeder, unten: der Dodekaeder.

oder die zwölf alchemistischen Arbeitsgänge, die jedem der Tierkreiszeichen zugeordnet sind, dreimal durchgeführt werden –, dann sind die Elemente in die „Medizin der dritten Ordnung" gewandelt. Im ersten Durchlauf „sind deine Elementa durch circulatio zu Wasser" geworden, d.h., sie wurden gelöst. Beim zweiten Mal werden sie gereinigt und dann fixiert und beim dritten Durchgang multipliziert, erhöht bzw. zirkuliert. (Ripley, *Chymische Schriften*) Bei diesen Prozessen soll die Rotation so oft wiederholt werden, „bis die Erde himmlisch und der Himmel irdisch ist und mit der Erde verbunden, dann ist das Werk vollendet", sagt der alchemistische Philosoph Mylius. (Mylius, *Philosophia reformata*)

Oder moderner formuliert: „Durch die Rotation der Elemente entsteht in der Vereinigung von Oberem und Unterem, von Feuer und Wasser der unvergängliche Lapis." (Roob, *Alchemie und Mystik*) Und genau diese Vorgänge geschehen im Menschen während des Wechsels der Chakra-Planeten-Resonanzen auf dem Weg vom niedrig schwingenden Nigredo in die höher schwingenden Stufen des Albedo und Rubedo.

Alchemistische Christus-Darstellung: Die sieben Blätter-Zacken des Baumes weisen auf die sieben Planeten hin. Im Hintergrund ein Athanor, ein alchemistischer Laborofen.

Mit dem „Lapis" ist nämlich nicht nur der Stein der Weisen gemeint, sondern damit wird auch jener Mensch bezeichnet, der diesen Prozess durchschritten und die Rubedo-Stufe erreicht hat – in christlich-alchemistischer Symbolik wird daher auch Jesus Christus als „Lapis" bezeichnet.

Betrachtet man die Planeten in ihrer Zuordnung zu den polaren Qualitäten „solar" und „lunar", „männlich" und „weiblich" bzw. „Yang" und „Yin", so entspricht diese der Aufgliederung in die polaren Elemente „Feuer" und „Wasser". Und genau diese polare Ordnung im Energiesystem der Chakras wandelt sich auf dem Weg von der Nigredo- zur Rubedo-Stufe:

In der Nigredo-Stufe sind die „Feuer-Planeten" von den lunaren „Wasser-Planeten" umgeben, werden von ihnen eingeschlossen und in ihrer Kraft gehemmt. Für die Chakras bedeutet das, dass die in ihnen zirkulierenden aufsteigenden und bewegenden Feuer-Energien von den absteigenden und fixierenden Wasser-Kräften dominiert werden – die Folgen sind die erwähnten Verfestigungen und Verschlackungen, aber auch die Dominanz der unkontrollierten niederen Emotionen über Geist und Herz.

Wird aber die Herz-Energie befreit und erhöht, indem die Merkur-Resonanz in eine höhere Qualität eintritt (vom Sal-Merkur zum Sulfur-Merkur) und dabei der Merkur vom Sexual-Chakra zum Herz-Chakra „wandert", dann beginnt die zweite Stufe – die Albedo-Phase.

Chakra		NIGREDO Planet/Prinzip	ALBEDO Planet/Prinzip	RUBEDO Planet/Prinzip
7	Kronen-Chakra	Saturn Lunar/Wasser	Saturn Lunar/Wasser	Saturn Lunar/Wasser
6	Stirn-Chakra	Jupiter Lunar/Wasser	Mond Lunar/Wasser	Venus Solar/Feuer
5	Hals-Chakra	Mars Solar/Feuer	Jupiter Lunar/Wasser	Jupiter Lunar/Wasser
4	Herz-Chakra	Sonne Solar/Feuer	Merkur Neutral	Merkur Neutral
3	Solarplexus-Chakra	Venus Solar/Feuer	Mars Solar/Feuer	Mars Solar/Feuer
2	Milz/Sexual-Chakra	Merkur Neutral	Venus Solar/Feuer	Mond Lunar/Wasser
I	Wurzel-Chakra	Mond Lunar/Wasser	Sonne Solar/Feuer	Sonne Solar/Feuer

Die „Rotation" der Elemente in den Chakras während des Aufstiegs von der Nigredo-zur Rubedo-Stufe

Auf der Albedo-Stufe werden die polaren Prinzipien getrennt und gereinigt: Der Mensch läutert sein Inneres, und die gegensätzlichen Kräfte müssen tagtäglich aufs Neue im Herzen ausgeglichen und versöhnt werden. Im Herz-Chakra werden die höheren emotionalen Qualitäten der Liebe und des Mitgefühls entwickelt. Das ist die große Aufgabe in der Albedo-Phase.

Nach und nach gelingt es immer besser, die polaren Kräfte der Elemente zu integrieren und sich den höheren Qualitäten des Herzens zu öffnen. Das Herz-Chakra tritt in Resonanz mit der höchsten Merkur-Qualität (der Mercurius-Merkur, die höchste Schwingungsqualität des Merkur), wenn sich die Liebesenergie mit tiefer Spiritualität verbindet. Die polaren Energien des Lunaren und Solaren, Feuer und Wasser, Yang und Yin fließen nun harmonisch ineinander. Im regelmäßigen Wechsel bestimmen sie jeweils eines der Chakras und vereinen die gegensätzlichen Energieströme in einem großen Fluss der planetaren kosmischen Kräfte. Vergleichbar den beiden Schlangen des Merkurstabes „umfließen" die „männlichen" und „weiblichen" Schwingungen den „Stab der Wirbelsäule" – im Zentrum aber liegt der Merkur, der Regent des Herz-Chakras.

Die Suche nach dem Heiligen Gral und der Siebenstern der Templer

So abstrakt der im vorigen Kapitel geschilderte Fluss der polaren Kräfte und der wechselnde Einfluss der Planeten in uns auch zu sein scheinen – für den Orden der Templer waren diese Bezüge höchst bedeutsam: Den VITRIOL-Siebenstern, das Symbol der Chakra-Wandlung und der höchsten Wandlungsphase des Rubedo, prägte er als hunderte Kilometer große geomantisch-energetische Installation in die französische Landschaft.

Die Templer formten diesen Siebenstern, indem sie an seinen Spitzen ihre sieben Hauptkomtureien platzierten. Sie nutzten dabei bedeutende natürliche Kraftplätze und verstärkten teilweise deren Energie noch mit Hilfe der Bauwerke. Das allein wäre vielleicht noch nicht so sensationell, aber das System wurde ganz gezielt mit den Energieströmen der Erde verbunden: Der Templer-Siebenstern wurde nämlich exakt in die Energie-Geometrie der Erde eingepasst.

Wie der deutsche Geomantie-Lehrer Siegfried Prumbach 1998 entdeckt und dann gemeinsam mit dem englischen Leyline-Forscher und Architekt Peter Dawkins weiter erforscht hat, besitzt nämlich auch das Energiesystem der Erde Resonanzlinien in Form des Dodekaeders – also der regelmäßigen Form des Äther-Körpers. Auf die Existenz des Äther-Dodekaeders hatte schon Plato hingewiesen, und zweifelsohne war dieses globale Energiesystem einzelnen Eingeweihten zu allen Zeiten bekannt gewesen.

106

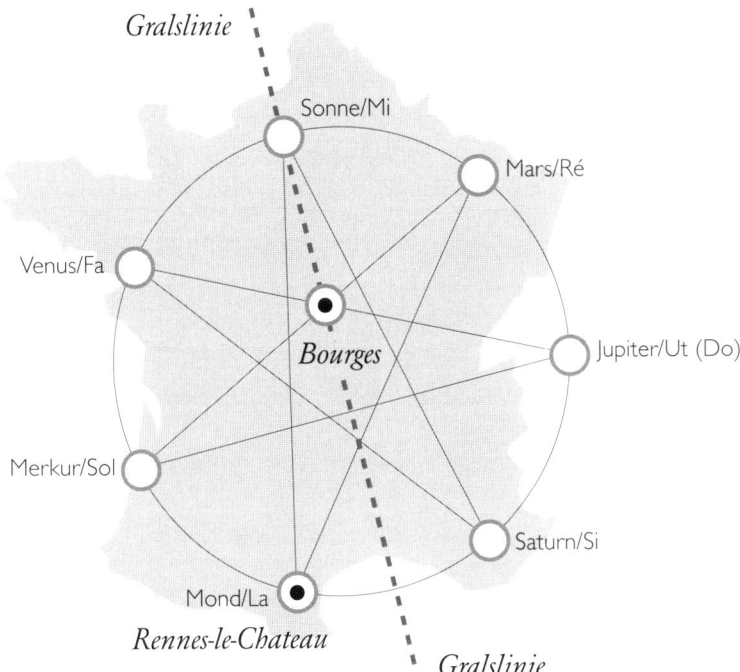

Gralslinie

Sonne/Mi

Mars/Ré

Venus/Fa

● *Bourges*

Jupiter/Ut (Do)

Merkur/Sol

Saturn/Si

Mond/La
Rennes-le-Chateau

Gralslinie

Der Siebenstern der Templer, der die Lage der sieben Hauptkomtureien bezeichnen soll – genannt ist unter anderem Rennes-le-Chateau. Jedem Strahl ist ein Planet und eine Tonsilbe zugeordnet. Zusätzlich zur alten Templer-Karte wurde hier die von Peter Dawkins entdeckte geomantische „Grals-Linie" eingezeichnet.

Innerhalb der zwölf Fünfecke, die den Dodekaeder bilden, liegen wiederum immer kleiner werdende Fünfecke und Pentagramme. Die gesamte Erdoberfläche wird so von dem Fünfeck- und Pentagramm-Netz bedeckt, und seine Linien können von Geomanten per Wünschelrute detektiert werden: Es sind die teils bereits vor über 30 Jahren gefunden, teils erst 1998 wieder entdeckten länderübergreifenden Leylines und Großraum-Energielinien.

Der Mittelpunkt eines der zwölf großen Dodekaeder-Fünfecke der Erde liegt im Zentrum Frankreichs in Bourges. Und das Gebiet Frankreichs bzw. des alten Galliens wird fast perfekt von einem in der Mitte des großen globalen Fünfecks liegenden kleineren Fünfeck umschlossen. Die Franzosen nennen Bourges „Le Coeur de France", „Das Herz Frankreichs" – es ist das alte Avaricum, die Hauptstadt der keltischen Bituriger und Krönungsort ihrer Hochkönige, der „Nabel" Galliens. Caesar beschrieb sie als die schönste, mächtigste und reichste Stadt ganz Galliens. (Dawkins, *Europa und das Land des Heiligen Gral*) Nach der Zerstörung durch die Römer im Jahre 52 v. Chr. wurde Avaricum als Hauptstadt der

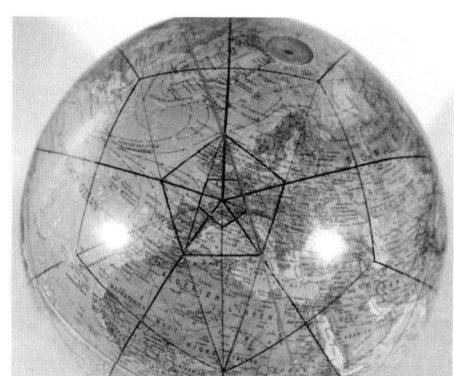

Das von Siegfried Prumbach entdeckte Dodekaeder-System der Erde auf einem Globus skizziert.

römischen Provinz Aquitanien wieder aufgebaut. Das Besondere dabei ist: Sowohl die keltische und die römische Stadt als auch die mittelalterliche Besiedlung und insbesondere die Kathedrale aus dem 12. Jahrhundert sind auf ein Fünfeck hin ausgerichtet, und dieses wiederum auf das große Fünfeck Frankreichs und damit auf den globalen Dodekaeder. Sogar schon sehr viel früher, in megalithischer Zeit, war dem heutigen Standort der Kathedrale von Bourges große Bedeutung zugemessen worden – ein besonders großer Menhir ragte noch im 17. Jahrhundert unmittelbar neben der Kirche auf. (Prumbach, *Zur globalen Energiestruktur*)

Für die Alchemisten war Bourges einst, wie der berühmte Alchemist Fulcanelli schreibt, „der Schluss-Stein des Großen Werkes der Alchemisten Europas". (Fulcanelli, *Le Mystère des Cathédrales*) Und noch heute zeigen zwei Palais, die mit einer Überfülle an alchemistischen Symbolen ausgestattet sind, dass Bourges – zumindest bis zur Renaissance – offenbar ein Zentrum der Alchemie war. Die Templer fügten nun in dieses Frankreich-Fünfeck ihren Siebenstern exakt hinein – sie müssen also um dieses natürliche Netz der Dodekaeder-Energielinien sehr genau gewusst haben. Zugleich sind einzelne Orte in diesem System aus Energielinien, Fünfeck, Pentagramm und Siebenstern eng mit der Gralslegende, König Artus und den Geschichten um die Jesusfamilie in Frankreich verbunden – gleichsam als sollte dadurch die Aufmerksamkeit für immer auf diese Plätze gerichtet werden, damit auch noch viele Jahrhunderte später ein Suchender die verborgene energetische Bedeutung des Ganzen entschlüsseln kann. Ein Suchender, der

Der Templer-Siebenstern ist exakt in das geomantische Frankreich-Fünfeck und damit in das Dodekaeder-System der Erde eingefügt. Die „Grals-Linie" bildet bei beiden die Symmetrieachse.

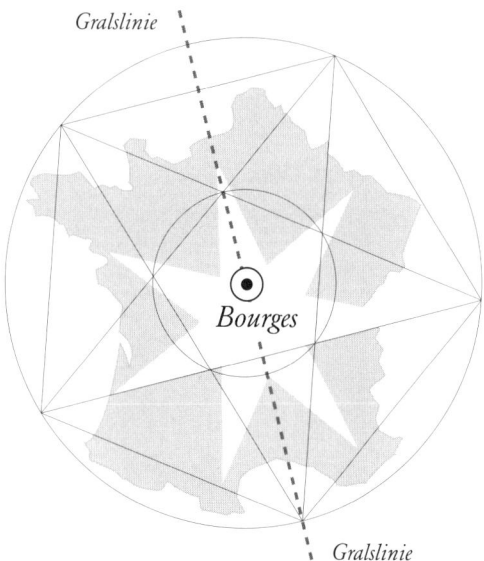

Gralslinie

Bourges

Gralslinie

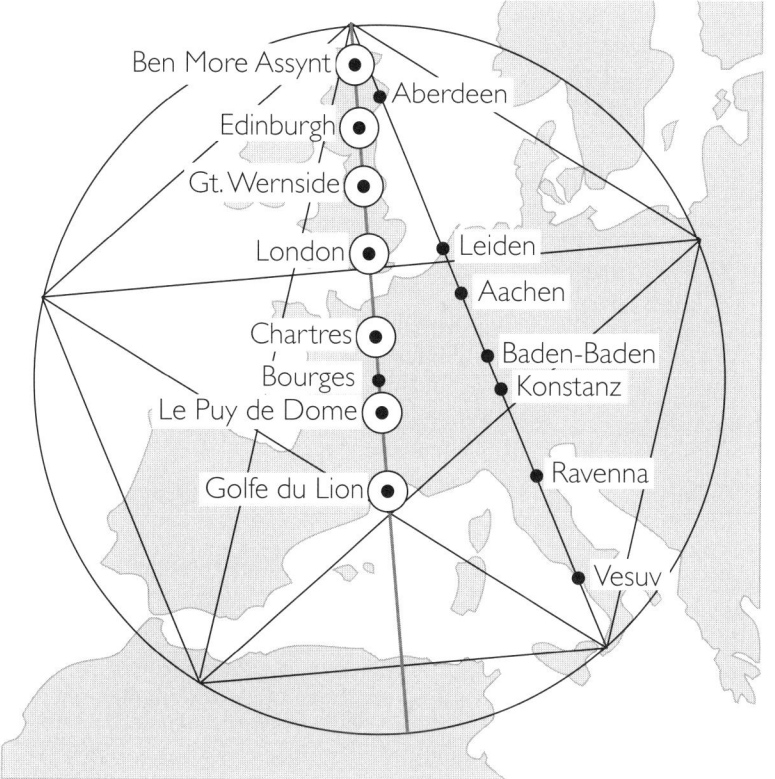

Ben More Assynt
Aberdeen
Edinburgh
Gt. Wernside
London
Leiden
Aachen
Chartres
Baden-Baden
Bourges
Konstanz
Le Puy de Dome
Golfe du Lion
Ravenna
Vesuv

*Das europäische Kern-
fünfeck des globalen Do-
dekaeder-Systems mit
dem Fünfeck Frank-
reichs in der Mitte.
Senkrecht verläuft die
„Grals-Linie", auf der
die wichtigsten Land-
schafts-Chakras und
Bourges als „Nabel"
markiert sind.*

vielleicht den sagenumwobenen Goldschatz der Templer ausgra-
ben will und dabei auf den verborgenen Gral in sich selbst stößt
– auf die eigene innere, alchemistisch-energetische Wandlung
zum „Lapis".

Der Siebenstern der Templer wurde in einem Buch von Gérard
de Sede (*Les Templiers sont parmi nous*) überliefert, ohne allerdings
genauer darauf einzugehen. Er erläutert lediglich, dass die sieben
Hauptkomtureien der Templer in Form dieses Siebensterns in
Frankreich platziert wurden. Einige sind darin mit Namen bezeichnet, wie z.B. Rennes-le-Chateau.

Das heute winzige Bergdorf ist durch die Legende um den an-
geblich dort verborgenen rätselhaften Schatz der Katharer bekannt
geworden. Die gnostisch-christliche Religionsgemeinschaft der Katharer, zu der sich praktisch ganz Südfrankreich bekannt hatte,
war in einem Kreuzzug auf grausame Weise von der römischen
Kirche und dem französischen König vernichtet worden. Der letzte große Kampf aber hatte in der Nähe von Rennes-le Chateau an

der Bergfeste von Mont Segur stattgefunden. Und wie die Legende berichtet, soll der Schatz der Katharer, in dem einige „den Gral" vermuten, von dort fortgeschafft und bei Rennes-le-Chateau verborgen worden sein.

Auch an den Endpunkten der anderen Strahlen des Siebensterns liegen ähnlich ungewöhnliche Orte. Während sich sechs der sieben Strahlen in den Ecken Frankreichs befinden, reicht einer der Strahlen bis in die Schweiz hinein. Jedem der sieben Strahlen wird in der Karte auch einer der sieben Planeten zugeordnet. Ihre Reihenfolge entspricht exakt der des alchemistischen VITRIOL-Siebensterns, wie er in Zusammenhang mit der höchsten Chakra-Wandlungsstufe des Rubedo beschrieben wurde (siehe Abb. Seite 68.) Allerdings sind sie hier in spiegelverkehrter Form angeordnet – oder als würde man auf der Erde stehend auf diese Zeichnung im Himmel blicken und sie auf die Landschaft um einen herum übertragen.

Die Mittelachse sowohl des Siebensterns als auch des Frankreich-Fünfecks bildet eine von Peter Dawkins bereits 1972 entdeckte Großraum-Leyline. Diese erstreckt sich von Saintes-Maries-de-la-Mer in Südfrankreich, dem noch heute wichtigsten Wallfahrtsort der Sinti und Roma und der Legende nach der Ankunftsort von Maria und der Jesusfamilie nach ihrer Flucht aus dem Heiligen Land, über Bourges und Chartres hinweg bis zur Nordspitze Großbritanniens. Dawkins nannte sie, aufgrund einer Vision und da sie mitten durch die Regionen der Artus- und Gralslegenden verläuft, „Gralslinie". Seinen energetischen Forschungen zufolge stellt sie eine Art „energetisches Rückgrat" für Europa dar, das der menschlichen Wirbelsäule mit den sieben Chakras vergleichbar ist. Bourges, die Mitte Frankreichs und des großen Europa-Fünfecks, nimmt dabei die Position des Nabels ein – Bourges liegt also zwischen dem Solarplexus-Chakra und dem Sexual-Chakra der Gralslinie und ist über den „Nabel" mit den „Mutter-Energien" der Erde verbunden. (Dawkins, *Europa und das Land des Heiligen Gral*)

Legt man nun das Bild des alchemistischen VITRIOL-Siebensterns auf den Frankreich-Siebenstern, so wird deutlich, dass die Templer eine gezielte geomantisch-alchemistische Installation vorgenommen haben: Die Gralslinie läuft mitten durch den Siebenstern. Ein Ende trifft exakt auf die Spitze des Strahls, der der Sonne zugeordnet ist, und das andere liegt genau in der Mitte zwischen den Strahlen von Mond und Saturn. Sonne, Mond und

Saturn aber werden auch als Symbole für die Dreiheit von Körper,
Geist und Seele verwendet. Die Gralslinie als „Achse" dazwischen
symbolisiert auch hier das energetische „Rückgrat" mit
den anknüpfenden Chakras.

Unterhalb des alchemistischen Siebensterns
trifft die Gralslinie die Bildvignette des aus
dem Grab „auferstandenen Kö-
nigs" und auf das darüber stehenden Wort im VITRIOL-
Schriftring „Lapidem" - also
„Lapis", der „Stein", und damit
das Symbol für den Gral und den
„aufgestiegenen Menschen" der Rubedo-
Stufe. Die Strahlen von Saturn, Sonne
und Mond, also symbolisch von Körper,
Geist und Seele, sind der erste, vierte und
letzte Strahl in der bezifferten Reihenfolge.
Sie stehen dadurch für die Buchstaben
VRL - das Kürzel der VRIL-Kraft, die geheimnisvolle, alles durchdringende und
belebende Urkraft der Schöpfung.
(Bahn/Gehring, *Vril Mythos*) Die verblei-
benden Buchstaben IT und IO bilden in ge-
nau dieser Reihenfolge das lateinische Wort „ITIO", zu
deutsch: „das Gehen", „die Reise" - es wird also die „Reise",
der Weg bzw. der Fluss der universellen Schöpfungskraft Vril markiert. Das Wort VITRIOL wiederum ist ein alchemistisches Symbol für den Prozess der Transformation vom niedrig Schwingenden zur höchst möglichen Schwingungsqualität - also der Wandlung von Blei zu Gold oder vom Nigredo zum Rubedo. Und damit steht es auch für den Weg zum Gral. In der Alchemie werden
auch verschiedene metallische Verbindungen aus Kupfer und Eisen als Vitriol bezeichnet. Die Essenz Vitriol, die zu den hier vorgestellten Metall-Arkanen gehört, wirkt vor allem auf das Bewusstsein des Menschen und energetisch auf das Kronen-Chakra - und
damit fördert sie in besonderer Weise die „Reise zum Gral".

Haben die Templer diese Einfügung des Siebensterns und der
Planeten-Zuordnung in das Dodekaeder-Energiesystem der Erde
nur rein symbolisch gemeint? Oder wollten sie gezielt die Urkraft
der Schöpfung beeinflussen? Hofften sie das Energieniveau
Frankreichs zu verändern oder gar das Energiesystem der Erde, die

*Der alchemistische Sie-
benstern der Planeten-
Metalle stimmt exakt
mit dem Siebenstern der
Templer in Frankreich
überein.*

111

Erde selbst und damit alle Menschen in einen alchemistischen Wandlungsprozess zu führen?

Viele weitere Bezüge bestehen zwischen dem Siebenstern der Templer und der Alchemie. Nur einer sei noch kurz beschrieben: Auch im alchemistischen VITRIOL-Siebenstern ist ein Fünfstern bzw. Fünfeck verschlüsselt, so dass der Siebenstern hier ebenfalls in ein „Dodekaeder-System" eingefügt ist. Verbindet man nämlich die Symbole der fünf Elemente – Fackel (Feuer), Fischblase (Luft), den Fuß auf der Erde (Erde) und den Fuß im Wasser (Wasser) sowie den Doppelflügel des Merkur (Äther) oberhalb des Schriftrings –, so entsteht ein regelmäßiges Fünfeck bzw. ein Pentagramm. Die geometrische Einfügung in dieses Fünfeck weicht jedoch etwas von der des Templer-Siebensterns in den globalen Dodekaeder ab: Der Stern ist um zirka 30 Grad gedreht, also um ein Zwölftel des Kreises oder um ein Tierkreiszeichen.

Was die Templer mit dieser Installation des Siebensterns aber wirklich bezweckt haben, ist heute unbekannt. Fest steht nur, dass sie über enorme praktische und esoterische Kenntnisse verfügt haben – ja, dass vielleicht der Orden selbst nur zu dem Zweck der Nutzung dieses Wissens gegründet worden war. In den Jahren vor seiner Gründung Anfang des 12. Jahrhunderts kam erstmals seit vielen Jahrhunderten das esoterische Wissen der jüdischen, arabischen, keltisch-druidischen und der griechisch-pythagoräischen Schulen und der Alchemie an einem Punkt zusammen: in Frankreich im Gebiet um Troyes.

Um 1085 betrieb man in Troyes an der „Schule des Raschi" (Raschi = Rabbi Schlomo Jitzchaki, 1040-1105) umfangreiche Studien in Kabbala, essenischer Mystik und Gnostik. Vor allem Juden, die vor der Verfolgung in Spanien flohen, brachten einen gewaltigen Schatz an arabischen und hebräischen Manuskripten nach Troyes. Zu Raschis Schülern aber gehörten einige der neun Gründer des Ordens der Tempelritter. (Oslo, *Die Geheimlehre der Tempelritter*) Sie erhielten Einblick in das Geheimwissen des Judentums, Urchristentums, Sufismus, griechischer und ägyptischer Mysterienkulte, pythagoräischer Sphärenharmonie, druidisch-keltischer Reinkarnationslehre und nicht zuletzt der Alchemie. Die Werke der Alchemie wurden zu dieser Zeit von den Gebildeten intensiv studiert – sogar in Kirchenkreisen. So hatte bereits einige Jahrzehnte zuvor etwa der Erzbischof von Hamburg-Bremen Adalbert, Vormund des minderjährigen deutschen Kaisers Heinrich IV. (der „Canossa"-Heinrich) alchemistische Schriften zusammengetragen

VITRIOL entsteht aus den Anfangsbuchstaben der Worte im Schriftring: „Visita Interiora Terra Rectificando Inuenies Occultum Lapidem", zu deutsch: „Suche das Untere der Erde auf, vervollkommne es, und du wirst den verborgenen Stein finden" (oder leicht modifiziert: „Besuch das Innere der Erde, und durch Rektifikation – die wiederholte Reinigung durch Destillation – wirst du den verborgenen Stein finden").

und an seinem Hof in Goslar mit ausgiebigen alchemistischen Studien begonnen.

In Troyes aber muss aus diesem gebündelten Wissen ein weit reichender Plan entstanden sein. Innerhalb weniger Jahre gründete eine kleine Gruppe von Männern zuerst den Templerorden, dann den Orden der Zisterzienser und bald darauf die beiden Baubruderschaften der Templer, die „Kinder des Maitre Jaques" und die „Kinder Salomons". Es gab einen „inneren Zirkel" der Tempelritter, der darin ausgebildet wurde, „die Kabale zu reiten", d.h. die Geheimzeichen der Kabbala (die jüdisch-esoterischen Lehren) zu deuten. Ebenso mussten sie die geheime „Sprache der Vögel" beherrschen, womit die alten Symbole der hermetischen, pythagoräisch-ägyptischen Mysterien gemeint waren.

Die Baubruderschaften bildeten einen weiteren inneren hermetischen Kreis im und später neben dem Templerorden. Sie sollen ihr Wissen unter anderem von dem arabischen „Geheimorden der Baumeister" übernommen haben, mit dem die Templer wohl während der Kreuzzüge in Kontakt gekommen waren. Dieser arabische Baumeister-Orden war bereits um 800 von Maaruf Karkhi im südlichen Irak gegründet worden. Er berief sich auf eine arabische Fassung der Bücher des ägyptischen Gottes und Kulturbringers Thot, den die Griechen Hermes Trismegistos nannten – also der legendäre Begründer der Alchemie. (Terhart, *Wächter des Heiligen Gral*) Bald bildeten die Baubruderschaften der Templer regionale Werkstätten, so genannte Hütten. Als älteste dieser Bauhütten gilt die von Straßburg, von deren Gründung man weiß, weil sie von Kaiser Rudolf I. von Habsburg umfangreiche Privilegien erhielt. Von ihr ist auch bekannt, dass bei einer Aufnahme in die Hütte auf Johannes dem Täufer und nicht auf Jesus geschworen wurde. Und mit Johannes schließt sich wieder der Kreis zum Templer-Siebenstern über Frankreich: Im Siebenstern stehen unter den zugeordneten Planeten auch die alten Tonsilben der Kirchenmusik Ut (= Do), Re, Mi, Fa, Sol, La, Si (siehe Abb. Seite 111). Ihre Bezeichnung aber leitet sich von den Halbzeilenanfängen eines Johannes-Hymnus ab. So sind die Tonsilben ein Hinweis auf die geheimen Baumeister des Siebensterns: die Baubruderschaften der Templer.

Ob die Anlage des Templer-Siebensterns wirklich einmal dazu gedient hat, die Planeten-Kräfte im Sinne des alchemistischen Siebensterns für eine Ausrichtung der Menschen oder gar des Energiesystems der Erde auf die höchste Schwingungsebene des Rubedo

Figur an der Templer-Einweihungskirche in Méaux östlich von Paris. Der Tempelritter weist auf das Herz-Chakra und hält ein fünfspeichiges Weltenrad in der Hand – vielleicht ein Hinweis auf Dodekaeder und globales Energienetz.

Einweihungsgrotte der Katharer und Templer bei Rennes-le-Chateau. Verbanden sich die Adepten hier mit dem Dodekaeder-System der Erde?

zu bündeln, ist nicht bekannt. Auch das Gegenteil, die Bindung an die niedrige Schwingungsebene des Nigredo wäre möglich, denn der VITRIOL-Siebenstern enthält ja (wie in „Die Rubedo-Stufe der Chakras" erläutert) die Chakra-Planeten-Zuordnungen aller drei Wandlungsphasen: Der Weg im Kreis entspricht der niedrigsten Schwingungsstufe des Nigredo. Der Albedo-Weg entspricht einem Zickzack-Weg von rechts nach links immer über die Gralslinie hinweg – vergleichbar dem Schlängeln einer Schlange um den Hermesstab. Und der Rubedo-Weg führt von Strahl zu Strahl über die Mitte des Sterns hinweg – und dabei ebenfalls über die zentrale Achse der Gralslinie. Erst dieser Weg aber zeichnet den eigentlichen Stern.

Der Gral ist bekanntlich ein Symbol des göttlichen Lichts, der Vergeistigung und der reinen Seele sowie ein Zeichen der Transformation von Jesus Christus – für all das wurde auch die Sonne als Symbol verwendet oder Christus als „Sol Invictus", als die „Unbesiegte Sonne" (die nach dem Untergang oder „Tod" wieder auferstandene, wieder geborene und verjüngte Sonne). Eine verblüffende Parallele dazu ist, dass sich

Christus als Apollo, als unbesiegte Sonne, „Sol Invictus", umgeben von den zwölf Tierkreiszeichen.

in der Rubedo-Chakra-Folge tatsächlich die kosmische Energie durch alle sieben Chakras hindurch zum Wurzel-Chakra in den Menschen hinein senkt – zu jenem Chakra also, das der Sonne zugeordnet ist. Und im Templer-Siebenstern liegt der Strahl der Sonne genau auf der Gralslinie.

Vielleicht wurde die geomantische Kraft des Templer-Siebensterns und seine Anbindung an das Dodekaeder-Energiesystem der Erde auch für verschiedene Zwecke genutzt – je nachdem, wie die Energien „Frankreichs" als Nabel Europas mit Hilfe des Siebensterns beeinflusst wurden. Am Beispiel des Templerordens sieht man die Nigredo-Wirkung, in der die verdichtenden, kristallisierenden Energien vorherrschen, in ihren unglaublichen Erfolgen als Händler und Bankiers. In kürzester Zeit gelangte der Orden zu enormen Reichtümern und kontrollierte lange Zeit ein

Großteil des Kapitals der Fürsten und Könige Europas. Die Albe-
do-Wirkung der auflösenden und befeuernden Energien kann
man in den Eroberungs-Kreuzzügen der Tempelritter erkennen.
Die Rubedo-Wirkung aber wird in ihrer durchaus auch völkerver-
bindenden Tätigkeit als Diplomaten, Finanziers und Organisato-
ren sowie in den einzigartigen gotischen Kathedralen der Tem-
pler-Baubruderschaften sichtbar. Neben der Vermittlung der offi-
ziellen christlichen Lehre dienten die Kathedralen immer auch
noch etwas ganz anderem: der Vermittlung eines direkt von jedem
Menschen erfühlten und nicht durch Priester vermittelten spirituellen Erlebens. Bekannt sind auch spezielle Einweihungskirchen
der Templer.

Etwa 300 Jahre später hat wieder jemand über ein hohes Wissen
in den Geheimlehren verfügt: der große Alchemist und Mediziner
Paracelsus. Er ging 1514 im Alter von 21 Jahren für rund zehn Jahre auf Wanderschaft. Neben Reisen durch Europa soll er auch
Ägypten, das Heilige Land und Konstantinopel erreicht haben.
Dort soll er von der erwähnten Bruderschaft der Baumeister
unterrichtet worden sein. Und dieses Wissen habe es ihm später
möglich gemacht, Alchemie in ihrer höchsten Form zu betreiben.
(Oslo, *Die Geheimlehre der Tempelritter*)

Fest steht, dass Paracelsus nach seiner Wanderzeit in der Lage
war, das System der Alchemie in Theorie und Praxis entscheidend
weiterzuentwickeln. Und ihm gelangen die Herstellung der hohen
Arkanen, der höchsten Heilmittel der Alchemie, und mit ihrer
Hilfe viele spektakuläre Heilungen. In seinem Testament sprach
Paracelsus von der Existenz dreier geheimer, verborgener Schätze.
Sein von ihm selbst gewählter Beiname Theophrastus weist ihn
nach einer Entschlüsselung als zeitweisen Hüter des „Gefäßes", also des „Grals" aus. (Dimde, *Die Grals-Verschwörung*) Mit seinen hohen Essenzen aber wollte Paracelsus die Menschen durch Erhöhung ihres Schwingungszustands heilen – gleichsam indem er sie
ein kleines Stück weit „auf dem Weg zum Gral" führte. Anders als
vielleicht die Templer und ihre Baubruderschaften mit der geo-
mantisch-alchemistischen Siebenstern-Installation wollte er nicht
„zwangsweise" die Menschheit als Gruppe in ihrer Schwingung erhöhen, vielmehr überließ er jedem Einzelnen die Verantwortung.
Jeder geht bei der Anwendung der hohen alchemistischen Esenzen
nur so weit, wie er es für richtig hält – bis zur Linderung seiner
körperlichen und seelischen Leiden oder mit der Langzeitanwen-
dung noch ein Stück weiter auf dem „Gralsweg". Und genau in

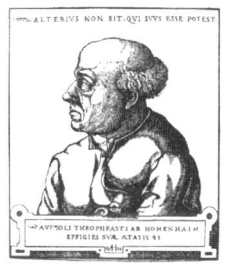

Paracelsus wurde als Arzt und Alchemist berühmt. Zehn Jahre lang lernte er in Ägypten und im Heiligen Land und soll dort von der „Bruderschaft der Baumeister" unterrichtet worden sein.

115

dieser Weise können auch die heutigen hohen alchemistischen Metall-Essenzen wie das Aurum Potabile genutzt werden – in eigener Verantwortung, ohne Zwang und ganz im eigenen Tempo der Heilung und Entwicklung.

Das Licht des Grals, Großes Werk und der „energetische Fingerring"

Das zentrale Anliegen der Alchemie war immer, den Plan der Schöpfung zu erkennen und die Natur – egal, ob Pflanze, Metall, Edelstein oder Mensch – zu vervollkommnen und zu „durchlichten". Alle Erkenntnisse des Alchemisten, die er in Studien und sensitivem, intuitivem Erfühlen gewinnt, überprüft er in der praktischen Laborarbeit und in seiner eigenen Persönlichkeitsentwicklung. „Wenn jemand unter den Naturkundigen begehret Meister zu werden, so wird er nirgends besser Materie zu seinem Meisterstücke finden, als in ihm selbst. ... Kennet ein Artist einmal die kleine Welt in der Grossen, so wird ihm hernach nichts unbekannt sein. Darum rieffen und schrieben die alten Ägyptischen Naturkundigen allezeit: Kenne dich selbst. Und der Griechen ihre Lehrlinge nahmen dieses aus Unverstand meistens moraliter", schrieb Sincerus Renatus. Der Alchemist testet also die Richtigkeit seiner Schlussfolgerungen sowohl im Labor als auch am eigenen Körper. „Also wenn ihr den Mikrokosmos in der äußeren Natur erkennt, werdet ihr darin das große Geheimnis begreifen, das im Menschen liegt", empfahl Paracelsus. (*Werke*, Bd. I, S. 362) Allerdings kann der Alchemist nur das erkennen, was seine Persönlichkeits- und Bewusstseinsentwicklung zulässt. Und er kann nur das im Labor erschaffen, was er selbst erkannt und verwirklicht hat. Die hohen alchemistischen Metall-Essenzen helfen dann dem Anwender, ebenfalls eine derartige Persönlichkeits- und Bewusstseinsentwicklung vollziehen und damit seinen Schwingungszustand erhöhen zu können. Und so heilen die Metall-Arkanen, indem sie die natürliche Entwicklung zum Höheren und Bewussteren unterstützen. Im Falle von Krankheit heißt das: Das Dunkle der Erkrankung wird vertrieben, indem „Licht"-Energie zugeführt, die Ordnung in Körper, Geist und Seele erhöht und die Bewusstwerdung über die tieferen Ursachen der Erkrankung angeregt . Wie weit der Patient diesen Weg zum „Gralslicht" gehen möchte, liegt an ihm selbst.

Seit Jahrtausenden arbeiten Alchemisten daran, Hilfsmittel für diesen Lichtkörper-Prozess zu entwickeln. Tatsächlich haben sowohl die indischen Maharadschas als auch die chinesischen Kaiser alchemistische Essenzen genutzt, um ihre Energie zu erhöhen, ihr Leben zu verlängern und ihre Sensitivität zu steigern. In China beschäftigte bereits der erste Kaiser der Qin-Dynastie Qin Shi Huang (221-207 v. Chr.) eine Reihe von Alchemisten und sandte tausende Menschen aus, die in aller Welt nach „Wundermitteln" und Rezepturen suchen sollten. Rund 50 Jahre später schreibt Liu An (179-122 v. Chr.) in seinem Buch *Die zehntausend unfehlbaren Künste des Königs von Huai* erstmals über das „trinkbare Gold". „Jinyi" wurde das Aurum Potabile damals in China genannt bzw. im Quanzhou-Dialekt „Kim-ya". Nach Auffassung mancher Sprachwissenschaftler entstand daraus im Arabischen der Name „al kymeia", die „Alchemie" – die chinesische Bezeichnung für trinkbares Gold wurde also im Westen zum Namensgeber für die gesamte hohe Kunst der Alchemie.

Rund 250 Jahre nach der ersten chinesischen Beschreibung des alchemistischen Trinkgoldes heißt es im *Tsan Tung Chi* (142 n. Chr.), dass chinesische Alchemisten durch seine Einnahme einen unvergänglichen „Diamantkörper" erhalten hätten. Sie wurden daher die „acht Unsterblichen" genannt.

Heute, nur wenige Jahre nach der Wiederentdeckung des Aurum Potabile und der jetzt abgeschlossenen Entwicklung weiterer alchemistischer Metall-Essenzen, sind die praktischen Erfahrungen mit derart spektakulären Veränderungen des Energiesystems durch eine langfristige Einnahme natürlich noch gering. Tatsächlich können die alchemistischen Essenzen jedoch das menschliche Energiesystem in höchst ungewöhnlicher Weise aktivieren und harmonisieren. Das belegen erste Untersuchungen mit Hilfe von alternativmedizinischen Diagnosegeräten wie der HFS-Kirlian-Fotografie, einer weiterentwickelten Form der Elektrofotografie:

In der HFS-Kirlian-Fotografie tritt bei einer besonders gelungenen Harmonisierung und Aktivierung des menschlichen Energiesystems ein besonderes energetisches Muster auf: der „energetische Fingerring". Im Verlauf mehrerer Jahre wurden über 500 Probanden, die verschiedene energetische oder spirituelle Techniken und Praktiken angefangen von Meditationsformen, Qi Gong und Mudra-Anwendung bis hin zu Reiki praktizieren, per HFS-Kirlian-Fotografie untersucht. Immer dann, wenn die Meditation oder die jeweilige Methode besonders tief gehend und intensiv war, bildete

HFS-Kirlian-Fotografie ist eine Weiterentwicklung der Kirlian-Elektro-Fotografie, bei der neben dem elektrischen Hochfrequenzfeld noch eine Art Orgonfeld erzeugt wird. Dadurch zeichnen sich im HFS-Bild auch feinere energetische, feinstoffliche Strukturen ab.

sich dieses Phänomen. Dabei beginnen sich im HFS-Kirlianbild die sonst getrennten Strahlungskränze um den Fingerkuppen zu einem einzigen Ring, der alle Finger vereint, zu verbinden. Ähnlich wie in der beschriebenen Schwingungsgeometrie der Elemente aus fünf Würfeln die höhere Schwingungsform des Äther-Dodekaeders gebildet wird, so formen auch hier die fünf Fingerringe einen gemeinsamen Energiering. Der Erfinder der HFS-Kirlianfotografie Hans-Christian Seidl interpretiert dieses Phänomen als eine übergeordnete energetische Steuerungsebene, die hier aktiv wird und die noch über der Ebene der Meridianenergien und der Chakras liegt. Er vermutet daher, dass ein vollständiger Zusammenschluss des Fingerrings für das Energiesystem des Menschen eine Art neues, weit leistungsfähigeres „Betriebssystem" darstellt, eine Energiesynchronisation auf bedeutend höherem Niveau als vorher.

Genau dieses Phänomen zeigt sich auch bei Anwendung der hohen alchemistischen Essenzen. Mit jeder Einnahme wird das Energiesystem in dieser Weise angeregt, also eine Wirkung erzeugt, die sonst nur bei einer ganz gelungenen Meditation oder einer besonders erfolgreichen energetischen Behandlung eintritt. Nach einer gewissen Zeit (individuell verschieden meist zwischen 30 Minuten und drei Stunden) fällt das Energiesystem aber wieder in sein altes Muster zurück. Eine erneute Anregung ist nötig – ein Meditierender müsste sich also wieder versenken und ein Therapeut erneut behandeln. Klar, dass mit Hilfe der alchemistischen Essenzen eine solche wiederholte Anregung des Energiesystems sehr viel leichter und einfacher möglich ist. Die Behauptungen der alten Alchemisten, dass durch tägliche Einnahme dieser Elixiere etwa im Rhythmus der „Wochenkur" der Mensch tief gehend „durchlichtet" werden kann, finden in diesen Testergebnissen eine erste Bestätigung. Mehr noch, auch die mit dem Erreichen der Albedo- und der Rubedo-Phase verbundene Persönlichkeits- und Bewusstseinsentwicklung wird durch die HFS-Kirlian-Tests plausibel:

Die Verknüpfungen der einzelnen Fingerringe zu einem geschlossenen großen Ring setzen immer an ganz bestimmten Punkten der Fingerringe an, die nach der Kirliandiagnose mit bestimmten Organen, Drüsen oder Energiekreisläufen in Verbindung stehen. Darüber hinaus sind diesen „Organ-Punkten" aber auch bestimmte seelische, emotionale und geistige Themen zugeordnet. Die Reihenfolge, in der sich die einzelnen Fingerringe

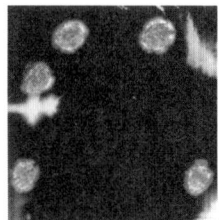

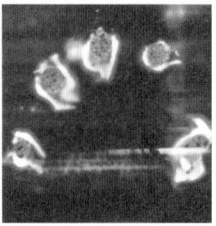

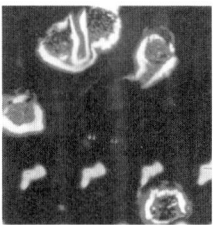

HFS-Fotografie: nach einer besonders tiefen Meditation, einer besonders guten Energiebehandlung oder nach der Anwendung alchemistischer Essenzen entsteht der „energetische Fingerring". Oben: vor Aktivierung, Mitte: kurz nach der Aktivierung öffnen sich die Fingerringe, unten: zehn Minuten später sind zwei Finger verbunden.

zusammenschließen, ist bei jedem Menschen gleich und damit auch die Reihenfolge dieser Lebensthemen. Und erst, wenn diese archetypischen Lebensthemen genügend „bearbeitet" und geklärt sind, bleibt auch die energetische Verbindung im Fingerring stabil und löst sich nicht wieder auf.

- *Die Partnerschaft* ist das erste Thema, das einer solchen Klärung bedarf, wobei hier Partnerschaft im weitesten Sinne gemeint ist, also auch in Arbeitsgruppen, der Familie usw. Bei der Ausbildung dieser energetischen Brücke können die Organe Leber und Niere zeitweise von energetischen Empfindungen betroffen sein.
- *Die Liebe und Liebesfähigkeit* ist das zweite archetypische Thema, also die Partnerschaft auf einer höheren Ebene und die Anbindung des Herzens an die „Bauchgefühle". Auf dem Weg dahin kann der energetische Druck im Bauch zunehmen und die Bauchspeicheldrüse beeinflussen.
- *Der Wille* und das bewusste Handeln in Einklang mit Gefühl und Herz sind das dritte Thema.
- *Die Spiritualität,* die Ausrichtung des Bewusstseins auf höhere geistige Ziele und damit die Einheit von Fühlen, Denken und Handeln unter einem höheren, auch spirituell ausgerichteten Ziel ist der vierte Entwicklungsschritt.
- *Die Freude,* die Leichtigkeit und das Glücksgefühl bei allen Schritten auf diesem „Grals-Weg" zu bewahren, ist der schwierigste und letzte Schritt in dieser Persönlichkeitsentwicklung.

In ganz verblüffender Weise gleicht diese Abfolge von Entwicklungsschritten den Themen des alchemistischen Weges von der Nigredo- zur Rubedo-Stufe. Und ähnlich wie es in der Gralslegende erst dem im Herzen reinen Parzival gelingt, den Gral und das Gralslicht wenigstens von fern zu sehen, so kann der Mensch auch im alchemistischen Großen Werk seine Schwingung nur auf die Ebene des Rubedo erheben, wenn ihm eine gründliche „Reinigung des Herzens" gelingt. Die Bereitschaft, sich den unbewussten und verdrängten Problemen zu stellen und so die damit verbundenen Energieblockaden zu lösen, gehört untrennbar zum Lichtkörper-Prozess hinzu. Auch hier geben die hohen Metall-Arkanen Hilfestellung, das Unbewusste wahrnehmen, annehmen und loslassen zu können. Und sie führen auch die Energie zu, die nötig ist, um diese Lernschritte zu bewältigen. Der Mensch aber muss auch bereit sein, den nächsten Schritt auf dem „Weg zum Gral" zu gehen.

Im praktischen Teil dieses Buches werden die vielfältigen Möglichkeiten der Anwendung dieser Essenzen beschrieben, um einzelne Probleme in Körper, Geist und Seele auf diesem Weg beheben zu können. Begleitend zu einer solchen individuellen Harmonisierung oder danach können die Metall-Elixiere dann in Form der „Wochenkur" eingesetzt werden: Diese täglich wechselnde Anwendung der hohen Metall-Arkanen führt den Menschen Schritt für Schritt weiter auf dem Weg zum Großen Werk im Menschen.

4

Die Herstellung der Metall-Arkanen

Die in diesem Buch vorgestellten Metall-Essenzen gehören zu den echten hohen „Arkanen" der Alchemie, zu deren Herstellung eine alchemistische Sensation Voraussetzung war: die Entdeckung der „geheimen Feuer", der streng geheim gehaltenen, höchst außergewöhnlichen Lösungsmittel. Sie sind in der Lage, sogar Metalle und die härtesten Edelsteine aufzulösen, und erst sie ermöglichen die vollständige, getrennte Gewinnung der drei philosophischen Prinzipien Sal, Sulfur und Mercurius (bzw. Körper, Seele und Geist) einschließlich ihrer höchsten Sulfur- und Mercurius-Ebene (siehe auch „Die alchemistische Wandlung und die Geometrie der Elemente"). In dieser vollständigen Gewinnung der Heilkräfte der Metalle, ihrer Trennung, Reinigung und energetischen Erhöhung und der anschließenden Zusammenführung zu einer höheren Einheit liegt das Geheimnis um die außergewöhnliche Wirkkraft der Essenzen verborgen.

Bei anderen Herstellungsverfahren für Essenzen wie in der Homöopathie, bei der Bachblüten-Methode oder alkoholischen Auszügen wird nur die geistige Information (Mercurius) übertragen, und auch diese nur zum Teil. Die Heilkräfte der Seele der Metalle (Sulfur), chemisch gesehen eine ölige Substanz, und des gereinigten Körpers (Sal), chemisch gesehen die Salze, werden durch diese Methoden nicht gewonnen. Erst mit Hilfe der „geheimen Feuer" können sie aus den Metallen erhalten werden. Und diese Metall-Bearbeitung ist die Voraussetzung bzw. bereits ein Teil der allerhöchsten alchemistischen Metall-Arbeit hin zum Großen Werk. So sind die folgenden Ausführungen für ernsthaft forschende alchemistische Adepten eine große Offenbarung, denn sie können daraus wertvolle Hinweise über den Weg zum Großen Werk gewinnen. Auch wenn die wahre Natur der geheimen Lösungsmittel nicht verraten werden kann, wurde noch nirgendwo in dieser Deutlichkeit darüber geschrieben wie in den folgenden Ausführungen. Bekanntlich wurden die größten Geheimnisse der Alchemie nie öffentlich gemacht, sondern nur mündlich von Lehrer zu Schüler weitergegeben oder in privaten Handschriften in ver-

Ganzheitliche Wirkung haben die hohen alchemistischen Essenzen, da sie nicht nur eine Metall-Information (Geist) enthalten, sondern die Heilkraft von Sal (Körper), Sulfur (Seele) und Mercurius (Geist) der Metalle.

schlüsselter Form notiert. Das gilt auch für die Herstellungsweise der hohen Metall-Arkanen wie dem Aurum Potabile. Das Mysterium ihrer Bereitung hat viele Übereinstimmungen mit dem Großen Werk, so dass gerade auch für die Metall-Elixiere in höchstem Maße die Verschwiegenheitspflicht der Alchemistenzunft galt. Die historische Literatur über Alchemie ist im deutschen Sprachraum besonders umfangreich. Es existieren unzählige Druckwerke, die sich mit der „chymischen" (chemischen) Behandlung der Mineralien und Metalle auseinander setzen. Dennoch gibt es sehr wenige Schriften, die wirklich vertrauenswürdige Informationen enthalten. Diesen ist gemeinsam, dass sie erstens alle in einer verschlüsselten Symbolsprache abgefasst sind und zweitens gerade dort, wo sie scheinbar klare Rezepte und Laboranweisungen angeben, entweder unvollständig sind oder bewusste Irreführungen enthalten. Diese Mischung aus Geheimsprache, Andeutungen und falschen Fährten hat bis heute zu einer Flut an Interpretationen und Deutungen der alchemistischen Rezepturen und Texte geführt.

> „Denn die Künste der Arznei liegen im Schlaf, wir müssen sie aufwecken, von selbst werden sie nicht aufstehen." (Paracelsus)

Bereits kurz nach dem Tod von Paracelsus deuteten seine Schüler die Verschlüsselungen in seinen Schriften meist nur auf die einfachste Weise, ohne zu wissen, dass ihnen ganz zentrale Schlüssel zu deren Verständnis fehlten. Beispielsweise sah man in dem „Weingeist der Adepten" ganz gewöhnlichen Weingeist, der jedoch mit der tatsächlich gemeinten Substanz überhaupt nichts zu tun hat. So ist es auch nicht erstaunlich, dass sich in Büchern dieser Zeit viele Rezepte für Unversalheilmittel, Lebenselixiere, Arkanen und auch für das Aurum Potabile finden. Freilich haben diese praktisch nichts mehr mit den ursprünglich gemeinten hohen alchemistischen Essenzen gemeinsam. Sie sind nicht „philosophisch", um in der Terminologie der Alten zu bleiben. So entstand schließlich aufgrund derartiger Verwechslungen im 17. Jahrhundert die „Chemiatrie", aus der sich die heutige Allopathie und damit die Schulmedizin entwickelte.

Vor allem die vermeintlich detaillierten, wortgenauen Arbeitsvorschriften der großen Alchemisten wie Paracelsus haben Hobbyalchemisten und Chemiker bis in die heutige Zeit dazu verführt, sie Wort für Wort nachzuarbeiten. Nicht wissend, dass sie dabei den bewusst gelegten falschen Fährten aufgesessen sind, halten sie die so entstandenen Präparate für jene hohen Arkanen der großen Alchemisten. Tatsächlich aber stellen diese Aufbereitungen nur einfache Auszüge dar oder sind bestenfalls spagyrische Essenzen. Und obwohl auch solche Auszüge wie beispielsweise jeder normale Pflanzenextrakt mitunter hilfreiche Wirkungen entfalten können, sind sie mit den hohen alchemistischen Elixieren überhaupt nicht vergleichbar. So betonte Paracelsus stets: „Das Arcanum ist ein Mittel, das nicht von Ärzten erfunden ist, sondern von den Artisten (Könnern der Alchemie), die die Bezwinger und Erfinder aller feinen Mittel sind." (Paracelsus, zitiert nach Rippe u.a., *Paracelsusmedizin*, S. 250)

Zur Herstellung der hohen alchemistischen Arkanen werden in der alchemistischen Literatur meist zwei Wege beschrieben: der „nasse Weg" und der „trockene Weg". Beide Herstellungsmethoden setzen die Kenntnis ganz bestimmter alchemistischer Präparate wie etwa spezieller Lösungsmittel voraus, deren wahre Natur stets höchst geheim gehalten wurde. Sie zu entdecken, haben viele Alchemisten ein Leben lang vergeblich geforscht. Genau diese Entdeckung gelang zur Jahrtausendwende den beiden deutschen Alchemisten Achim Stockhardt und Daniel Hornfisher. Dabei erkannten sie, dass für die Herstellung der hohen Arkanen in Wirklichkeit beide Wege, der trockene und nasse nötig sind – genauer gesagt: beide Wege müssen im Herstellungsverfahren miteinander verbunden werden. Zumindest beinhaltet der vollständige nasse Weg stets den trockenen. Selbst wenn ein trockener Weg allein möglich sein sollte, so birgt er doch nach den Beschreibungen alter Texte unvorhersehbare Gefahren. Er verläuft eruptiv oder sogar explosiv und ist daher nur schwer zu kontrollieren und zu steuern. Auch in der Natur treten polare Kräfte nie völlig getrennt auf, sondern stets zusammen, um sich gegenseitig ausgleichen und harmonisieren zu können. Und so müssen auch die polaren Prozesse des trockenen und nassen Weges harmonisch nach dem Vorbild der Natur zusammenwirken.

Als weitere Frucht ihrer jahrelangen engen Zusammenarbeit konnten die beiden Alchemisten auf diesem Wege dann tatsächlich die in alten Texten beschriebenen hohen Metall-Arkanen auf trockenem und nassem Wege herstellen. Die geheimen Lösungsmittel, ohne die keine echten alchemistischen Arkanen hergestellt werden können, sind

- das „geheime Salzfeuer" für Arbeiten des trockenen Pfades und
- der „Weingeist der Adepten" für den nassen Pfad (der mit normalem Weingeist nichts gemein hat, außer dass er durchsichtig und flüchtig ist und beim Destillieren in „Adern" übergeht).

123

Gerade weil diese Lösungsmittel die Basis jeder hohen Alchemie und insbesondere auch der Metall-Alchemie und des Großen Werkes sind, wurden sie in vielen alchemistischen Schriften überhaupt nicht erwähnt.

Es ist das Verdienst des bedeutenden deutschen Alchemisten des 20. Jahrhunderts Alexander von Bernus (1880-1965), dass er als einer der wenigen ausdrücklich auf die zentrale Rolle von „Salzfeuer" und „Weingeist" hingewiesen hat. In seinem Buch *Alchemie und Heilkunst* betont er, dass das Wissen um diese Lösungsmittel, um die „geheimen Feuer", die hohe Alchemie von gewöhnlicher Spagyrik und Chemie trennt – mehr noch, dass ihre Entdeckung und richtige Anwendung ein großer Schritt auf dem Weg zum Großen Werk sind, der Transmutation der Materie und der höchsten Schwingungserhöhung und Wandlung des Menschen: „Das geheime Salzfeuer steht ... am Anfang des Großen Werkes und ihrer (der Adepten) sämtlichen Arbeiten." (Bernus, *Alchemie und Heilkunst*, S. 189) „Der Prozess zur Bereitung der Arkanen ist der gleiche wie der zur Bereitung des Lapis (des Steins der Weisen, also des Großen Werkes) auf dem so genannten trockenen kurzen Wege und stellt eine Station auf diesem Wege dar, allerdings eine vorgerückte, denn ohne das geistlich gemachte doppelte Salzfeuer ... sind auch die Arkanen nicht herstellbar. ... Zur Bereitung der Arkanen werden die Metalle und Mineralien, auch die Korallen mit dem geheimen Salzfeuer behandelt und zuletzt damit über den Helm geführt (destilliert). Dabei ist zu beachten, dass nur die natürlichen, d.h. gewachsenen Mineralien dafür verwendet werden, was insbesondere vom Antimon gilt." (Bernus, *Alchemie und Heilkunst*, S. 236)

Und an anderer Stelle schreibt Bernus: „Man ersieht ..., dass zur Bereitung vieler ... spagyrischer Präparate das geheime Feuer der Adepten keineswegs immer die Voraussetzung ist, wenn auch die

Bernus beschreibt den Weg der Bereitung der geheimen Feuer.

großen Arkanen ohne dieses nicht ausführbar sind." (Bernus, *Alchemie und Heilkunst*, S. 221) „Der so genannte trockene Weg führt ... direkt zur Behandlung der Mineralien und Metalle mit dem Feuersalz." (Bernus, *Alchemie und Heilkunst*, S. 190)

In einem Brief vom 29.10.1949 bot Bernus den „Weleda-Werken" an, die Arkanen aus Gold, Silber, Quecksilber, Eisen, Kupfer, Zinn, Blei, Antimon, Vitriol und Arsen für sie mit Hilfe der Feuersalze zu produzieren. Warum diese Kooperation nicht zustande kam, obwohl Bernus die Wirkung der Arkanen als „praktisch unfehlbar" pries, ist leider nicht bekannt. Noch einmal über 50 Jahre hat es gedauert, bis heute die hohen Metall-Arkanen jedem für die energetische Heilung und Bewusstseins- und Persönlichkeitsentwicklung zur Verfügung stehen.

Es gibt verschiedene Herstellungsmethoden der „geheimen Feuer", die auch als „unser Feuer", „Salzfeuer", „Feuersalz" „verborgenes Feuer", „magisches Feuer", „Feuer wider die Natur", „Schlangenstab des Hermes, der dürrem Fels ein Wasser entlockt" oder von dem Alchemisten Sendivogius (1566-1636) als „Chalybs" bezeichnet wurden. Allen Methoden ist eines gemeinsam: Während des komplizierten Herstellungsverfahrens entsteht durch die Verbindung zweier feuriger Substanzen, der so genannten „chymische Hochzeit", unter Mitwirkung anderer Mittel eine dritte neue Substanz: der „Hermaphrodit", der zum einen die Kräfte seiner Ausgangsstoffe besitzt, zum anderen aber darüber hinaus noch weitere, ganz neue außergewöhnliche Eigenschaften aufweist. Meist wird dieses „Kind der chymischen Hochzeit" in trockener Form verwendet. Weithin unbekannt ist, dass es auch in flüssiger Form aufbereitet werden kann.

Als trockenes, feuriges Salz wird es im alchemistischen Prozess vollends aufgeschlossen und „vergeistigt". Dann ist es in der Lage, das innere Wesen, die lebendigen Prinzipien und damit die hohen Heilkräfte der Natur aus Metallen und Mineralien freizulegen. Dazu werden die zu bearbeitenden Stoffe gemeinsam mit dem Feuersalz dem „äußeren Feuer" ausgesetzt (also erhitzt), bis sie selbst die Natur eines Salzes angenommen haben. Mit Hilfe von reinem Weingeist kann dann durch Destillation die Essenz, das jeweilige Arkanum, gewonnen und je nach Art des Metalls oder anderer Ausgangssubstanzen gegebenenfalls noch weiter aufbereitet werden. Beispielsweise kann bei einem hohen alchemistischen Aufschluss der Metalle oder Mineralien das geheime Feuer als Mittel fungieren, die Ausgangsstoffe in ihre drei Prinzipien

„Durch ein wenig von diesem wiedergebohrnen Salz der Natur habe ich viel geringe Metalle zu Gold und Silber gemacht." (Sincerus Renatus)

125

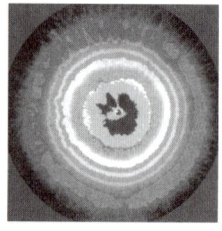

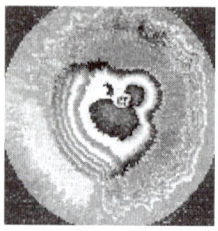

Die Elektrofotografie macht den energetischen Unterschied zwischen Homöopathie und spagyrischer bzw. alchemistischer Aufbereitung sichtbar: hier Echinacea spagyrisch (oben) und homöopatisch.

Weingeist der Adepten ist einer der Decknamen für die geheimen Lösungsmittel. Dieser „Weingeist" hat jedoch weder etwas mit dem normalen Weingeist noch mit Aceton zu tun, wie manche Schüler der Alchemie fälschlicherweise annehmen.

(Sal, Sulfur und Mercurius) zu zerlegen, damit diese anschließend gereinigt, erhöht und zuletzt wieder vereinigt werden können. Auf diese Weise entstehen besonders wirkmächtige Arkanen – so auch das Aurum Potabile, das Argentum Potabile, das Rescue Electrum und alle anderen Metall-Essenzen. Darüber hinaus besitzt das Salzfeuer bereits selbst stark aktivierende, regenerierende und entgiftende Kräfte.

Bei der Bereitung des Großen Werkes wird das Salzfeuer benötigt, um den so genannten „philosophischen Merkur" aus der „materia prima" auszuziehen. Viele Wirkungen des Salzfeuers können mit heutigem Chemiewissen nicht erklärt werden – das beginnt schon bei seinem Einfluss auf Säuren und andere korrosive Substanzen, die damit behandelt plötzlich sehr süß schmecken. In einem alchemistischen Werk des 18. Jahrhunderts findet sich eine der seltenen Passagen, die mit Nachdruck auf die Notwendigkeit des geheimen Feuers für die hohe Alchemie und das Große Werk hinweisen: „Es bleibt eine ewige Wahrheit, dass ohne unser magisches Feuer in dieser Kunst nichts auszurichten ist, welches den Unwissenden lauter Lügen sind, da doch die ganze Kunst darinnen besteht; und wo du von diesem Feuer keine Erkenntnis hast, so ist auch alle deine Arbeit verloren. Denn ohne unser Feuer kannst du die Geister (flüchtigen Bestandteile) nicht binden, und noch viel weniger mit dem äußerlichen Feuer einkochen." (Pseudo-Trithemius, *Wunderbuch der göttlichen Magie*, S. 433)

Was aber sind die geheimen Feuer? Aus den symbolischen Umschreibungen können nur wenige konkrete Hinweise auf die Art der Substanz gezogen werden. So wurden in allen Jahrhunderten die unterschiedlichsten chemischen Verbindungen favorisiert – vom giftigen und ätzenden Quecksilberchlorid über das flüchtig gemachte Weinsteinsalz bis hin zu einem Gemisch aus Ammoniumchlorid (Salmiak) und Ammoniumnitrat, das der französische Spagyriker Jean Dubuis propagiert hat (Philosophers of Nature, *Mineral Alchemy*, Lesson 53, S. 1). Natürlich können diese und andere Substanzen als „feurige Salze" bezeichnet werden. Aber keine von ihnen besitzt die Eigenschaften des echten Feuersalzes. Auch ihre Aufbereitung geschieht auf völlig andere Art und Weise. All diese Substanzen können nicht im Entferntesten das echte geheime Salzfeuer ersetzen.

Vollends durcheinander geraten die Vorstellungen, wenn es um den nassen Weg und den dafür benötigten „Weingeist der Adepten" geht. Auch hierzu hat Alexander von Bernus bereits vor 50

Jahren in *Alchemie und Heilkunst* wertvolle Hinweise gegeben. Zur Klarstellung zitiert er darin unter anderem ausführlich eine Schrift aus dem 19. Jahrhundert. In dieser vertritt der Verfasser Dr. Becker die These, dass es sich beim „Weingeist der Adepten" (auch als „philosophischer Weingeist" oder „Spiritus vini philosophici" bezeichnet) um Aceton (ein bekanntes Lösungsmittel für Lacke, Fette und Harze und gängiger Grundstoff der chemischen Industrie) handelt. Als krankhaftes Stoffwechselprodukt findet man Aceton auch in Blut und Harn von Zuckerkranken. Bernus schließt seine Darlegungen mit den Worten: „Man sieht: Die Ausführungen und Schlussfolgerungen Dr. Beckers, dass mit dem Spiritus vini philosophici der Adepten das Aceton und seine

Bereitungsweise gemeint sei, hat etwas Bestechendes und anscheinend Überzeugendes, und eben darum habe ich sie so ausführlich hier wiedergegeben, um darzutun, wie nahe auf diesem geheimnisvollen Territorium Irrtum und Wahrheit beieinander liegen." (Bernus, *Alchemie und Heilkunst*, S. 212) Und weiter: „Der geheime Weingeist ist natürlich nicht das Aceton. Wenn der nur so leicht zu bereiten wäre! Es ist jedoch nicht zu leugnen, dass viele Momente auf die Vermutung Dr. Beckers hinweisen." (Bernus, *Alchemie und Heilkunst*, S. 203)

Es ist bedauerlich, dass viele Alchemisten diesen deutlichen Hinweisen so wenig Beachtung geschenkt haben und noch heute schenken. Unzählige vergebliche Mühen hätten sie sich sparen können, denn selbst wenn jemand Bernus unterstellt, er habe keine guten Gründe in seiner über viele Buchseiten hinweg entwickelten detaillierten Argumentation angeführt, so muss doch jeder bei der praktischen Laborarbeit damit den Irrtum erkennen: Aceton, egal auf welche Art zubereitet, zeigt einfach nicht jene Eigenschaften des „philosophischen Weingeistes". Das beginnt mit seinem Verhalten während der Destillation und geht bis zur

Das Betreten des hermetischen Gartens und das Verstehen der Labor-Geheimnisse ist nur mit Hilfe des geheimen Feuers möglich. Wer es nicht besitzt, für den gelten die Worte, welche der Künstler diesem Kupferstich beigestellt hat: „Wer in den philosophischen Rosengarten will gehen ohne den Schlüssel, ist gleich einem Manne, der gehen will ohne Füße."

Wirkung bei der Verflüchtigung des Weinsteinsalzes und den Effekten auf Metalle und Mineralien, um nur einige Unterschiede zu nennen. Kaum etwas ist hier deckungsgleich mit den Angaben der alten Alchemisten. Daher ist die Hartnäckigkeit umso erstaunlich, mit der weiterhin (besonders in amerikanischen Alchemiekreisen) diese These Dr. Beckers vertreten wird.

Zum Großteil geht dieses Missverständnis auf die Lehrtätigkeit von Frater Albertus (Pseudonym des deutsch-amerikanischen Alchemisten Dr. Albert Riedel) und dessen „Paracelsus Research Society" im späten 20. Jahrhundert zurück. Beide haben sich größte Verdienste darin erworben, die Alchemie und die alten hermetischen Lehren wieder ins Bewusstsein der Menschen zu bringen. Albertus war ein sehr erfahrener Spagyriker und hat insbesondere im Bereich der Pflanzenalchemie bahnbrechende Pionierarbeit geleistet. Leider neigte er, bei aller Sachkenntnis, doch dazu, klassische symbolische Texte allzu wörtlich zu nehmen. So glaubte er, mit der Schrift Dr. Beckers den Schlüssel zu den hohen Geheimnissen der Alchemie in den Händen zu halten. Und so operieren seine Schüler und Exegeten auch heute noch mit Aceton-Präparaten, die sie meistens aus Bleierzen destillieren. Sie wähnen, damit den echten „Weingeist der Adepten" bzw. den „philosophischen Merkur" zu verwenden. Aber schon diese weitgehende Gleichsetzung von „Weingeist" und „philosophischem Merkur" ist ein Trugschluss der Riedelschen Metall-Alchemie. Beide Substanzen sind keineswegs ein und derselbe Stoff. Wohlgemerkt: Der „spiritus saturni" – so wird das aus Bleiverbindungen destillierte Aceton bei den Alchemisten genannt – ist natürlich ein wichtiges Lösungsmittel und hatte schon immer seinen Platz in der Spagyrik. Der „philosophische Merkur" aber und der „Weingeist der Adepten" haben damit rein gar nichts zu tun – auch wenn beide Substanzen aus dem „Blei der Weisen" ausgezogen werden. Dieses „Blei der Weisen" ist aber keineswegs normales Bleierz oder Bleimennige, sondern ein Deckname für die viel gerühmte „materia prima". Und diese wiederum kann nur mit Hilfe des geheimen Salzfeuers in einem langwierigen Verfahren, der so genannten „Herkulesarbeit", aus bestimmten mineralischen Substanzen gewonnen werden.

Im Klartext: Mit Hilfe des geheimen Salzfeuers wird die „prima materia" aus bestimmten Substanzen gewonnen und in einem zweiten Schritt daraus wiederum der „Weingeist der Adepten" und der „philosophische Merkur" gewonnen. Und erst dann, wenn

Die Unversalmedizin dargestellt als König der drei Reiche (drei Kronen), der mit Armen und Beinen ein Fünfeck bildet. Er hat die Kraft der sieben Planeten (Symbole unter seinen Füßen) und vereint die polaren Kräfte von Sonne und Mond (Symbole an den Händen).

also „Weingeist" und „Spiritus Mercurii" auf diese Art unter vielfachen Mühen erarbeitet wurden, können mit ihrer Hilfe auf nassem Wege aus den Metallen die hohen Essenzen gezogen werden. Das ist die erwähnte Verbindung von trockenem und nassem Weg, die erst eine Herstellung der hohen Arkanen möglich macht. Beispielsweise wird im Falle des Aurum Potabile dazu das „kunstgerecht vorbereitete" Gold mit dem „philosophischen Merkur" übergossen, wobei es auf unerklärliche Weise seine Farbe verliert. Diese geht auf das Lösungsmittel über. Zurück bleibt der grobe Leib des Metalls, der weißlich ist und an Talk erinnert. Zu metallischem Gold lässt er sich dann nicht mehr reduzieren. Weder das Ausziehen der Farbe noch die Entstehung des Goldtalks und dessen chemisch ungewöhnliches Reaktionsverhalten kann die heutige Wissenschaft vollständig erklären. Mit der Farbe wurde nach alchemistischer Terminologie „dem König (dem Gold) die Seele entzogen". In ihr aber liegt die Wirkmacht und Heilkraft, das „Arkanum" des Goldes verborgen. Der äußere Leib, die verbleibende Restmaterie ist zu deren Entfaltung nur hinderlich. Darauf weisen große Alchemisten wie beispielsweise Basilius Valentinus und Paracelsus in ihren Werken immer wieder hin.

Der auf diese Weise erhaltene Metall-Extrakt ist nach der Weiterverarbeitung süßer als Zucker und von balsamischem Duft. Er hat nichts gemein mit Metallkolloiden, in denen der grobe Leib lediglich fein verteilt ist. Ebenso wenig kann er mit Aceton- oder anderen Auszügen verglichen werden, die allesamt nicht in der Lage sind, die beseelten Prinzipien der Substanzen freizulegen und herauszuziehen. Nur durch den hohen alchemistischen Aufschluss mit Hilfe des trockenen und nassen Weges, wie er hier umrissen wurde, ist das möglich. Denn die lebendigen Bestandteile, die sowohl der Chemie als auch der gewöhnlichen Spagyrik stets verborgen bleiben werden, können nur gewonnen werden, wenn auch die verwendeten Lösungsmittel und Aufbereitungsmethoden noch ihre eigene Vitalität, eine hohe Energie und die Verbindung zu den natürlichen Rhythmen von Erde und Planeten besitzen. Hierzu ist das Salzfeuer, wie bereits mehrfach erwähnt, unabdingbare Grundlage. In ihm, dem „wieder geborenen Salz", liegt der Schlüssel verborgen, der das Innere des Mineralreiches nach außen kehrt und eine Erneuerung auf höherer Ebene und in höherer Ordnung bewirkt. Erst dann lässt sich mit Paracelsus sagen: „Darum wisset, dass die Arcana nur die Tugend und die Kräfte sind. Darum sind sie Volatilia (vergeistigt), haben keine Corpora

(Materie), sind ein Chaos (gemeint ist die Nähe zum geistigen Ursprung der Schöpfung), sind klar und durchsichtig und der Gewalt des Gestirns unterworfen (gemeint ist ihre Fähigkeit, als „Magnet" für die Planeten-Energien fungieren zu können)." (Paracelsus, zitiert nach Rippe u.a. *Paracelsusmedizin*, S. 250)

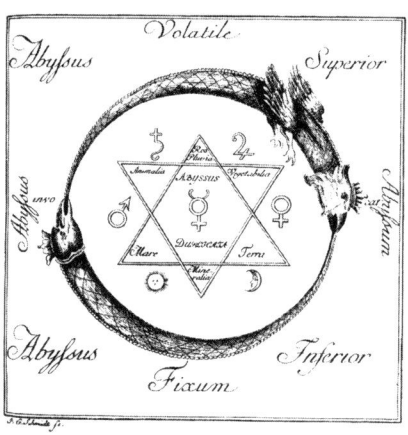

„Ein Abgrund den andern ruft heraus,
Sie machen zusammen einen harten Straus:
Das Flüchtige ganz fix sollt werden,
Dampf und Wasser sich kehren in Erden.
Der Himmel selbst muss irdisch sein,
Sonst kommt ins Erdreich kein Leben ein.
Das Oberste sollt das Unterste sein,
Das Unterste wieder das Oberste sein.
Das Fixe soll ganz flüchtig werden,
Ein Wasser und Dampf sollt sein die Erden.
Die Erde muss höchst zum Himmel auffliegen,
Der Himmel ins Centrum der Erden einkriechen.
So muss verkehrt sein Himmel und Erden,
Solle das Unterste zum Obersten werden:
Der flüchtige Drach den fixern tödtet.
Der fixe zum Tode den flüchtigen nöthet.
Also muss offenbar kommen an Tag
Die Quintessenz, und was sie vermag.

(Erklärung der Figur Abysi Duplicatae
oder des doppelt flüchtigen und fixen Abgrundes,
in: *Aurea Catena*)

5

Die Metall-Essenzen und ihre Wirkungen auf Körper, Geist und Seele

D ie ausführlichen Beschreibungen der Metall-Essenzen auf den nächsten Seiten entsprechen in ihrer Reihenfolge der Chakra-Planeten-Folge des Rubedo, der höchsten alchemistischen Wandlungsstufe – beginnend bei der Essenz des Kronen-Chakras, dem Vitriol, und absteigend bis zur Essenz des Wurzel-Chakras, dem Gold-Elixier Aurum Potabile. Beschrieben werden die jeweiligen Wirkungen in Körper, Geist und Seele. Dabei können die Metall-Essenzen wie folgt eingesetzt werden:

- *bei körperlichen Problemen und Erkrankungen als energetische Begleitbehandlung* nach den bei jeder Essenz beschriebenen Symptomen, Krankheiten und Indikationen;
- *bei energetischen Blockaden, Disharmonien und Störungen im Aura-Feld* nach den ebenfalls bei jeder Essenz beschriebenen Anzeichen;
- *bei emotional-psychischen und seelischen Beeinträchtigungen* kann das individuell stimmige Metall-Arkanum nach der jeweils passenden Beschreibung unter den Essenzen ausgewählt werden. Die schnelle Auswahl hierfür wird durch die Angabe eines seelisch-geistigen Leitthemas bzw. „Lichtschlüssels" (beispielsweise „Materie wird zu Licht") erleichtert;
- *für die Persönlichkeitsentwicklung und für spirituelle Zwecke* können die Essenzen im täglich wechselnden Rhythmus der „Wochenkur mit den Planeten-Kräften" eingesetzt werden. Im Laufe dieser „Energie-Kur" wird das Energieniveau aller Chakras schrittweise erhöht, Woche für Woche ein klein wenig mehr. Das ist die Voraussetzung für den Lichtkörper-Prozess, die Entwicklung zum höchsten Schwingungszustand des Menschen;
- *als „Notfalltropfen"* zur energetischen Soforthilfe bei Schocks, Traumata und Notlagen von Körper, Geist und Seele.

131

Intuitive Auswahl der Essenzen:

Sie können Essenzen auch rein intuitiv auswählen. Als erstes machen Sie sich bewusst, für welches Thema Sie eine Unterstützung durch die Essenzen möchten. Überlegen Sie auch, ob die Elixiere bei einem aktuell präsenten Problem helfen oder eine langfristige Harmonisierung bewirken sollen. Meist ist eine langfristige energetische Arbeit an Grundthemen sinnvoller, da sie nach und nach eine tief gehende Harmonisierung von Körper, Geist und Seele bewirken. Wenn jedoch akute Leiden und Probleme drängender sind, wählen Sie zuerst speziell dafür eine Essenz-Kombination aus.

Nun schreiben Sie zunächst die Zahlen 0 bis 9 auf je einen Zettel, drehen diese um und ziehen für die morgendliche Anwendung blind einen davon. Das ist die Anzahl der verschiedenen Essenzen, die Sie am Morgen nehmen sollen. Wiederholen Sie das Ganze für mittags und abends. Sie können die verschiedenen Essenzen dann einzeln hintereinander anwenden oder selbst daraus in kleinen Fläschchen je eine Morgen-, Mittag- und Abend-Mischung herstellen.

Um herauszufinden, welche der Essenzen Sie jeweils benötigen, ziehen Sie entweder aus einem Set aller Essenzen blind jeweils ein Fläschchen (nach jedem Ziehen wieder zurückstellen) oder Sie schreiben die Namen der sieben Essenzen sowie des Rescue Electrum auf je einen Zettel, drehen diese um und ziehen blind einen der Zettel. Wiederholen Sie das für morgens, mittags und abends je nach der zuvor ermittelten Anzahl von Essenzen. Ziehen Sie dabei beispielsweise morgens zweimal die Eisen-Essenz und einmal die Gold-Essenz, so nehmen Sie zwei Anteile von Eisen und einen vom Gold. Sind es unterschiedliche Essenzen, verwenden Sie gleiche Mengen.

Von der auf diese Weise ermittelten Kombination von Essenzen nehmen Sie morgens, mittags und abends jeweils etwa neun Tropfen. Die Anwendung sollten Sie bei einer Kombination für akute Probleme in der Regel einen Monat lang bzw. während einer Mondphase fortsetzen. Danach können Sie erneut austesten, welche Kombination die Harmonisierung am schnellsten voranbringt. Haben Sie eine Mischung für langfristige Grundprobleme gewählt, sollten Sie diese mindestens drei Monate lang anwenden.

„Entschlackung" von Körper, Geist und Seele

Bei jeder Therapie und energetischen Harmonisierung spielen die Lösung von Blockaden und das Auffüllen der Energie-Speicher (verbunden mit einer allgemeinen Aktivierung und Rhythmisierung des Energiekörpers) eine entscheidende Rolle. Beides wird durch die Anwendung der hohen Metall-Essenzen erreicht. Begleitend dazu sollte aber auch auf eine tief gehende Entschlackung und Entgiftung des Organismus geachtet werden. Eingelagerte Schlacken, Umweltgifte und Schwermetalle wie Quecksilber aus Amalgam-Zahnfüllungen können Störzonen bilden, die je nach Lage z.B. wichtige Energie-Meridiane blockieren (siehe dazu „Die Formkraft der Planeten-Metalle: Hohe Ordnung im Meer der Zellen"). Bei der regelmäßigen Anwendung der alchemistischen Essenzen, insbesondere aber bei der „Wochenkur", wird die Entgiftung intensiv angeregt. Vor allem in der Anfangsphase sollte der Organismus daher in seiner Entgiftungsfähigkeit unterstützt werden. Das ist mit Hilfe spezieller Kombinationen von Metall-Essenzen möglich, wobei deren Wirkung durch gleichzeitige Anwendung der alchemistischen Edelstein-Essenzen noch intensiviert wird:

Die Entgiftung wird generell bei der regelmäßigen Anwendung der alchemistischen Metall-Essenzen angeregt. Spezielle Kombinationen von Essenzen fördern die Entschlackung noch mehr, was durch Kräutertees unterstützt werden kann.

- morgens: 3 Tropfen Gold-Essenz (Aurum Potabile) und 3 Tropfen Rescue Electrum – zusätzlich bei Bedarf zirka zehn Minuten danach 3-5 Tropfen Chrysoberyll-Edelstein-Essenz;
- mittags: 3-5 Tropfen Kupfer-Essenz – zusätzlich ist zirka zehn Minuten danach die Einnahme von 3-5 Tropfen Smaragd-Edelstein-Essenz sinnvoll;
- abends: 3 Tropfen Zink-Essenz und 3 Tropfen Silber-Essenz – zusätzlich können zirka zehn Minuten danach 3-5 Tropfen Perle-Edelstein-Essenz die Wirkung ergänzen.

Dabei sollte die Grundregel erfolgreicher Entgiftung keinesfalls vergessen werden: Täglich zwei Liter reines, möglichst energiereiches Wasser ohne Kohlensäure und mit möglichst niedrigem Mineraliengehalt trinken.

Eine zweite einfache Möglichkeit der begleitenden Entgiftung ist das Trinken spezieller „Basen-Tees" – dann am besten die Essenzen direkt in eine Tasse des Tees geben. Der Verschlackungs-Theorie nach Leisen zufolge (siehe „Die Formkraft der Planeten-Metalle: hohe Ordnung im Meer der Zellen") können bestimmte metallhaltige Pflanzen die Auflösung der Krankheitsschlacken unterstützen. Eine Grundmischung aus zehn Kräutern soll nach Erfahrungen von Heilpraktikern in der Lage sein, alle 60 verschiedenen Schlacken-Elemente, die bei Erkrankungen auftreten können, herauszulösen. „Riegel" wird diese Teemischung genannt, da sie alle Schlacken „abriegelt" und zur Ausleitung bringt. Diese sollte mindestens drei Monate lang bzw. über drei Mondphasen hinweg getrunken werden. Begonnen wird mit der Entschlackungskur nach Vollmond, also zu Beginn des abnehmenden Mondes.

Da die Teemischung nicht als fertig angemischter Tee erhältlich ist, sollten Sie sich die einzelnen Kräuter möglichst in Bio-Qualität aus einem Fachgeschäft besorgen.

Die Mischung besteht aus je 10 Gramm der folgenden Kräuter: Bohnenhülsen, Holunderblüte, Johanniskraut, Kamille, Lindenblüte, Löwenzahn, Ringelblume, Schafgarbe, Schöllkraut, Zinnkraut.

Die einzelnen Kräuter gut durchmischen und in einem aromadichten Behältnis aufbewahren. 2-3 Teelöffel der Teemischung in 1 Liter Wasser geben und 3-5 Minuten lang köcheln, dann weitere 10 Minuten lang abgedeckt ziehen lassen. In eine Thermoskanne gießen und über den Tag verteilt trinken. Nach 2-3 Monaten Trinkkur sollte ein Monat lang Pause eingelegt werden. Dann mit einer weiteren Trinkkur die Entschlackung und Entgiftung fortsetzen.

Dem „Riegel" werden je nach Krankheitssymptomen weitere Kräuter zugefügt, die gewissermaßen eine Feinabstimmung ermöglichen und diejenigen Schlacken-Elemente verstärkt ausleiten, die bei diesen Beschwerden typisch sind (siehe auch Arndt, *Kombucha, Kefir & Co*):

- *Arteriosklerose:* 10g Eisenkraut, 10g Ginster, 10g Heidelbeerblätter, 20g Hagebutte
- *Asthma:* 20g Augentrost, 20g Eisenkraut, 10g Mistel, 10g Bohnenkraut
- *Blasenentzündung:* 10g Borretsch, 10g Goldrute, 10g Mariendistel
- *Krampfadern:* 10g Heidelbeerblätter, 10g Löwenzahn, 10g Taubnessel
- *chronische Bronchitis:* 10g Hagebutte, 10g Walnussblätter, 20g Taubnessel

- *Gelenkbeschwerden:* 10g Augentrost, 10g Bitterklee, 10g Frauendistel, 10g Goldrute, 10g Mistel
- *Haarausfall:* 10g Akelei, 10g Bockshornklee, 10g Goldrute
- *Hauterkrankungen:* 10g Bohnenkraut, 10g Huflattich, 10g Malve, 10g Stiefmütterchen
- *Leber-, Gallen-Beschwerden:* 10g Blasentang, 10g Wegwarte, 10g Gnadenkraut, 10g Gundelrebe
- *Migräne:* 10g Baldrian, 10g Benediktenkraut, 10g Hirtentäschel, 10g Malve
- *Rheuma:* 10g Bitterklee, 10g Bärlapp, 10g Dornschlehe, 10g Hagebutte, 10g Frauenmantel
- *schlecht heilende Wunden:* 10g Blasentang, 10g Gnadenkraut, 10g Spitzwegerich, 10g Stiefmütterchen, 10g Taubnessel
- *Vitalitätsstärkung, Ausleitung von Schwermetallen und Pestiziden, Neutralisierung freier Radikale und Beschleunigung der Entgiftung:* 50g Cystus-Kraut

Zusätzliche Hilfen: Die Wirkungen der Metall-Essenzen können Sie in den Zeiten zwischen den einzelnen Einnahmen unterstützen und intensivieren, indem Sie die zu jeder Essenz beschriebenen Zuordnungen zu Pflanzen und Ölen nutzen:

- Benutzen Sie das bei jeder Essenz angegebene ätherische Öl als Raumduft.
- Umgeben Sie sich mit den bei der ausgewählten Essenz genannten Pflanzen, etwa als Topfpflanzen.
- Wenn Sie Meditationen und Visualisationen gewohnt sind, können Sie sich außerdem den zu jedem Chakra angegebenen Lichtschlüssel bildlich vorstellen: bei der Einnahme der Essenz, aber auch zwischendurch im Laufe des Tages.
- Eine weitere Form der mentalen Unterstützung ist die im Folgenden beschriebenen Meditation.

Alchemistische Lichtschlüssel-Meditation

Das Thema des jeweiligen Lichtschlüssels kann für eine unterstützende Visualisationsübung genutzt werden. Mit etwas Übung können Sie diese Meditation auch dazu nutzen, die Aktivität Ihrer Chakras und die Entwicklung im Lichtkörper-Prozess zu kontrollieren.

Vorbereitung: Geben Sie das ätherische Öl der jeweiligen Planeten-Tagesenergie (siehe Zuordnungen in den Beschreibungen der Essenzen, ab Seite 140) in eine Duftlampe. Nehmen Sie diesen Duft ganz in sich auf und machen Sie sich noch einmal bewusst, unter welcher Planeten-Kraft dieser Tag steht.

Sie können vor der Meditation auch ein Bad nehmen und einige Tropfen des Öls ins Badewasser geben (auf eine Hand voll Salz träufeln und erst dann ins Wasser geben, dadurch verteilt es sich besser).

Setzen oder legen Sie sich dann gerade hin. Atmen Sie mehrmals tief ein und aus, dabei mit dem Ausatmen alle Gedanken wegschicken. Leeren Sie so den Geist und beschränken Sie sich in Ihrer Aufmerksamkeit darauf zu beobachten, wie die Luft an Ihrer Nasenspitze ein- und ausströmt. Lassen Sie den Atem langsamer werden und schließen Sie dann die Augen.

1. Stellen Sie sich zunächst die im Lichtschlüssel angedeutete Situation – z.B. „Materie wird Licht" – bildlich vor. Sie können z.B. visualisieren, wie Ihre Körperenergien sich vom Steißbein aus nach oben zum Scheitel bewegen und dabei immer heller und lichter werden. Sobald sie aus dem Scheitel austreten, werden sie zu strahlendem Licht. Stellen Sie sich dabei vor, dass alles Dunkle im Körper wie Krankheit, Schlacken und belastende Emotionen mittransportiert, über den Scheitel abgegeben und dabei in Licht verwandelt werden.

2. Visualisieren Sie dann einen Schlüssel aus Licht, der für Sie genau diese Situation repräsentiert. Geben Sie ihm eine bestimmte Farbe und Form, die Ihnen passend erscheint. Dabei können Sie sich auch von den angegebenen Zuordnungen inspirieren lassen. In diesem Beispiel könnte er aus einem Dreieck, einem Halbmond und einem räumlichen Kreuz oder Tausenden Blütenblättern zusammengesetzt sein. Aber jede Form, die Sie als richtig empfinden, ist geeignet.

3. Dann stellen Sie sich vor, wie Sie diesen Schlüssel in das dreidimensionale Lichtschloss Ihres Chakras stecken. In der Alchemie werden die Chakras durch Tore und Siegel symbolisiert, die der Lichtschlüssel öffnet. So seltsam Ihnen die Form Ihres Schlüssels auch erscheinen mag, er passt genau in das Schloss Ihres Chakras. Kaum ist er eingefügt, reagiert das Chakra automatisch darauf: Je nach Bedarf wird es größer oder kleiner, aktiver oder ruhiger, heller oder dunkler. Auf diese Weise wird es in sanfter Form energetisiert, und eine eventuelle Unter- oder Überaktivität wird ausgeglichen. Erschrecken Sie also nicht, falls Sie den Eindruck haben, eines der Chakras wird kleiner oder dunkler statt heller und größer. Das bedeutet nur, dass dieses Chakra im Vergleich mit den anderen überaktiv ist. Es wird dadurch auf ein für Sie zur Zeit besser verträgliches Energieniveau gebracht. Nicht nur ein einzelnes Chakra soll besonders stark sein, sondern alle gemeinsam werden durch die Anwendug der alchemistischen Essenzen harmonisiert und nach und nach auf ein immer höheres Energieniveau gehoben.

4. Wenn sich nichts mehr verändert, ist die Harmonisierung des Energiezentrums abgeschlossen. Dann stellen Sie sich vor, wie Sie Ihren persönlichen Chakra-Schlüssel in eine schützende Schatulle legen. Rufen Sie im Geiste den Siegelbewahrer in Ihrem Inneren und übergeben ihm den Schlüssel, bis Sie ihn wieder von ihm wünschen. Oder legen Sie selbst die Schatulle mit dem Lichtschlüssel tief in Ihrem inneren geistigen Raum ab, wo Sie jederzeit wieder Zugriff darauf haben, sobald Sie es nur wünschen.

Wenn Sie diese Meditation vor und nach einer Energiearbeit, einem Seminar oder der Anwendung der alchemistischen Edelstein-Essenzen machen, können Sie die Wirkung auf Ihr Energiesystem kontrollieren. Um den langfristigen Einfluss beobachten zu können, sollten Sie die Veränderung notieren und z.B. Größenvergleiche festhalten. So können Sie nach einigen Wochen feststellen, was sich bereits verändert hat.

Im tibetischen Buddhismus wird eine ähnliche Meditation zur Kontrolle der Chakra-Arbeit verwendet. Hier benutzen die Mönche – allerdings erst ab dem Tulku-Grad – ein aus Bergkristall gefertigtes Ritualinstrument als Lichtschlüssel: den so genannten Kristall-Dorje (im indischen Vajra genannt).

137

Planet	Saturn	Venus	Jupiter
Metall	Vitriol	Kupfer	Zinn
Farbe	Violett	Indigo	Blau
Wochentag	Samstag	Freitag	Donnerstag
Sternzeichen	Steinbock, Wassermann	Waage, Stier	Fische, Schütze
Chakra	7. Chakra Kronen-Chakra Sahasrara	6. Chakra Stirn-Chakra Ajna	5. Chakra Hals-Chakra Vishuddhi
Resonanz in den drei Ebenen	**Sal-Körper:** Vitriol **Sulfur-Seele:** Vitriol, Gold **Mercurius-Geist:** Vitriol	**Sal-Körper:** Zinn **Sulfur-Seele:** Silber, Kupfer **Mercurius-Geist:** Kupfer	**Sal-Körper:** Eisen **Sulfur-Seele:** Zinn, Eisen **Mercurius-Geist:** Zinn
Fühlen	Überschuss: kennt nur sich, kann und will nicht auf andere eingehen Mangel: innerlich erstarrt, sehr ernsthaft, verschlossen	Überschuss: überschwänglich romantisch, vergnügungssüchtig, eifersüchtig Mangel: gefühllos, freudlos, Lebensangst	Überschuss: herrschsüchtig, schnell verärgert und erregbar Mangel: missgünstig, nachtragend, seelische Leere u. Erschöpfung
Denken	Überschuss: reiner Materialist oder extremer Optimist Mangel: Extremer Idealist oder Pessimist	Überschuss: Narzisstisches Denken, Wunschträume bis zur Halluzination Mangel: Angstfantasien, dumpfes Dahindämmern	Überschuss: Hochstapelei, Formalismus Mangel: Unbesonnenheit, Ideenlosigkeit
Handeln	Überschuss: Einsatz bis zur Selbstzerstörung Mangel: idolgläubiger Mitmacher	Überschuss: gefühlsbetontes Handeln mit Übereifer, Aufopferung Mangel: Hemmungen, gleichgültige Passivität	Überschuss: berechnendes Handeln Mangel: sklavisches Dienertum, planlos und unbesonnen
Wirkung im Organismus auf	Gehirn und Nervensystem, rhythmische Steuerung, Bewegungsapparat, Milz, alle Prozesse der Verfestigung, Mineralisierung und Steinbildung	Sinnesorgane, Nerven- und Hormonsystem, Haut, Nieren, Venensystem, Verdauung, Leberstoffwechsel	Wasserhaushalt und Atmungssystem, Gehirn- und Nervensystem, Gelenke und Stützgewebe, Leber-Gallensystem
Regulation mit	**Morgens:** je 2-5 Tr. Vitriol u. Kupfer; **Mittags:** 2-5 Tr. Gold; **Abends:** je 2-5 Tr. Silber und Zinn	**Morgens:** je 2-5 Tr. Kupfer; **Mittags:** je 2-5 Tr. Kupfer u. Zink; **Abends:** je 2-5 Tr. Kupfer und Silber	**Morgens:** je 2-5 Tropfen Zinn u. Kupfer; und Silber; **Mittags:** 2-5 Tr. Gold; **Abends:** je 2-5 Tr. Silber und Zinn

Die Metall-Essenzen und ihre energetischen Zuordnungen und Wirkungen

Merkur	Mars	Mond	Sonne
Zink	Eisen	Silber	Gold
Grün	Gelb	Orange	Rot
Mittwoch	Dienstag	Montag	Sonntag
Zwilling, Jungfrau	Skorpion, Widder	Krebs	Löwe
4. Chakra Herz-Chakra Anahata	3. Chakra Solarplexus-Chakra Manipura	2. Chakra Milz/Sexual-Chakra Svadhisthana	1. Chakra Wurzel-Chakra Muladhara
Sal-Körper: Gold **Sulfur-Seele:** Zink **Mercurius-Geist:** Zink	**Sal-Körper:** Kupfer **Sulfur-Seele:** Eisen, Zinn **Mercurius-Geist:** Eisen	**Sal-Körper:** Zink **Sulfur-Seele:** Kupfer, Silber **Mercurius-Geist:** Silber	**Sal-Körper:** Silber **Sulfur-Seele:** Gold, Vitriol **Mercurius-Geist:** Gold
Überschuss: unstet, launisch Mangel: anlehnungsbedürftig, depressiv, argwöhnisch	Überschuss: streitsüchtig, jähzornig Mangel: manisch, lau in seinen Gefühlen	Überschuss: übertrieben mütterlich, vereinnahmend, hysterisch, übertriebene Sexlust Mangel: unsicher, sexuell gehemmt, ängstlich	Überschuss: eitel, verschwenderisch, gern i im Mittelpunkt, euphorisch Mangel: misstrauisch, trübsinnig, geizig depressiv
Überschuss: trickreicher Intrigant und Heuchler Mangel: mangelnde Weitsicht, ziellose Kreativität	Überschuss: eigensinnig, selbstberauscht, launisch, militant, am Alten haftend Mangel: ziel- und richtungslos, Sprachhemmung	Überschuss: kann nicht in Ruhe über- legen, Fantast, übertriebener Umweltschützer Mangel: unkonzentriert, Umwelt- sünder, trockener Realist	Überschuss: übersteigertes Selbstbewußts. zu idealistisch, übertriebener Wahrheitssinn Mangel: Selbstzweifel, Denkschwäche, zu materialistisch
Überschuss: übertrumpft gern andere, übergeschäftig, Spielsucht Mangel: Zwangshandlungen	Überschuss: instinktiv, willkürlich, überaktiv, aggressiv Mangel: unentschlossen, Antriebsschwäche	Überschuss: übertrieben fürsorglich, will alles auf einmal machen Mangel: taktlos, mangelnde Fürsorge (Rabenmutter)	Überschuss: impulsiv, zu uneigennützig, Selbstüberschätzung Mangel: berechnend, zögerlich, passiv
Alle vermittelnden Funktio- nen in den Systemen von Herz-Kreislauf, Atmung, Ver- dauung, Schleimhäuten und in der Zelle selbst sowie im Sinnes-Nervensystem	Blutbildung, Leber-Gallen- system, Verdauungssystem, Kreislauf und Wärme- haushalt, Muskelfunktion	Genitalsystem, Gehirn- und Nervensystem, Schleim- häute, Nieren, Blase, Haut, Blutkreislauf	Stoffwechsel, Herz, Blutbil dung, Knochenmark, Augen, Ohren, Haut, Nierensystem
Morgens: je 2-5 Tr. Zink u. Kupfer; **Mittags:** 2-5 Tropfen Eisen, 2 Tr. Gold; **Abends:** 2-5 Tr. Silber	**Morgens:** 2-5 Tr. Eisen; **Mittags:** 2-5 Tr. Gold **Abends:** je 2-5 Tr. Eisen, Kupfer u. Zinn	**Morgens:** 2-5 Tr. Gold; **Mittags:** 2-5 Tr. Zinn; **Abends:** je 2-5 Tr. Silber, Kupfer u. Zink	**Morgens:** je 2-5 Tr. Gold **Mittags:** je 2-5 Tr. Kupfer u. Vitriol; **Abends:** 2 Tr. Silber u. 3-5 Tr. Gold

Vitriol-Essenz

7. Chakra
Vitriol
Saturn

Lichtschlüssel:
Materie wird zu
Licht

Symbolik: das begrenzende Urprinzip – Hüter der Schwelle, Einsicht, Urteilsfähigkeit, höhere Sinnesverarbeitung, Demut und Disziplin, Abbauprozesse
Planet: Saturn
Chakra: Sahasrara (Kronen-Chakra), 7. Chakra
Ort: Fontanelle, Scheitel
Bedeutung: der Tausendblättrige
Chakra-Organbezug: Hypophyse, rechtes Auge, die zwölf Gehirnnerven
Nervengeflecht/Plexus: gesamtes Nervensystem
Körper-Organbezug: Milz
Elemente und Energieebene: Erde und Luft
Wochentag: Samstag
Edelstein: Amethyst
Pflanze: Ackerschachtelhalm, Alraune, Beinwell, Bilsenkraut, Efeu, Eibe, Eisenhut, Eucalyptus, Hanf, Hirtentäschel, Holunder, Königskerze, Nieswurz, Pappel, Pinie, Quitte, Rotbuche, Schierling, Schlafmohn, Seidelbast, Salomonsiegel, Tamarinde, Tanne, Tollkirsche, Ulme, Winde, Zwiebel, Zypresse
Aromatherapie: Weihrauch, Harze, Thuja, Zypresse
Spagyrisches Heilmittel: Splenetik, Polyphatik
Homöopathisches Heilmittel: Plumbum metallicum

Dem Planeten Saturn wird traditionell in erster Linie das Metall Blei zugeordnet. In all der langen Zeit alchemistischen Forschens hat jedoch kaum ein Alchemist über außergewöhnlich positive Wirkungen des Bleis berichtet. Sucht man nach einem anderen Metall, das vom Saturn-Charakter geprägt ist, stößt man auf das Vitriol, also jene geheimnisvolle Substanz, die sich in dem beschriebenen Symbolbild für die höchste Wandlungsphase der Chakras, dem VITRIOL-Siebenstern, als Reihung der Anfangsbuchstaben verbirgt. Die VITRIOL-Formel: „Visita Interiora Terrae Rectificando Invenies Occultum Lapidem", zu deutsch: „Suche das Untere der Erde auf, vervollkommne es, und du wirst den verborgenen Stein finden" (oder auch: „Besuche das Innere der Erde, durch Läuterung wirst du den verborgenen Stein finden"), umschließt den Siebenstern als Schriftband. Diese angesprochene Vervollkommnung wird einerseits durch die Kräfte der sieben Planeten-Metalle des Siebensterns unterstützt und andererseits durch die Energien des „verborgenen" Vitriols. Durch seine Wirkung auf das Kronen-Chakra und damit auf die höheren geistigen Ebenen des Menschen hilft es ihm, seine Intuition für den beschriebenen „Weg des Grals", den Lichtkörper-Prozess durch die sieben Metall-Qualitäten zu schärfen.

7. Chakra
Vitriol
Saturn

Chemisch gesehen werden verschiedene Kupfer- und Eisen-Verbindungen als Vitriole bezeichnet. Für die Vitriol-Essenz des Kronen-Chakras wird ein seltenes Erz verwendet, das sowohl Kupfer als auch Eisen zusammen mit Schwefel in einer natürlichen Verbindung enthält. Hier wurden gleichsam das weibliche (Kupfer) und männliche (Eisen) Prinzip auf der Ebene der Seele (Sulfur) bereits von der Natur auf harmonische Weise vereint. Die polaren Kräfte wurden gewissermaßen bereits auf die „große Hochzeit" im Prozess des „Gralsweges" vorbereitet.

In der alchemistischen Aufbereitung dieses speziellen Vitriols im Labor wird dann tatsächlich, wie im VITRIOL-Siebenstern beschrieben, ein „verborgener Stein", ein „Lapis-Kristall" erzeugt: Nach dem Auflösen des Vitriols und einer Gärung der Flüssigkeit (der so genannten „schwarzen Phase der Fäulung" oder „Putrefaktion") wird die Flüssigkeit eingedampft, und beim Abkühlen der Restlösung bilden sich kleine weiße Kristalle. Diese sind gleichsam der „verborgene Stein" des Vitriols, den es weiter zu läutern und zu vervollkommnen gilt. Werden diese Kristalle vorsichtig weiter erhitzt, beginnen sie sich gelb zu färben, und nach etwa einer Woche der ständigen „Reinigung" im Feuer nehmen sie eine tiefrote Farbe an. Erst daraus wird dann mit Hilfe der geheimen Feuer das hohe Arkanum, die Vitriol-Essenz bereitet. Im Laufe der gesamten Herstellung wandelt sich also die Farbe vom Schwarzen der Gärungsphase über das Weiß der Kristalle zum Gelb und schließlich zum Roten hin. Genau diese Farbfolge muss eine Substanz auch im Laufe des berühmten Großen Werkes durchlaufen. Die Farbveränderungen sind für den Alchemisten sogar eine Art Qualitätskriterium dafür, dass der beschrittene Weg richtig ist. Die Farben wurden daher auch zum Namensgeber für den Weg zum Großen Werk im Menschen, nämlich für die drei Wandlungsphasen der Chakras Nigredo (= Schwarz), Albedo (= Weiß, mit der Unterphase Citrinatis = Gelb) und Rubedo (= Rot). Für die Alchemisten sind Farbveränderungen ins Weiße und dann zum Rot auch ein Zeichen dafür, dass besondere Kräfte am Werke sind. Wer allerdings versucht, den langwierigen Laborprozess der Vitriol-Bereitung durch Druck (höhere Temperaturen und Vakuumdestillation) und damit unnatürliche Gewalt zu beschleunigen, dem entschwinden die Farben und mit ihnen auch die hohen energetischen, seelischen und geistigen Wirkkräfte.

7. Chakra
Vitriol
Saturn

Im Organismus steuert Vitriol das Gleichgewicht der verfestigenden und auflösenden, zusammenziehenden und entspannenden Kräfte im Menschen. Es beeinflusst daher alle Prozesse, die mit Verhärtung, Verstopfung, Steinbildung und Verkrampfung zu tun haben. Außerdem reguliert es das Verhältnis von Flüssigem und Festem, also den Wasserhaushalt und alle Wasseransammlungen in Gewebe, Organ- und Gewebehöhlen und Schleimhäuten. Auch im Nervensystem kann es Tendenzen zur Verkrampfung und zum Festhalten an alten Gewohnheiten und Verhaltensmustern auflösen – und im weiteren Sinne hilft es bei der „Transzendierung" der engen Ich-Grenzen, also bei der Öffnung für höhere Ebenen des Bewusstseins und damit bei Meditation, Medialität und anderen Psi-Phänomenen.

Insgesamt stellen die hohen Saturn-Kräfte des Vitriols wieder ein Gleichgewicht zwischen den auflösenden und aufbauenden Kräften, also zwischen den polaren Prinzipien des Weiblichen und Männlichen, Yin und Yang her. Dazu gehören im Stoffwechsel durch die innere Verbindung des Vitriols mit den Schwefelkräften auch die Regulation der schwefelhaltigen Eiweiße und damit die gesamte Zellerneuerung. Noch allgemeiner gesehen bringt die hohe Saturn-Kraft des Vitriols den Menschen insgesamt wieder „ins Lot", in die richtige „Aufrichtung" und ins Gleichgewicht.

Der Saturn-Vitriol-Typus

Wenn uns im Märchen der Saturn-Typus als weiser Alter und gestrenger Ratgeber begegnen, so drückt sich darin die Fähigkeit dieser Menschen zum methodisch genauen, gründlichen und abstrakten Denken aus. Sie sind geduldig, ausdauernd und diszipliniert und möchten alles langsam und gründlich erledigen. Meist haben sie eine stille, zurückhaltende Art, sind zuverlässig und treu. Ihre Selbstdisziplin macht sie nicht selten zu Asketen oder zumindest zu sehr genügsamen Menschen von hagerer, drahtiger Gestalt.

Überschuss an Saturn-Vitriol-Kräften

Psychisch: extremer Materialist oder Optimist, verweigert Erkenntnisprozesse, lernunwillig, stur, kann und will nicht auf andere Menschen eingehen, kann sich daher auch nicht einordnen, dominant, einseitig, überdiszipliniert, lebt in einer immer währenden Pubertät.

Körperlich: bewegungsfaul, infektanfällig, allgemeine Immunschwäche, neigt zu Steinbildung, Arthrose, Rheuma und Gicht, Fibromyalgie.

*7. Chakra
Vitriol
Saturn*

Mangel an Saturn-Vitriol-Kräften

Psychisch: extremer Idealist, Pessimist oder idolgläubiger Mitmacher, oft depressiv, erlebt weder Freude noch Leid, seelisch und körperlich in einer Reaktionsstarre, lässt sich nicht helfen, sehr kritisch, unfähig zur Kommunikation, erkennt die eigenen Entwicklungszyklen nicht, kann sich nicht abgrenzen, fehlende Selbstbeherrschung und mangelnde Selbstkritik, ist gleichsam nicht vollständig inkarniert und dadurch ich- und willensschwach.

Körperlich: physisch unterentwickelt, Immunschwäche, Tendenz zu chronischen Leiden, schwache Verdauungskraft, Darmerkrankungen, Neigung zu Entzündungen, Hauterkrankungen, Schleimhautentzündungen.

Typische Saturn-Vitriol-Erkrankungen

Störungen der Saturn-Kräfte führen vor allem zu Leiden, die mit Stauungen, Verhärtung, Austrocknung, Kristallisierung und Steinbildung, Verstopfung, Verspannung, Erstarrung (auch Zyklus- und Rhythmusstörungen) und Verschleiß-Erscheinungen einhergehen. Typische Stauungsprobleme sind Wasseransammlungen, Ödeme, Wassersucht, alle Arten von Verstopfungen des Leibes, alle Arten von Grieß- und Steinbildung im Körper, Gicht und alle Arten von krampfartigen Zuständen bis hin zur Epilepsie.

Weitere Saturn-Erkrankungen sind Nervenleiden, Gedächtnisschwäche, Demenz, Altersstarrsinn, Denkblockaden, Geisteskrankheiten, Stoffwechselstörungen, Verdauungs- und Lymphprobleme, krampfartiger Husten und Erkältungen, Asthma und andere Lungenleiden, Nierenleiden wie Grießbildung, Milzprobleme,

Verhärtungen im Bewegungsapparat sowie Störungen im Menstruationszyklus, im Wach-Schlafrhythmus, Hormonzyklus und in anderen Körperrhythmen.

7. Chakra
Vitriol
Saturn

Wirkung der Vitriol-Essenz

Sowohl bei einem Überschuss als auch bei einem Mangel an Saturn-Kräften wirkt die Vitriol-Essenz auf gleichsam „intelligente" Weise ausgleichend und harmonisierend. Die Vitriol-Essenz wird daher bei allen Arten von Saturn-Erkrankungen eingesetzt, unter anderem bei Vergesslichkeit, Bewusstseinstrübung, mangelnder Initiative und Denkblockaden. Sie stärkt das Ich, das Gedächtnis und das Bewusstsein. Sie hilft, besser mit Gefühlen umgehen und das eigene Ich von den Gefühlen anderer abgrenzen zu können – also bei Prozessen der Individuation und Transformation. Die Essenz erleichtert das Erforschen von Tiefenstrukturen – sowohl in sich selbst als auch in seiner Umwelt. Sie erweitert den Horizont, fördert die Toleranz und unterstützt die Kreativität. Das Vitriol-Elixier vermag Körper, Seele und Geist wieder in die zyklischen Abläufe unserer Erde zu integrieren. Das wiederum bedeutet nichts anderes als Heilung, denn vielen Erkrankungen liegt letztlich eine Störung der natürlichen Rhythmen zugrunde. Diese Anbindung an die Energien von Erde, Sonne und Mond sowie der Planeten und der Ausgleich der polaren Kräfte des männlichen und weiblichen Prinzips erleichtern es, die Grenzen des Ichs zu überschreiten – der Zugang zu höheren Bewusstseinsebenen wird damit möglich.

Kupfer-Essenz

6. Chakra
Kupfer
Venus

Lichtschlüssel:
Verbindung
zur Schöpfung
erfahren

Symbolik: das harmonisierende Urprinzip – Liebe, Sinnlichkeit, Schönheit und Kunst, Verarbeitung von Sinnesreizen, Entschlackung

Planet: Venus

Chakra: Ajna (Stirn-Chakra), 6. Chakra

Ort: zwischen den Augenbrauen, Siebbein

Bedeutung: „Auftrag" von oben

Chakra-Organbezug: Großhirn, Epiphyse (Zirbeldrüse), linkes Auge, Nase, Ohren

Nervengeflecht/Plexus: Halsschlagader-Geflecht sowie cavernöses Geflecht und Kopf-Ganglion im Allgemeinen

Körper-Organbezug: Nieren

Elemente und Energieebene: Erde und Luft

Wochentag: Freitag

Edelstein: Diamant

Pflanze: Apfel, Akelei, Artischocke, Avocado, Birke, Brombeere, Eisenkraut, Erdbeere, Fingerhut, Gänseblümchen, Gerste, Hafer, Heidelbeere, Holunder, Iris, Kirsche, Klette, Linde, Melisse, Minze, Narzisse, Orchideen, Pfirsich, Pflaume, Primel, Rainfarn, Roggen, Rose, Sauerampfer, Schafgarbe, Spinat, Thymian, Tomate, Vanille, Veilchen, Wegerich, Weizen

Aromatherapie: Narzisse, Sandelholz, manche Rosendüfte

Spagyrisches Heilmittel: Renalin, Matrigen I und II

Homöpathisches Heilmittel: Cuprum metallicum

Kupfer wird dem Planeten Venus und damit der Liebe zugeordnet. Die Venus ist nach Sonne und Mond der hellste Himmelskörper. Sie verkündet als Morgenstern oder Abendstern Anfang oder Ende des Tages und vollführt dabei einen geheimnisvollen Tanz um die Erde. Nach zehnmaligem Wechsel und damit fünf Phasen als Morgen- und Abendstern erreicht die Venus von der Erde aus gesehen wieder exakt den gleichen Himmelsort in genau der gleichen Entfernung und Stellung. Diese fünf Phasen aber (die so genannte obere und die untere Konjunktion) markieren von der Erde aus gesehen einen regelmäßigen Fünfstern, genauer gesagt ein Pentagramm – ein kleineres, näheres in der Abendsternphase und ein größeres, weiter von der Erde entferntes in der Morgensternphase. Deshalb werden viele Pflanzen mit regelmäßiger Fünferform wie fünfblättrige Blüten dem Einfluss der Venus zugeordnet. Beispielsweise gelten Wildrosengewächse und die meisten Obstarten als Träger starker Venus-Kräfte.

6. Chakra
Kupfer
Venus

Kupfer gilt als das früheste praktisch genutzte Metall, noch vor Gold und Silber. Ursprünglich wurde mit dem Wort Erz das Kupfer bezeichnet. Erst später, mit der Verwendung anderer Metalle wurde „Erz" zu einer allgemeinen Bezeichnung. Mit „unser Kupfer" wurde in der ägyptischen Alchemie allerdings eine Mischung der Metalle Kupfer, Blei, Zinn und Eisen bezeichnet. Laboranweisungen der ägyptischen Alchemistin Maria bezeichnen diese Kupfermischung als Ausgangsmaterie für das Große Werk. (Maria ist die früheste und bedeutendste Frauengestalt der Alchemie und gilt als Schwester des Moses. Ihre Schriften blieben indirekt durch Kommentare aus dem 3. Jahrhundert erhalten.)

Für das hier vorgestellte hohe Kupfer-Arkanum dient Kupfer-Vitriol als Ausgangsstoff. Dieses wird auf spezielle Weise mit Hilfe der geheimen Feuer (siehe „Die Herstellung der Metall-Arkanen") zunächst zum so genannten „Grünen Löwen" aufbereitet. Erst daraus wird dann in weiteren Arbeitsschritten die eigentliche Kupfer-Essenz gewonnen. Die Bezeichnung „Grüner Löwe" kann in alchemistischen Schriften mehrere Bedeutungen haben. Bei George Ripley (1415-1490) steht sie für die Ausgangsmaterie zum Stein der Weisen. In alten hermetischen Texten werden damit hohe alchemistische Aufbereitungen aus bestimmten Kupferverbindungen mit Hilfe der geheimen Feuer bezeichnet – in diesem Sinne ist auch hier vom „Grünen Löwen" die Rede. In späterer Zeit wurden fälschlicherweise auch die unterschiedlichsten anderen kupferhaltigen Verbindungen „Grüner Löwe" genannt, ohne dass diese einer entsprechend hohen alchemistischen Aufbereitung unterzogen worden waren.

So wie die Venus als Liebe den Menschen „beseelt", so „belebt" das Kupfer alle Stoffe im menschlichen Organismus. Kupfer-Venus-Kräfte beeinflussen Geruchs- und Geschmackssinn, die Haut, Niere und Nebenniere, das Venensystem und die Schilddrüse. Kupfer-Prozesse steuern den gesamten Stoffwechsel und sind Träger von Wärme, Atmung und Erneuerung. Insbesondere Eiweiß- und Kalziumstoffwechsel unterliegen dem Kupfer-Einfluss. So fördert das Venus-Metall den Appetit, die Verdauung und die Verarbeitung der Nahrung. Insgesamt unterstützt es die aufbauenden

Stoffwechselkräfte bis hin zum harmonischen Verlauf einer Schwangerschaft. Von Kupfer geht eine Kraft aus, die unsere Seele aufmuntert und die Nerven stärkt, so ist Kupfer auch ganz materiell in den „Nerven-Vitaminen" der B-Gruppe enthalten.

Als Katalysator wirkt Kupfer mit den Vitaminen A und der B-Gruppe, einigen wichtigen Enzymen und Hormonen (Schilddrüsen-, Hypophysen-, Pankreas- und Nebennieren-Hormonen) zusammen. Zudem ist es an der Bildung des Hautfarbstoffes Melanin beteiligt. Kupfer verbessert die Aufnahme von Eisen und Vitamin C. Es unterstützt das Eisen auch in seiner Wirkung und hat daher Einfluss auf die Blutbildung.

Kupfer wirkt auf Einzeller-Parasiten, Pilze und Algen giftig. Kupfermünzen wurden verwendet, um Pflanzen und Speisen haltbarer zu machen. Und vom Körper selbst wird bei Infektionen, Vergiftungen und Allergien verstärkt Kupfer ins Blut abgegeben. Vor einer zu ausgiebigen Verwendung metallischen Kupfers musste im 17. Jahrhundert jedoch der Alchemist Johannes Schröder warnen: „Das rohe und allein schlechthin solvierte Kupfer ... ist ungesund und verursacht als ein recht mineralisches Gifft unterschiedene Symptomata. ... Wann man es aber künstlich und philosophisch bereitet, so verdient es in der Artzney nicht ein geringes Lob." (Schröder, *Chymische Apotheke*)

Der Venus-Kupfer-Typus

Venus, Aphrodite und Ischtar sind nicht nur Liebesgöttinnen, sie stehen vielmehr vor allem für Schönheit und Harmonie und daher auch für die Kunst und die Musik im Besonderen. Der Venus-Kupfer-Typus verkörpert die Harmonie von Mensch und Natur, die Kraft der universellen Liebe und richtet sich auf spirituelle Welten hin aus. Diese Menschen haben ein sanftes, liebevolles und sinnliches Wesen. Sie sind großzügig und möchten gern vermitteln, um alles in Harmonie verwandeln zu können. Oft ist auch ihr äußeres Erscheinungsbild wohlgestalt und harmonisch, und meist sind sie künstlerisch begabt.

Überschuss an Venus-Kupfer-Kräften

Psychisch: gefühlsbetont, romantisch, verträumt, vergnügungssüchtig, narzisstisch, einseitig lebenshungrig, Tendenz zum übertriebenen Herausputzen und zu nervöser Erwartung, Halluzinationen.

6. Chakra
Kupfer
Venus

147

Körperlich: häufiger Harndrang, vermehrte Behaarung, Überpigmentierung, Bluthochdruck, Migräne durch Blutandrang, Überfunktion der Schilddrüse, erhöhter Grundumsatz, Abmagerung, Entzündung, Allergie und Fieber, Erregungs- und Spannungszustände.

**6. Chakra
Kupfer
Venus**

Mangel an Venus-Kupfer-Kräften

Psychisch: gefühllos, abgestumpft und dumpf, nüchtern, freudlos, Tendenz zu Lebensangst und Erstarrung in angstvoller Erwartung, Gleichgültigkeit.

Körperlich: Steinbildung, Haarausfall, Pigmentmangel, niedriger Blutdruck, Unterfunktion der Schilddrüse, Osteoporose, Durchblutungsstörungen wie venöse Stauungen, Thrombose-Gefahr, Gefäßverkalkung, kalte Füße und Hände, Störungen im Nervensystem und bei der Knochenbildung.

Typische Venus-Kupfer-Erkrankungen

Ein Mangel oder Überschuss an Venus-Kupfer-Kräften führt allgemein zu Erkrankungen, die durch eine ungenügende Verarbeitung von Äußerem – egal, ob Sinneseindrücken oder Nahrungsbestandteilen – gekennzeichnet sind. Es sind Krankheiten, bei denen die harmonischen Abläufe und die Steuerung gestört sind.

Typische Venus-Kupfer-Leiden sind Nierenkrankheiten, mangelhafte Ausscheidung von Giften und Stoffwechselmüll, Venenleiden wie Stauungen und Krampfadern, Störungen des Eiweiß- und Kalziumstoffwechsels, Pigmentstörungen, Haarausfall, sexuelle Schwäche und Geschlechtskrankheiten. Auch hormonelle Erkrankungen, Angstzustände und Verkrampfungen können durch eine Disharmonie der Venus-Kupfer-Kräfte entstehen. Eine extreme Erhöhung des Kupferspiegels zeigt Gallen- und Lebererkrankungen wie Gelbsucht an.

Wirkung der Kupfer-Essenz

Die Kupfer-Essenz führt sowohl bei Überschuss- als auch bei Mangelzuständen wieder zurück in die harmonische Mitte und wird daher bei allen Arten von Venus-Erkrankungen eingesetzt. Da Kupfer sich leicht mit Schwefel verbindet, unterstützt die Essenz alle Eiweißprozesse, den Eiweißstoffwechsel und deren übergeordnete Steuerungsprozesse.

Die Kupfer-Essenz bringt Harmonie in die Welt der Gefühle. Sie wirkt ausgleichend bei Eifersucht, Arroganz, übermäßigem Stolz und Macho-Gehabe. Sie stärkt zudem die Intuition, also die Verbindung zwischen höheren Sinnes- und Bewusstseinskräften mit dem Gehirn. Dadurch können intuitive Eindrücke bewusst und besser genutzt werden. Die Venus-Essenz unterstützt so die Ausrichtung auf Spiritualität und Bewusstseinsentwicklung.

So wie die Venus als Abend- und als Morgenstern erscheinen kann, zeigen sich aber auch die Kupfer-Kräfte zweifach: als sinnlich-sexuelle, anziehende Energien oder geistig-entgrenzende, transzendierende Einflüsse. Die Kupfer-Essenz reguliert ungezügelte Genuss- und Vergnügungssucht, animalische Begierden und Oberflächlichkeit. Sie kann aber andererseits auch die Sexualität durch die subtile Kraft der Erotik stimulieren. Sie vermittelt Frauen eine intensivere Weiblichkeit und hilft Männern, die „weibliche Kraft" in sich zu nutzen. Die Essenz kann bei höherer Dosierung aphrodisierend wirken und stärkt in geringeren Mengen die Verbindung zur Natur und zur universellen Liebe.

6. Chakra
Kupfer
Venus

149

Zinn-Essenz

5. Chakra
Zinn
Jupiter

Lichtschlüssel:
Geschöpf wird
zum Schöpfer

Symbolik: das entwickelnde, formend erzeugende Urprinzip – Glaube und Ideale, Entdeckungen, Weltenbildner und Erhalter der Weltenordnung, spirituelle Offenbarung
Planet: Jupiter
Chakra: Visuddha (Hals/Kehlkopf-Chakra), 5. Chakra
Ort: Kehle, Atlaswirbel
Bedeutung: geläutert – gereinigt
Chakra-Organbezug: Mund, Kehle, Schilddrüse
Nervengeflecht/Plexus: Kehlkopf-Geflecht, Rachen-Plexus
Körper-Organbezug: Leber
Elemente und Energieebene: Feuer und Wasser
Wochentag: Donnerstag
Edelstein: Saphir
Pflanze: Ahorn, Apfelbaum, Borretsch, Edelkastanie, Endivie, Enzian, Feige, Gewürznelke, Ginseng, Kerbel, Leberblümchen, Linde, Löwenzahn, Lungenkraut, Mädesüss, Mandel, Muskatnuss, Salbei, Sauerampfer, Spargel, Tomate, Walnussbaum, Wegwarte, Ysop, Zitronenmelisse
Aromatherapie: Kampfer, Rosmarin, Weihrauch
Spagyrisches Heilmittel: Hepatik, Alcangrol
Homöopathisches Heilmittel: Stannum metallicum

Zinn wird dem Planeten Jupiter zugeordnet. Er ist der größte Planet unseres Sonnensystems und hat durch sein entsprechend großes Strahlungs- und Magnetfeld auch einen großen Einfluss. Von Astronomen wird er daher auch als zweite oder zukünftige Sonne unseres Planetensystems bezeichnet.

In der griechisch-römischen Antike galt der Jupiter als Verkörperung des Zeus bzw. Jupiter. Er bändigt die Titanen, zügelt die prometheische Feuernatur und ist Träger der Weltenweisheit. Die Babylonier sahen in ihm den Weltenschöpfer Marduk. Und im Indischen gilt der Planet, Brhaspati genannt, als „Herr der heiligen Sprache", „Lehrer der Götter" (kurz: Guru) und, wie in der westlichen Astrologie, allgemein als Wohltäter. Ihm unterstehen höhere Bildung und Philosophie. In allen Kulturen wird mit seinem Einfluss Weisheit und eine ordnende, formende Kraft verbunden. Diese starke Formkraft drückt sich beim Jupiter-Metall Zinn in der Fähigkeit aus, mit anderen Metallen eine Vielzahl an Legierungen bilden zu können.

In besonderer Weise ist Zinn mit dem Klang verbunden: Dem Metall von Gongs und Blasinstrumenten zugesetzt, bringt es erst den Wohlklang hinein. Auch im menschlichen Körper ist es verstärkt dort anzutreffen, wo es um Klang geht: Das meiste Zinn ist im Zungenmuskel und in der Zungenschleimhaut zu finden – nämlich rund zehnmal so hohe Konzentrationen wie in Leber und Milz oder im Gehirn. Die Sprechwerkzeuge und der Hals sind energetisch auch dem Hals-Chakra zugeordnet, das wiederum für die schöpferische, gestalterische Ausdruckskraft zuständig ist. Aus ihm heraus wird die persönliche Weltschöpfung in die Wirklichkeit umgesetzt – symbolisch durch den Klang des „Schöpfungswortes", das bekanntlich nach der Bibel am Anfang der materiellen Schöpfung steht.

Auch die Haut weist noch eine dreifach höhere Konzentration von Zinn auf als die inneren Organe. Hier kommt ebenfalls die Fähigkeit des Zinns zum Ausdruck, die Grenze zwischen äußerer und innerer Welt zu formen und aufrechtzuerhalten. Wo sich das Flüssige im Menschen zu Formen fügt, ist der Zinn-Prozess am Werke. Durch ihn kommen die höheren Organisationskräfte ins Wässrige, Plastische hinein. So sorgt Zinn überall im Körper für das richtige Verhältnis zwischen Flüssigem und Festem. Es schafft Begrenzungen und damit Ordnung. Das Jupiter-Metall reguliert das Verhältnis zwischen Aufbau, Quellung und Wachstum einerseits und Abbau, Austrocknung und Verfestigung andererseits. Zinn sorgt auch dafür, dass sich das Feste mit dem Plastischen verbinden kann – etwa wenn die Knochen durch die Gelenkknorpel aneinander gefügt werden oder ein logischer Gedanke mit anderen verknüpft werden soll.

Die besondere Beziehung des Zinns zu formgebenden Prozessen zeigt sich schon in seiner inneren Struktur. Zinn ist das Metall mit den meisten Isotopen, d.h. mit den meisten Atomvarianten. Es gibt dreimal so viele „Bauarten" mit minimalen Unterschieden an Atomgewicht, Dichte und Schmelzpunkt wie beim zweitplatzierten Blei. Zudem hat Zinn im Vergleich mit den klassischen Metallen Gold, Silber, Eisen, Quecksilber, Kupfer und Blei auch die größte Stabilität gegenüber Wärmeverformungen. Die Differenz zwischen Schmelz- und Siedepunkt liegt mit fast 2100 Grad rund 400 Grad über der Stabilität des zweitplatzierten Eisens.

5. Chakra
Zinn
Jupiter

5. Chakra
Zinn
Jupiter

Und während alle klassischen Metalle nur eine Kristallform bilden können, zeigt Zinn in Abhängigkeit von der Temperatur gleich drei verschiedene Formen.

Bereits im alten Ägypten war Zinn bekannt und wurde, wie später bei den Römern, als „weißes Blei" bezeichnet. Nach alchemistischer Vorstellung sind nämlich beide Metalle miteinander verwandt, und das Zinn galt in der Transmutation der Metalle als Zwischenstufe des Weges vom Blei zum Silber.

Der Jupiter-Zinn-Typus

Der Jupiter-Zinn-Typus hat ein ruhiges Temperament, einen guten Charakter, ist heiter, würdevoll und klug. Er besitzt einen hohen Gerechtigkeitssinn und natürlichen Anstand. Diese Menschen schätzen einen harmonischen Umgang und Ordnung. Wo Konflikte sind, versuchen sie durch weisen Rat Streit zu schlichten und Frieden zu stiften. Sie streben hohe Ziele an und sind bereit zu entsagen, um sich größeren Aufgaben zu widmen. Der Jupiter-Zinn-Typus ist prädestiniert für die Rolle des gerechten Chefs, so wie im Götterhimmel Jupiter-Zeus als weiser Vater regiert. Durch sein Bedürfnis nach Diskretion wahrt der Jupiter-Zinn-Typus stets eine gewisse Distanz. Meist sind diese Menschen groß gewachsen, haben eine wohlgeformte Statur und oft lockiges Haar.

Überschuss an Jupiter-Zinn-Kräften

Psychisch: Angeber, Hochstapler, anmaßend, herrschsüchtig, berechnend, überorganisiert, Formalist, leicht erregbar und schnell verärgert, Ideenflut, Verschwendung, Genusssucht.
Körperlich: großköpfig, Neigung zu Entzündungen, insbesondere der Gelenke, Allergien, Ekzemen, Neurodermitis, Ödemen und anderen Formen der Wasseransammlung, Verschleimung, Koliken, Hepatitis.

Mangel an Jupiter-Zinn-Kräften

Psychisch: sklavischer Diener, kleinlich, unbesonnen, planlos, missgünstig, abgestumpft und ideenlos, mangelnde Lebenskunst.
Körperlich: kleinköpfig, Ablagerungen, Arthrose, Bindegewebsschwäche, Knorpeldegeneration, Austrocknung, Lebererkrankungen wie Hepatose und Zirrhose.

Typische Jupiter-Zinn-Erkrankungen

Die Jupiter-Zinn-Erkrankungen stehen mit einer Störung des Gleichgewichts zwischen Festem und Flüssigem in Verbindung. Typisch dafür sind daher Verstopfung und Durchfall, Störungen des Wasserhaushalts wie Ödeme oder Austrocknung, Leberstauungen, Weichteilrheuma, Gelenkleiden, Bandscheibenschäden, Bindegewebs- und Bänderschwäche, Übergewicht, Gicht, Schlaganfall, Lähmungen, Lebererkrankungen, Störungen der Gallebildung, Diabetes (Typ II), Denk- und Gedächtnisschwäche, körperlich-seelische Erschöpfung, langsam an- und abschwellende Schmerzen, heiße Nachtschweiße, Halluzinationen und manisch-depressive Verstimmungen.

5. Chakra
Zinn
Jupiter

Wirkung der Zinn-Essenz

Sowohl bei zu viel als auch bei zu wenig Jupiter-Zinn-Kräften wirkt die Zinn-Essenz harmonisierend. Bereits Paracelsus berichtet, dass Zinn den Schleim und das Phlegma löst, so dass sie sich nicht ansammeln können. Die Zinn-Essenz wird daher bei Erkältungskrankheiten, Sinusitis und Bronchitis mit dickschleimigem Auswurf angewendet. Sie hilft bei Krämpfen und krankhafter Schlaffheit wie bei Schlottergelenken. Insgesamt reguliert sie den Spannungszustand der glatten Muskulatur, der Bronchien, des Darms und des Genitaltrakts. Die Zinn-Essenz harmonisiert außerdem die Wasserbindung in Geweben und Organen und reguliert daher Stauungen und Ödeme, aber auch Austrocknungen der Haut und Schleimhäute. Auch Urin-, Schweiß- und Tränenfluss kommen durch die Zinn-Essenzen wieder ins Gleichgewicht.

Ihre gestaltbildende Kraft zeigt die Zinn-Essenz im Geistigen, indem sie Ordnung ins Denken bringt und diesem zum Ausdruck verhilft.

Zink-Essenz

4. Chakra
Zink
Merkur

Lichtschlüssel:
Weisheit und
Liebe

Symbolik: das kommunikative Urprinzip – Flexibilität, Austausch, Beweglichkeit, Kommunikation in Nervensystem und Stoffwechsel über Katalysatoren, Enzyme, Hormone und Botenstoffe
Planet: Merkur
Chakra: Anahata (Herz-Chakra), 4. Chakra
Ort: Brustbereich und die Wadengegend
Bedeutung: subtile Vibrationen der Lebensenergie
Chakra-Organbezug: Herz, Thymus, Kreislauf, Lunge, Arme
Nervengeflecht/Plexus: Herz-Geflecht sowie Kranz-Geflecht und Lungen-Plexus
Körper-Organbezug: Lunge
Elemente und Energieebene: Luft und Erde
Wochentag: Mittwoch
Edelstein: Smaragd
Pflanze: Alraune, Andorn, Baldrian, Blumenkohl, Bohnen, Brechnuss, Dill, Eberesche, Esche, Fenchel, roter Fingerhut, Karotte, Kümmel, Lavendel, Maiglöckchen, Majoran, Petersilie, Tüpfelfarn
Aromatherapie: Anis, Ysop, Zitrone
Spagyrisches Heilmittel: Lymphatik, Dyscrasin
Homöopathisches Heilmittel: Zincum metallicum, Mercurius vivus

Dem Planeten Merkur wird traditionell das Quecksilber zugeordnet. Seine Aufbereitung als Essenz birgt jedoch aufgrund seiner starken Giftigkeit große Risiken und Gefahren in der Herstellung. Als höhere Oktave des Merkur gilt in der Astrologie der Uranus, alchemistisch gesehen verkörpert dieser die Mercurius-Qualität des Merkur. Dem Uranus aber wird Zink zugeordnet. Bereits bei Paracelsus wird Zink als ungewöhnlich heilkräftig beschrieben, und so wird auch hier als Merkur- und Herz-Chakra-Essenz das Zink verwendet.

Zinkmineralien wurden zwar seit vielen Jahrhunderten genutzt, aber man erkannte lange nicht, dass sie ein Metall enthalten. Man nannte diese Mineralien Galmei (Zinkcarbonat, auch

Lapis calamaris oder Lana philosophica genannt) und Nihil album bzw. Vitriolum album (weißes Vitriol, Zinksulfat). Erst Paracelsus beschrieb das „Zincken" als ein gemeinhin unbekanntes Metall, das schmiedbar, aber nicht hämmerbar ist. Es sei beinahe so rätselhaft wie das Quecksilber, denn es sei „ein Metall und auch keines". Zugleich sah Paracelsus eine Verwandtschaft zum Kupfer und nannte es einen „Bastard" desselben. Eine Zuordnung des Zinks zu einem der klassischen Planeten nahm er nicht vor.

In der Natur kommt Zink meist gemeinsam mit Blei vor. Die Blei-Kräfte verlieren sich in tieferen Gesteinsschichten, wo dann das Zink immer häufiger wird. Reines Zink zeigt sich nirgends in der Natur. Bei Erwärmung dehnt sich das unedle Metall stark aus und zieht sich bei Abkühlung ebenso schnell zusammen. Das findet man sonst nur noch beim Blei. Dem Eisen wiederum ähnelt die Zink-Eigenschaft, sich leicht mit anderen Stoffen verbinden zu können und schnell von allen Säuren angelöst zu werden. Seine leichte Verdampfbarkeit erinnert hingegen an Quecksilber. Die fehlende Lichtempfindlichkeit und Farbigkeit sowie die geringe Leitfähigkeit für Wärme und Elektrizität hat es wiederum mit Blei, Eisen und Zinn gemeinsam. So wie das Herz-Chakra als mittleres der Hauptenergiezentren die polaren Kraftströme des Solaren und Lunaren, von Yin und Yang reguliert, so steht also auch das Zink in der Mitte zwischen dem Eisen-Charakter (Solarplexus-Chakra) und den Qualitäten von Zinn, Kupfer und Blei (obere Chakras).

Im Menschen findet man das Zink weitaus am stärksten konzentriert in den Zähnen, in Spermien und in der Leber, gefolgt vom Gehirn und dem Blut. Zink ist ein wichtiger Bestandteil des Insulins und damit an der Regulation des Blutzuckergehalts beteiligt. Es beeinflusst die Sexualhormone und die Fruchtbarkeit positiv. Zink ist außerdem so häufig wie kein anderes Metall Bestandteil unzähliger verschiedener Enzyme. Darin zeigt sich die Fähigkeit des Zinks, am Eiweißabbau mitzuwirken. Durch die Versauerung der Böden enthalten die Pflanzen immer weniger Zink. Durch Konservierung geht nochmal ein Großteil verloren (bei Spinat 40%, bei Bohnen 60% und bei Tomaten 80%). So leiden die meisten Menschen heute an einem Mangel an Zink-Energie und -Qualitäten: an beschützenden, verbindenden und heilenden Kräften.

4. Chakra
Zink
Merkur

155

Der Merkur-Zink-Typus

Der Merkur-Zink-Typus findet sich überall zurecht, er ist schnell, beweglich und anpassungsfähig. Er knüpft gern Kontakte und sorgt für Kommunikation, ist sprachlich sehr gewandt und hat Sinn für Humor. Ähnlich wie Hermes-Merkur als Götterbote für die Verbindung zwischen Gott und Mensch, oben und unten sorgt, stellt der Merkur-Zink-Typus gern Kontakte zwischen ganz unterschiedlichen Bereichen und Milieus her und vermittelt zwischen Extremen und Gegensätzen. Seine Statur ist meist knabenhaft und jugendlich. Er bewegt sich gern, und seine Muskeln und Sehnen sind sehr dehnfähig.

4. Chakra
Zink
Merkur

Überschuss an Merkur-Zink-Kräften

Psychisch: Egoist, der seine Ichsucht hinter jovialem Gehabe verbirgt, rastlos wie ein Tiger im Käfig, lässt sich gern ablenken, geschwätzig, übertrumpft gern andere, ziellose Kreativität, formlos, kann nichts strukturieren, sucht grenzenlose Konzeptionen, hält sich gern in sozialen Grenzsituationen auf.
Körperlich: Blutandrang zum Kopf, Gesichtsrötung, Bruch kleiner Blutgefäße, Blutfülle im Auge, Zahnfleischbluten, Entzündungen, insbesondere von Auge und Ohr, Hautjucken, Anschwellen von Mundschleimhaut, Zunge, Mandeln und Gaumen, Stock- und Fließschnupfen, Rachenkatarrh, vermehrter Speichelfluss, Nervenentzündungen, reißende Muskelschmerzen, Frost- und Hitzeschauer, Fieber, ständige Schläfrigkeit mit Einschlafproblemen, Krämpfe, Asthma, Krampfhusten, Leberstauungen.

Mangel an Merkur-Zink-Kräften

Psychisch: sucht Anlehnung an andere und möchte bemitleidet werden, depressiv, erwartet von anderen zu viel und kann selbst nicht geben, konsumorientiert, spontan und unüberlegt, mangelnde Weitsicht, fühlt sich blockiert, wenig kreativ und schwache Intuitionskraft, wartet auf einen „göttlichen Funken".
Körperlich: Neigung zu Übergewicht, Gallensteinen, Verschlackung, Schwermetall-Belastung und Nekrosen, Hautkrankheiten, Potenzstörungen, Immunschwäche und schlechter Wundheilung, Tendenz zu Lebererkrankungen, Diabetes und leberbedingten Schlafstörungen.

Typische Merkur-Zink-Erkrankungen

Störungen der Merkur-Zink-Kräfte sind die Ursache von vielen Hautleiden, schwachem Immunsystem und schlechter Wundheilung sowie von allen Krankheiten, die durch eine Unterstützung der Botenstoffe und Enzyme positiv beeinflusst werden können. Typisch sind weiterhin Zahnfleischbluten, Ohr- und Augenentzündungen, Schwellungen der Mundschleimhaut, der Zunge, Mandeln und des Gaumens, Stock- und Fließschnupfen, Bronchitis, Nervenentzündungen, Muskelschmerzen, Fieber, Krämpfe, Asthma, Krampfhusten und Diabetes.

Wirkung der Zink-Essenz

Paracelsus verwendete die Zink-Essenz vor allem wegen ihrer allgemein entspannenden und entkrampfenden Wirkung. Therapeutisch wird sie außerdem bei Hautkrankheiten, Nerven- und Augenleiden, zur Stärkung des Immunsystems, Unterstützung der Wundheilung und anderen Erkrankungen, die mit einem Überschuss oder Mangel an Merkur-Zink-Kräften verbunden sind, eingesetzt. Zink leitet vielfältige stoffliche Abbauprozesse ein und ermöglicht dadurch, dass sich geistige Informationen aus dem Stoff freisetzen und zur Wirkung gelangen können. Die Zink-Essenz unterstützt daher den Aufbau von Bewusstsein und Selbstbewusstsein. Sie hilft bei Traumata und Schocks sowie Zuständen, die mit einer emotionalen und geistigen Verkrampfung verbunden sind. Außerdem gleicht die Zink-Essenz ein Übermaß an Aktivität aus und beruhigt dann, wenn zu viel elektrische Energie im Organismus vorhanden ist – daher wird sie bei innerer Unruhe und Zuständen von Rastlosigkeit trotz großer Müdigkeit eingesetzt.

4. Chakra
Zink
Merkur

Eisen-Essenz

3. Chakra
Eisen
Mars

Lichtschlüssel:
Wandlung vom
Universum zum
Holoversum

Symbolik: das aktive, aggressive Urprinzip – Dynamik, Aktivität, Wille, Mut, Tatkraft, Oxidation und Aufbereitung der Nahrung, Abwehrkraft, Blutbildung

Planet: Mars

Chakra: Manipuraka (Solarplexus-Chakra), 3. Chakra

Ort: etwa zwei Fingerbreit über dem Bauchnabel

Bedeutung: glänzend wie ein Juwel

Chakra-Organbezug: Magen, Leber, Galle, Nieren, Bauchspeicheldrüse

Nervengeflecht/Plexus: Sonnengeflecht (Solarplexus) sowie Leber-, Magen-, Pförtner- und Gekröse-Geflecht

Körper-Organbezug: Schilddrüse

Elemente und Energieebene: Feuer und Wasser

Wochentag: Dienstag

Edelstein: Goldtopas

Pflanze: Berberitze, Brennnessel, Distel, Eiche, Enzian, Estragon, Galgant, Hopfen, Ingwer, Kakteen, Kapern, Knoblauch, Koriander, Meerrettich, Paprika, Pfeffer, Radieschen, Rettich, Schlehe, Seidelbast, Senf, Stechginster, Stechpalme, Tabak, Weißdorn, Wermut, Zwiebel

Aromatherapie: Thymian

Spagyrisches Heilmittel: Azinat, Pulmonik, Styptik

Homöopathisches Heilmittel: Ferrum metallicum

Nach der Signaturenlehre wird Eisen dem Planeten Mars und damit dem Kriegsgott zugeordnet. Das drückt sein stark aktivierendes Prinzip bis hin zur Aggressivität aus.

Eisen ist das häufigste Metall der Erde. Es findet sich in allen Gesteinen und Gesteinsschichten. Während die uns zugängliche Erdrinde nur zu etwa 0,01 Prozent aus dem zweithäufigsten Metall, dem Kupfer, besteht, sind es beim Eisen fast fünf Prozent. Vergleichbar groß ist seine Bedeutung auch für den menschlichen Organismus. Nach Paracelsus ist es schwierig, aber besonders lohnend, Eisen als Heilmittel alchemistisch aufzubereiten: „Es ist schwer und mühselig, aus einem unwürdigen Mann einen Fürsten oder König zu machen. Aber das Eisen erkämpft sich durch seine

Streitbarkeit auch Herrlichkeit und es setzt sich an die hohe Stätte der Könige. Man muss aber vorsichtig sein, damit man nicht übereile und damit das Eisen nicht gefangen werde." (Paracelsus, *Werke*, Bd. III, S. 329)

Eisen ist der „Atmer" unter den Metallen. Durch das Eisen ist der Prozess der Blutbildung mit der Atmung verknüpft. Bekanntlich sorgt der Blutfarbstoff Hämoglobin, der Eisen enthält, für den Transport von Sauerstoff und Energie durch den Körper. Und eisenhaltige Eiweiße spielen auch in der Zelle, in den Mitochondrien (den Kraftwerken der Zelle) bei der Sauerstoffverarbeitung und Energieaufnahme eine zentrale Rolle.

Neben dieser Luftatmung ist das Eisen auch an der „Lichtatmung" beteiligt: Es wirkt an der Bildung des lichtempfindlichen Hautfarbstoffs Melanin mit und schützt den Organismus so vor schädlicher Sonnenstrahlung. Auch im Menschen wirkt Eisen schützend: Entzieht man nämlich dem Blutfarbstoff das Eisen und gibt ihn derart verändert dem Organismus wieder zurück, so ist das für ihn so lange völlig unschädlich, wie er sich im Dunkeln befindet. Sobald er aber dem Licht ausgesetzt wird, wird der Blutfarbstoff ohne das Eisen zum tödlichen Gift. Offenbar verwandelt also das Eisen in den Stickstoff-Kohlenstoff-Verbindungen des Blutfarbstoffs das Licht von einem tödlichen zu einem lebensaufbauenden Element.

Nach anthroposophischer Vorstellung drückt sich darin die Fähigkeit des Eisens aus, auf die aufbauenden Vitalenergien des Ätherkörpers und die abbauenden, aber für die Bewusstseinsbildung wichtigen Energien des Astralkörpers regulierend einzuwirken. Erhöht man im Menschen die Aktivität des Bluteisens, so stellt man einen Träumer wieder auf den realen Erdboden - das Seelisch-Geistige wird ins Physische gezogen und „geerdet". Das Eisen im Blut hilft also, die Persönlichkeit im Leib zu verankern. Es verleiht Tatendrang und das Vermögen, im materiellen Leben das zu verwirklichen, was sich die Seele vorstellt.

Ein Schutz kann Eisen auch gegen ganz materielle Gifte sein. Im Gegensatz zu den meisten Schwermetallen ist es nämlich nicht nur selbst ungiftig, sondern es vermag zudem noch die Wirksamkeit etlicher schwerer Gifte wie Arsen aufzuheben.

Die Metalleigenschaften des Eisens werden enorm verändert, wenn ihm geringe Mengen anderer Elemente als Legierung zugesetzt werden. Es wird extrem hart oder elastisch, besser leitfähig für elektrischen Strom oder dauerhaft magnetisch. Darin zeigt

3. Chakra
Eisen
Mars

3. Chakra
Eisen
Mars

sich die Fähigkeit des Eisens, andere Kräfte in seine Sphäre aufnehmen und festhalten zu können. Es ist folglich sowohl ein
Licht-Schutzschild gegen schädliche Strahlung als auch eine Art
Magnet für Formen feinstofflicher, bioenergetischer und elektro-
magnetischer Energien. So finden sich tatsächlich auch ganz materiell in unseren Gehirnzellen winzige, magnetisch empfindliche
Eisenverbindungen, vor allem in den Gehirnmembranen. Biologen vermuten in diesen Magnetiten den Grund für die Empfänglichkeit des menschlichen Hirns gegenüber elektromagnetischen
Schwingungen und dem Magnetfeld der Erde. Kundalini-Forscher
wiederum sehen darin ein Beleg dafür, dass sich beim Kundalini-
Prozess und in intensiven Meditationen zwischen einzelnen Ge-
hirnregionen stabile pulsierende Felder aufbauen können.

Der Mars-Eisen-Typus

Energisch nimmt der Mars-Eisen-Typus sein Leben in die Hand.
Er packt an, ohne viel zu fragen, ist mutig und liebt Herausforderungen, Sport und Wettstreit. Diese Menschen fassen schnell Ent-
schlüsse und setzen sie mit Willenskraft durch. Während der „rohe Eisen-Mensch" zum aggressiven Kampf neigt, kämpft der ver-
edelte „Stahl-Mensch" für Gerechtigkeit und den Erhalt einer gesunden Umwelt. In höchster Form ist er jener Schmied, der die
Schwerter zu Pflugscharen schmiedet. Der Mars-Eisen-Typus ist
meist von kräftiger, athletischer Statur. Er besitzt eine dynamische, mitreißende Energie und ergreift oft die Initiative.

Überschuss an Mars-Eisen-Kräften

Psychisch: Rebell, tollkühner Draufgänger, aggressiv, starker Bewe-
gungsdrang, streitsüchtig, jähzornig, ehrgeizig, manische Vorstellungen oder völlig phantasielos.
Körperlich: Bodybuilder-Manie, Blutfülle und Bluthochdruck, Neigung zu Fieber, Entzündungen, Allergien, Reizhusten, verstärkter
Gallentätigkeit, sexueller Übererregbarkeit.

Mangel an Mars-Eisen-Kräften

Psychisch: Angsthase, Stubenhocker, an Traditionen verhaftet, trä-
ge, unentschieden, unselbständig, gleichgültig, ehrlos, weltfremd,
verbittert.

Körperlich: Schwächling, Muskelschwäche, brüchige Nägel, Haarausfall, niedriger Blutdruck und Anämie, oft fröstelnd und kränkelnd, Infektanfälligkeit, schleimige Bronchitis, geringe Gallentätigkeit, Potenzstörungen, Konzentrationsschwäche.

Typische Mars-Eisen-Erkrankungen

Disharmonien in den Mars-Eisen-Prozessen zeigen sich vor allem in Erkrankungen, die mit einer Schwächung der oxidativen Prozesse wie Atmung, Stoffwechselumsatz und Blutbildung verbunden sind. Typische Erkrankungen sind Störungen des Blutdrucks, Blutverlust, Nasenbluten, schwache Abwehrkräfte, Infektionskrankheiten mit Fieber und Entzündungen, Heiserkeit, Kehlkopfentzündungen, Muskel- und Kopfschmerzen, Entzündungen der Gallenblase, Gelbsucht und generell alle Arten chronischer Entzündungen und akuter Allergien. Auffällig häufig treten zudem Verletzungen auf und sind operative Eingriffe nötig.

Wirkung der Eisen-Essenz

Der Einsatzbereich der Eisen-Essenz ist besonders vielseitig, da Eisen im Organismus an einer Vielzahl von Abläufen beteiligt ist: Blutbildung, Kreislauf und Wärmehaushalt, Atmung, Muskelfunktion und Bewegung, Eiweißstoffwechsel, Leber- und Gallenfunktion, Nieren- und Nerventätigkeit, Farbstoffbildung und Lichtschutz. In all diesen Bereichen gleicht die Eisen-Essenz bei Überschuss- und Mangel-Zuständen aus.

Die Eisen-Essenz reguliert die Antriebskräfte: Sie aktiviert, wo mehr Antrieb nötig ist, und beruhigt, wo das aktive Prinzip überschäumt. Sie fördert die körperliche Vitalität und Lebenskraft und regt das sexuelle Verlangen an. Außerdem stärkt die Eisen-Essenz die Willenskraft und die Freude am Tätigsein. Sie hilft, Herausforderungen zu meistern, und unterstützt die Lernbereitschaft und Lernfähigkeit. Sie fördert die Entschluss- und Tatkraft, zugleich mildert sie aber auch die Blindwütigen, die mit dem Kopf durch die Wand wollen.

Silber-Essenz (Argentum Potabile)

2. Chakra
Silber
Mond

Lichtschlüssel:
Ort der
physischen
Schöpfung
und erster
materieller
Ausdruck der
polaren
Energien

Symbolik: das mütterliche und reflektierende Urprinzip –
  Rhythmus, Regeneration und Wachstum, Empfänglichkeit,
  Fruchtbarkeit, Fortpflanzung, Aufbauprozesse
Planet: Mond
Chakra: Svadhisthana (Milz/Sexual-Chakra), 2. Chakra
Ort: etwa eine Handbreite unter dem Bauchnabel
Bedeutung: ein besonderer Palast
Chakra-Organbezug: Milz, Harnleiter, Ovarien, Hoden
Nervengeflecht/Plexus: Milz-Geflecht
Körper-Organbezug: Gehirn
Elemente und Energieebene: Wasser
Wochentag: Montag
Edelstein: Perle
Pflanze: Brunnenkresse, Gänseblümchen, Gelbwurz, Gurke,
  Immergrün, Jasmin, Kalmus, Kirsche, Kohl, Kopfsalat, Kürbis, Lilie,
  Linde, Lotus, Melone, Mönchspfeffer, Pappel, Schwertlilie,
  Trauben, Weide
Aromatherapie: Lavendel, Myrte, Jasmin
Spagyrisches Heilmittel: Cerebretik
Homöopathisches Heilmittel: Argentum metallicum

Das Silber wird dem Mond zugeordnet und steht in der Alchemie als Königin dem König Sol, der Sonne, und damit dem Gold gegenüber. Nach dem Gold gilt es als Edelstes der Metalle. Als „Wandelstern" verkörpert der Mond das rhythmische, zyklische Prinzip der Natur.

Bereits im alten Ägypten war die Bearbeitung von Silber bekannt. Im Papyrus Leiden und Papyrus Stockholm beispielsweise werden verschiedene Methoden der Herstellung von Silberlegierungen und der Silberbearbeitung beschrieben.

Vergleichbar dem Mond, der das Sonnenlicht reflektiert, verkörpert das Silber das spiegelnde Prinzip unter den Metallen. Es behält nichts für sich, sondern gibt es bereitwillig wieder ab. So ist Silber der beste Leiter für elektrischen Strom, der beste Wärmeleiter und besonders licht- und farbenempfindlich. Letzteres führte bekanntlich zu seiner Anwendung in der Fotografie.

Silber ist auch für mechanische Bearbeitung in besonderem Maße empfänglich. Es ist sehr leicht formbar und extrem dehnbar, so dass sich aus nur einem Gramm Silber ein hauchdünner Faden von zwei Kilometer Länge ziehen lässt. Nur vom Gold wird es noch an Geschmeidigkeit und innerer Zusammenhaltekraft übertroffen. Und obwohl Silber so weich ist, hat es einen sehr guten Klang. Es lässt also auch den Ton wieder aus sich heraustreten, während andere weiche Metalle wie Blei dumpf klingen und misstönend sind.

Auf der Erde ist das meiste Silber in den Weltmeeren enthalten. Auch hier ist das Metall also mit dem Flüssigen und dem beweglichen, austauschenden Prinzip verbunden. All das zeigt die vermittelnde und spiegelnde Natur des Mond-Metalls.

Im Körper leitet Silber ein Zuviel an Wärme aus, wirkt also fiebersenkend. Da sich Silber sehr leicht mit Schwefel verbindet, spielt es bei der Aufnahme von Eiweiß und der Überführung der Nahrung in Blut und Lymphe eine wichtige Rolle. Es regt die Verdauung an und fördert den Substanzaufbau. Vergleichbar dem Mond, der alles Flüssige beeinflusst, Ebbe und Flut erzeugt und für Rhythmus in der Natur sorgt, wirkt auch das ihm zugeordnete Silber. Es beeinflusst alle Körperflüssigkeiten, unterstützt die Flüssigkeitsaufnahme und -abgabe je nach Mondphase und steuert die rhythmischen Abläufe im menschlichen Organismus. Die positive Wirkung des Silbers auf Gehirn und Nerven ist seit langem bekannt. Der Alchemist Johannes Schröder wusste bereits im 17. Jahrhundert zu berichten: „Es stärcket das Haupt insonderheit, wie ingleichen dessen Geist. ... in ihm stecket ein sonderbares Gehirn-Confortativ, das die animalischen Geister erquicket und gleichsam bestrahlet, daher tauget es in alles Haupt-Krankheiten, dem Schlag, der schweren Noth." (Schröder, *Chymische Apotheke*) Die Silber-Essenz stärkt im Verbund mit der Gold-Essenz die polaren Kraftströme im Menschen, also das solare und das lunare Prinzip, Yin und Yang.

Der Mond-Silber-Typus

Im Märchen begegnet uns der Mond-Silber-Typus als fürsorgliche Mutter oder jugendliche Braut. Dieser Menschen-Typus ist sehr gefühlvoll und anpassungsfähig. Mond-Silber-Menschen können sehr gut mit Kindern umgehen und gut kochen, sind häuslich und im positiven Sinne mütterlich. Sie lieben die Natur und

2. Chakra
Silber
Mond

haben eine gute instinktive, intuitive Wahrnehmungskraft. Oft haben sie ein intensives Traumerleben und sind auch im Gemüt träumerisch veranlagt.

Die mütterlichen Mond-Kräfte entsprechen der Mondgöttin Hera (auch Juno, symbolisiert durch den Vollmond). Die dunkle Seite der Mond-Kräfte verkörpert die „Neumond-Göttin" Hekate. Sie steht für Wildheit, rohe Instinkte und dunkle Erotik. Ähnlich wie der Wechsel zwischen Voll- und Neumond ist der Mond-Silber-Typus oftmals von starken Gemütsschwankungen betroffen, die sich schnell verändern können.

2. Chakra
Silber
Mond

Überschuss an Mond-Silber-Kräften

Psychisch: radikaler Umweltschützer, Phantast, Übermutter, Neigung zu Hysterie.
Körperlich: Übergewicht, Völlerei, schwammige Haut, Tendenz zu Durchfall, starke Menstruation, verkürzter Menstruationszyklus, überschießende Wundheilung, starke Milchbildung, Neigung zu Entzündungen, Blutandrang im Kopf, Nasenbluten und Vereiterungen.

Mangel an Mond-Silber-Kräften

Psychisch: Umweltsünder, trockener Realist, Rabenmutter, oft instinktlos, Neigung zu Psychosen.
Körperlich: Untergewicht, Neurosen, welke und verhornte Haut, Tendenz zu Verstopfung, schwache Menstruation, verlängerter Menstruationszyklus, verlangsamte Wundheilung, schwache Milchbildung, Neigung zu niedrigem Blutdruck und schwacher Durchblutung

Typische Mond-Silber-Erkrankungen

Die Mond-Silber-Erkrankungen sind durch eine Störung der natürlichen Rhythmik gekennzeichnet. Dazu gehören Menstruationsstörungen, Schlafstörungen und Schlafwandeln, Jetlag. Weitere typische Mond-Silber-Leiden sind Erkrankungen der weiblichen Geschlechtsorgane, Hautkrankheiten, Fieber, Schweiß, Entzündungen (insbesondere der Harnwege), Verschleimung, Erbrechen, Essstörungen, Durchfälle und andere Verdauungsprobleme sowie Bettnässen.

Wirkung der Silber-Essenz

Die Silber-Essenz wirkt auf alle weichen Gewebe wie Schleimhäute, Haut, Gehirn, Magen, Drüsen, Brust und die weiblichen Geschlechtsorgane. Sie reguliert alle rhythmischen Prozesse im Menschen wie den Schlaf- und Menstruationszyklus und unterstützt zudem die austauschenden und aufbauenden Funktionen wie Wachstum, Blutbildung, Regeneration, Fortpflanzung und Ausscheidung.

Bakterien finden im Silber eine feindliche Kraft, weshalb früher Silbermünzen und später Silberlösungen als antibakterielles Mittel eingesetzt wurden. Die Silber-Essenz hilft daher bei allen Arten von Bakterien, Viren und Parasiten und den damit verbundenen Erkrankungen wie Infektionen und Magengeschwüren.

Die Silber-Essenz stimuliert den Parasympathikus und wirkt dadurch beruhigend und ausgleichend. Sie fördert die Empfindungskraft und das Traumerleben. Gefühle können besser wahrgenommen und gelebt werden. Natürlichkeit, Instinkt, Intuition und die Fähigkeit zur Hingabe an den Rhythmus des Lebens und der Natur werden gestärkt. Die Silber-Essenz hilft daher auch, die negativen Seiten der Mond-Kräfte wie Verträumtheit, starke Gemütsschwankungen, Trägheit und Bequemlichkeit, fehlender Ordnungssinn, leichte Beeinflussbarkeit, Klatschsucht und Feigheit und andere durch Mangel oder Überschuss an Mond-Silber-Kräften hervorgerufene Probleme auszugleichen und zu überwinden.

2. Chakra
Silber
Mond

165

Gold-Essenz (Aurum Potabile)

1. Chakra
Gold
Sonne

Lichtschlüssel:
Die schöpferi-
schen
Kräfte des Uni-
versums
entfalten sich;
verkörpern und
besitzen

Symbolik: das väterliche, lebensspendende Urprinzip –
Ausgangspunkt aller Energie, Schöpfungskraft, Vitalität,
Selbstbewusstsein, Organisationskraft
Planet: Sonne
Chakra: Muladhara (Wurzel/Basis-Chakra), 1. Chakra
Ort: Sakralwirbelbereich/Perineum/Beckenboden
Bedeutung: lebensgebender Ursprung – etwa als Welten-Ei, das
„Ei Brahmas" (Shiva-Lingam und Yoni)
Chakra-Organbezug: Wirbelsäule, Skelett
Nervengeflecht/Plexus: Steißbein-Geflecht, Kreuz-Ganglion
Körper-Organbezug: Herz
Elemente und Energieebene: Feuer
Wochentag: Sonntag
Edelstein: Rubin
Pflanze: Akazie, Augentrost, Basilikum, Krokus, Esche, Gelbwurz,
Ginseng, Ingwer, Johanniskraut, Kamille, Liebstöckl, Lorbeer,
Mistel, Ölbaum, Orangenbaum, Platane, Ringelblume, Rosmarin,
Schöllkraut, Sonnenblume, Tausendgüldenkraut, Walnussbaum,
Weihrauch, Weinraute, Zeder, Zichorie
Aromatherapie: Orange, Zimt, Nelke
Spagyrisches Heilmittel: Sanguisol, Aquavit, Cordiak,
Ophtalmik
Homöopathisches Heilmittel: Aurum metallicum

Das Gold steht wie kein anderes Metall zwischen Sonnen-Licht und Erden-Schwere: Gold zeigt eine ungeheure Farbkraft. In Lösungen kann es rötlich, violett, rosa und grünblau erscheinen. Noch in einer Verdünnung von eins zu einer Million färbt es Wasser deutlich purpurn. So verdanken mittelalterliche Kirchenfenster ihre intensive rote Farbe der Beimischung von Gold im Glas. Aus der anthroposophischen Medizin weiß man, dass Gold-Heilmittel eine ähnlich positive Wirkung auf Hauterkrankungen und Autoimmunstörungen haben wie die gezielte Behandlung mit Sonnenlicht – und der Sonne wird auch Gold zugeordnet.

Seine beharrende Schwere zeigt das Gold in seinem inneren Zusammenhalt. Dünnste Blättchen können daraus geschlagen

werden, die im Licht bläulichgrün schimmern. Es ist der dehn-
barste und geschmeidigste natürliche Stoff, den wir kennen. Allerdings lässt es sich von Kälte nicht so stark beeinflussen wie andere Metalle und wird nicht zum Supraleiter für elektrischen Strom.

Den Wirkungen der Sonne auf der Erde als Spender von Leben,
Licht und Wärme entsprechen die Wirkungen vom Gold im Menschen: Es vitalisiert den Organismus, stärkt die Lebens- und
Schöpferkraft und schenkt Weisheit und Liebe. Tatsächlich
spricht die Gold-Essenz auch die entsprechend zugeordneten
Chakras an: Sie aktiviert das Basis-Chakra, das Herz-Chakra und
das Scheitel-Chakra.

Paracelsus sprach sich allerdings deutlich gegen die Einnahme
metallischen Goldes aus, wie es früher beispielsweise von der Heiligen Hildegard als Stärkung vor der kalten Jahreszeit empfohlen
wurde und wie es heute vereinzelt in Form kolloidalen Goldes geschieht. Nach Paracelsus muss auch das Gold erst zersetzt, von seinem „Körper" befreit, gereinigt und erhöht werden: „Die Quinta
Essentia des Goldes ist ohne Corrosion nutzlos. Ohne Corrosivum
ist es tot." (Paracelsus, *Werke*, Bd. III, S. 148) „Quinta Essentia ist,
wenn die Natur über ihren gewöhnlichen Grad gestärkt wird." (Paracelsus, *Werke*, Bd. III, S. 751) Erst durch die so genannte „Marter
der Metalle", ihre „Tötung" und „Wiederbelebung" kann auch aus
dem Gold ein hohes Heilmittel werden: „Alle Corpora also, die dir
feindlich sind, müssen hinweggenommen werden, auf dass alle
Gegenmittel dahinschwinden und du das Gute erhältst, das du
suchst. Und ebenso wie kein Stück Gold nütze und gut, das nicht
ins Feuer gebracht wurde, ebenso wenig ist auch die Arznei nütze
und gut, die nicht durchs Feuer geht, denn alle Dinge müssen
durchs Feuer in anderer Form wieder geboren werden, in der sie
dem Menschen dienstlich sein sollen. Denn der Arzt soll nicht Gifte, sondern Arcana brauchen." (Paracelsus, *Werke*, Bd. I, S. 395) Aus
dem metallischen Gold wird daher auf alchemistischem Wege das
legendäre Allheilmittel Aurum Potabile bereitet. Heute wissen die
Biologen, dass geringste Spuren von Gold eine bedeutsame Rolle
als Katalysator im Stoffwechsel spielen und das Nervensystem positiv beeinflussen können.

Nach alchemistischer Vorstellung hält das Gold im Menschen alle anderen Metall-Prozesse im Gleichgewicht. Während die anderen
Metalle bestimmte Kraftrichtungen entwickeln und ein polares
Gegenüber besitzen, wirken die Gold-Kräfte vereinend. Gold vermittelt zwischen Kupfer und Eisen und stellt dadurch eine Harmo-

1. Chakra
Gold
Sonne

167

**1. Chakra
Gold
Sonne**

nie zwischen dem venösen und dem arteriellen Blutstrom und zwischen Atem- und Herzrhythmus her. Ebenso gleicht es die polaren Wirkungen der quellenden Aufbauprozesse des Silbers und der mineralisierenden Blei- und Vitriol-Kräfte aus und schafft Harmonie zwischen gestaltbildenden Metall-Prozessen des Zinns und der lösenden und vermittelnden Aktivität von Quecksilber und Zink.

All diese regulierenden Fähigkeiten zeigt das Gold beispielhaft im Knochenmark, wo die Stammzellen entstehen und das Blut gebildet wird. Die Stammzellen dienen vor allem als Vorstufen der roten Blutkörperchen (für Sauerstoff- und Energietransport), der weißen Blutkörperchen (Immunzellen), der Fresszellen („Müllabfuhr" und Immunzellen) und der Blutgerinnungsplättchen. Hier stehen eiweißbildende Kupfer-Prozesse, zellbildende Merkur-Prozesse im Blut und die die Regeneration fördernden Silber-Prozesse den Eisen-Kräften des roten Blutes, den plastischen Zinn-Prozessen und den abbauend-mineralisierenden Blei-Prozessen gegenüber. Nur wenn das Gold sie in Harmonie halten kann, ist der Mensch gesund. Treten schwere Entgleisungen in diesem fließenden Gleichgewichtszustand auf, kann es beispielweise zu Anämie und anderen Knochenmarkserkrankungen kommen.

Durch seine Rolle als universelles Regulationsmittel wird die Gold-Essenz zu einer Art Allheilmittel für Körper, Seele und Geist gleichermaßen. Paracelsus pries das Aurum Potabile daher als Universalmedizin: „Unter allen Elixieren ist das Gold das höchste und das wichtigste für uns. Das Gold kann den Körper unzerbrechlich erhalten. ... Trinkbares Gold heilt alle Krankheiten, es erneuert und stellt wieder her."

Der Sonne-Gold-Typus

Aufrichtigkeit, Güte und Großzügigkeit zeichnen den Sonne-Gold-Typus aus und machen ihn bei allen beliebt. Diese Menschen besitzen eine natürliche Autorität, gutes Organisationstalent und eine hohe Leistungsfähigkeit. Sie streben nach höheren Werten, sind aufrichtig und ruhen meist sehr stabil in sich. Dieses innere Gleichgewicht können sie auch ihrer Umgebung vermitteln. Sie sind der Mittelpunkt einer Gemeinschaft, bei denen andere Personen wieder „auftanken" können und Unterstützung finden. So wie die Sonne geben sie, ohne zu fragen, und erhalten zugleich auch immer das, was sie brauchen: Folgen sie ihrer Herzensgüte und Herzensweisheit, werden sie wie die Goldmarie im

Märchen belohnt. Der Sonne-Gold-Typus ist auch körperlich vital und meist gut gelaunt.

Überschuss an Sonne-Gold-Kräften

Psychisch: Verschwender, Vertrauensseligkeit, übersteigertes Selbstvertrauen und Selbstbewusstsein, überaktiv, leicht erregbar, verblendet, eitel, wünscht, geehrt zu werden und auf dem Ehrenplatz zu sitzen, glänzt gern auf Festen und vor anderen.
Körperlich: hohe Vitalität, Blutfülle, Blutandrang im Kopf, Entzündungen, Allergien, Lichtempfindlichkeit, Ohrenrauschen.

Mangel an Sonne-Gold-Kräften

Psychisch: Geizhals, Tendenz zum Trübsinn, Misstrauen, Mangel an Selbstvertrauen, Selbstzweifel und Selbstzerfleischung, passiv.
Körperlich: geringe Vitalität und Lebenskraft, Blutmangel bis zu Schwindelanfällen und Migräne, degenerative Erkrankungen, Infarkt, schwache Abwehrkräfte, Netzhautablösung, Überempfindlichkeit gegenüber Geräuschen.

Typische Sonne-Gold-Erkrankungen

Gestörte Sonne-Gold-Kräfte zeigen sich in allen Arten chronischer Erkrankungen und durch eine allgemein schwache Vitalität. Typisch sind Erkrankungen des Knochenmarks, Gemütsstörungen, Nervenleiden, Immunschwäche, Allergien, Herz-Kreislauf-Erkrankungen, Störungen der Blutbildung, schwache Abwehrkräfte und Augenerkrankungen sowie alle Formen von Schmerzerkrankungen und schlecht heilenden Wunden. Zu den Sonne-Gold-Erkrankungen zählen auch Hautkrankheiten wie Ausschlag und Neurodermitis, Angstzustände und Phobien.

Wirkung der Gold-Essenz

Die Gold-Essenz, das Aurum Potabile, aktiviert den gesamten Organismus und steigert das Energieniveau. Messungen ergaben, dass insbesondere Nieren- und Blasen-Meridian angeregt werden, was in der Traditionellen Chinesischen Medizin einer Erhöhung der Lebensenergie selbst gleichgesetzt wird. Das heißt, die Lebenskraft und Vitalität des Menschen wird messbar gestärkt.

1. Chakra
Gold
Sonne

1. Chakra
Gold
Sonne

Die Gold-Essenz wirkt entgiftend und entschlackend und bringt auf diese Weise die „inneren Säfte" wieder ins Gleichgewicht. Es leitet Schwermetalle wie Quecksilber aus Amalgam-Zahnfüllungen, Umweltgifte, Medikamentenreste und eingelagerte Stoffwechselschlacken aus. Über derartige Entgiftungs- und Ausleitungstherapien können nach den Erfahrungen der Naturheilkunde die unterschiedlichsten Leiden positiv beeinflusst werden.

Sowohl bei Problemen und Erkrankungen durch einen Überschuss als auch durch einen Mangel an Sonne-Gold-Kräften, bei den körperlichen ebenso wie bei den geistig-seelischen Symptomen wirkt die Gold-Essenz auf gleichsam „intelligente" Weise lindernd und harmonisierend. Als Träger des Sonnen-Prinzips durchlichtet das Gold auch Emotionen und Geist und steigert alle Seelenkräfte. Die Gold-Essenz hilft daher bei depressiven Stimmungen, gleicht Stimmungsschwankungen aus und verhilft zu innerem Gleichgewicht. Menschen, die keinen Sinn mehr im Leben sehen, die sich minderwertig fühlen und den äußeren Anforderungen und Einflüssen nicht mehr gewachsen sind, verhilft das Aurum Potabile zu größerer Ich-Kraft. Es vermittelt Selbstvertrauen und Selbstachtung, fördert das Organisationstalent und eine größere Aufrichtigkeit. Sie stärkt das Streben nach höheren Werten und öffnet den Menschen für die bedingungslose Liebe.

Die Gold-Essenz bringt auch im Geistigen Licht in die Zusammenhänge. Sie verhilft zu tiefsten Einsichten, denn sie macht gleichermaßen empfänglich für die Erkenntnis des Herzens, des Herz-Chakras, und für die spirituelle Weisheit des höheren Bewusstseins, des Kronen-Chakras.

Darüber hinaus aktiviert die Gold-Essenz zugleich Kronen-, Herz- und Basis-Chakra. Die drei wichtigsten Schaltzentren im Energiesystem des Menschen werden dabei nach alchemistischer Vorstellung mit höheren Energie- und Bewusstseinsebenen in Resonanz gebracht. Schon mit dem Gold allein kann daher die Umwandlung des Menschen vom dunklen „Saturn" zur „Sonne", also das Große Werk im Menschen entscheidend gefördert werden. Diese tief gehende energetische Wandlung ist mit einem Prozess der Persönlichkeits- und Bewusstseinsentwicklung verbunden: „Als ein Kind der Sonne gilt der edle und königliche Mensch, geziert mit einer Strahlenkrone der Weisheit, einer Sonnenscheibe der Weltherrschaft und dem goldenen Schwert der Gerechtigkeit, weise, sanftmütig, großmütig und beherzt." (Basilius Valentinus)

Rescue Electrum der Metalle

Paracelsus rühmte die geheime Kraft des Electrum in den höchsten Tönen – die erste belegte Erwähnung des Electrum ist aber weit älter: Schon im Gilgamesch-Epos (um 2000 v. Chr.) wird die Metallmischung als „Weißgold" erwähnt. Im alten Ägypten wurde es „Asem" genannt, und Königin Hatschepsut ließ um 1445 v. Chr. zwei Obeliskspitzen damit überziehen. Im berühmten Papyrus Leiden beziehen sich mehr als 25 Prozent aller 101 aufgeführten Rezepte auf die Herstellung und Verwendung des Electrum.

Ursprünglich wurde mit Electrum eine in der Natur vorkommende Mischung von Gold und Silber bezeichnet. Ihr Silbergehalt schwankt stark und kann zwischen 20 und 60 Prozent betragen. Im Papyrus Leiden werden Metallmischungen beschrieben, die das Asem-Electrum „imitieren" sollten – häufig in Form von Legierungen aus Silber, geringen Mengen an Gold, Zinn, Kupfer, Blei und Quecksilber. Was die Archäologen hier als billigen Ersatz interpretieren, ist aber alchemistisch gesehen nichts anderes als die Vereinigung der Planeten-Metalle. Und das Überziehen der heiligen Obelisken mit diesem Metall statt mit purem Gold zeugt weniger von Sparsamkeit der Königin als vielmehr von der großen Wertschätzung, die das Asem-Electrum als Vereinigung der Metalle genoss.

Zu denken geben auch ägyptische Berichte, nach denen durch Zugabe geringer Mengen des Asem-Electrum als eine Art „Samen" in Metallmischungen die Menge des echten Goldes verdreifacht werden konnte. Derartiges wird auch vom Stein der Weisen berichtet. Handelte es sich also bei diesem speziell aufbereiteten Electrum um eine ägyptische Vorstufe oder Variante zum Großen Werk?

Die Essenz Rescue Electrum ist eine Mischung aller sieben vorgestellten hohen Metall-Arkanen, also eine Mischung der Essenzen aus Vitriol, Kupfer, Zinn, Zink, Eisen, Silber und Gold. Sie liefert also keine Einzelschwingung eines der sieben Planeten bzw. Metalle, sondern gleichsam ein ganzes „Orchester" – statt eines „Einzeltons" also „den vollen Klang einer Oktave". Daher kann das Rescue Electrum alle sieben Chakras gleichzeitig anregen. Es wird als Notfalltropfen in allen akuten Notlagen von Körper, Geist und Seele eingesetzt. Zusätzlich kann es als „chronisches Rescue" zur energetischen Grundtherapie bei allen chronischen Leiden und Problemen angewendet werden. Kombiniert mit einer Einzelessenz bereitet das Rescue Electrum quasi den Weg, damit die Einzelessenz schneller wirken kann.

171

Die Metall-Essenzen in der praktischen Anwendung

D ie Metall-Essenzen sind einfach in der Anwendung und können daher von jedem auf vielfältige Weise für die eigene Aktivierung, Harmonisierung und Heilung, Persönlichkeits- und Bewusstseinsentwicklung eingesetzt werden.

- *Äußerlich:* Die Essenzen werden im Bereich der jeweils zugeordneten Chakras aufgetragen, bei Kenntnis der Akupunktur-Lehre auf dem entsprechenden Meridian oder in Kniekehle und Ellbogenbeuge eingerieben. Eine großflächige Anwendung etwa bei Hautleiden ist möglich, indem zirka 5-10 Tropfen in eine kleine Wassermenge gegeben werden und damit eine Kompresse oder Binde benetzt wird. Diese über Nacht oder mindestens eine Stunde lang auf die betroffene Hautpartie auflegen.
- *Innerlich:* Die Metall-Essenzen werden entweder pur oder in einem Schluck Wasser oder Tee eingenommen (morgens nicht auf nüchternen Magen). Bei Kindern und Menschen mit Alkoholproblemen sollten die Essenzen in warmes Wasser oder Tee gegeben werden, damit der Alkohol verfliegt.
- *Kombinationen:* Die hohen Metall-Arkanen können entweder einzeln angewendet oder, mit zeitlichem Abstand, kombiniert werden – beispielsweise morgens, mittags und abends je eines der Metall-Elixiere und zusätzlich das Rescue Electrum. Insbesondere die Arkanen von Gold, Silber, Vitriol und Zink können problemlos mit allen anderen eingesetzt werden. Dabei wird Gold in der Regel morgens, Zink mittags, Silber und Vitriol abends eingenommen.
- *Nach dem Konstitutionstyp:* Mit Hilfe eines Fragebogens (siehe Seiten 183-185) können Sie Ihren alchemistischen Konstitutionstyp, Sal, Sulfur oder Mercurius, ermitteln. Bei zu starker Dominanz oder Schwäche eines der drei Grundprinzipien kann die Grundkonstitution durch eine typgerechte Kombination von Metall-Essenzen harmonisiert werden.

- *Wochenkur und Lichtkörper-Prozess:* Die Metall-Essenzen können in täglich wechselnder Folge als Wochenkur zur allgemeinen energetischen Harmonisierung und Aktivierung und als vorbeugende energetische Hilfe eingesetzt werden. Eine langfristige Anwendung über Monate hinweg hebt das Energiesystem auf ein höheres Niveau und fördert die Persönlichkeits- und Bewusstseinentwicklung.
- *Kosmetik:* Die Metall-Essenzen, insbesondere Gold, Zink, Zinn und Kupfer, können auch sehr gut in die eigenen (möglichst chemiefreien) Körperpflege-Produkte eingearbeitet werden – einfach 10-20 Tropfen in Creme, Shampoo oder Duschgel geben. Das wertet die kosmetischen Produkte auf, aktiviert sie und „belebt" so Haut und Aura. Außerdem wird dadurch die Wirkkraft der eventuell enthaltenen Pflanzenstoffe erheblich verbessert. Eine bewährte Kombination ist beispielsweise 5 Tropfen Gold-Essenz, 5 Tropfen Kupfer-Essenz und 3 Tropfen Zinn-Essenz sowie bei gereizter Haut noch 5 Tropfen Zink auf 100 ml Creme.

Anwendungsmengen: Die Wirkungsrichtung der alchemistischen Metall-Essenzen können Sie durch die Höhe der Einnahmemenge steuern:

- größere Dosen wirken eher auf den Körper,
- kleinere Mengen auf Geist und Seele des Menschen.

Die bei der Wochenkur verwendeten Mengen liegen im Grenzbereich zwischen geistiger und seelischer Wirkung.

Wirkungsebene	Menge	Anwendung
Körperlich	13 bis 21 Tropfen täglich	3 × täglich 4 - 7 Tropfen
Seelisch	7 bis 12 Tropfen täglich	3 × täglich 2 - 4 Tropfen
Geistig	bis zu 6 Tropfen täglich	3 × täglich ca. 2 Tropfen

Anwendungsmengen für Kinder: Bei Kindern sind die Einnahmemengen pauschal etwa die Hälfte der Erwachsenen-Dosis:

- Kinder bis 7 Jahre nehmen 1-4 Tropfen täglich,

173

- Kinder von 7-14 Jahre 4-8 Tropfen täglich,
- Jugendliche nehmen die gleiche Menge wie Erwachsene.

Bitte beachten Sie: Bei Kindern sollten die Essenzen generell in warmes Wasser oder warmen Tee getropft werden, damit der Alkohol verdunstet.

Die Metall-Essenzen sind in unterschiedlichen Größen und Konzentrationen erhältlich:

- die Gold-Essenz, das Aurum Potabile, und die Silber-Essenz, das Argentum Potabile, in einem 10-ml-Fläschchen und in einem 30-ml-Fläschchen, jeweils in einer hohen Konzentration, die auch so (unverdünnt) angewendet wird,
- die anderen fünf Metall-Essenzen, nämlich Vitriol, Kupfer, Zinn, Zink und Eisen, sowie das Rescue Electrum als Anwendungsverdünnung in einem 30-ml-Fläschchen. Die ebenfalls erhältliche hohe Konzentration („forte") im 10-ml-Fläschchen wird bei diesen Essenzen nicht direkt angewendet, sondern erst zehnfach verdünnt, um die normale Anwendungskonzentration zu erhalten.

Anwendungsdauer: Die Anwendung kann so lange fortgesetzt werden, bis die Beschwerden verschwunden oder die emotionale Harmonisierung und Persönlichkeitsentwicklung erreicht sind. Die angegebenen Mengen gelten für eine beliebig lange Einnahmezeit oder äußerliche Anwendung. Während der Anwendung der Essenzen ausreichend Wasser trinken (etwa zwei Liter pro Tag).

Zur Beachtung: Anfangs kann die energetische Aktivierung durch eine Essenz bei sensiblen Personen dazu führen, dass sie, wie aus Homöopathie und Ganzheitsmedizin als „Erstverschlimmerung" bekannt, ihr jeweiliges Problem eine Zeit lang stärker erleben. Auch können verdrängte oder schon bekannte und nur scheinbar gelöste emotionale oder körperliche Probleme noch einmal auftauchen. Sie werden jetzt auf höherer Ebene bewusst und drängen zur bewussten Verarbeitung. Sollten diese Effekte für Sie in dem jeweiligen Moment zu stark sein, verändern Sie die Tagesdosis wie folgt:

- *Emotionale „Erstverschlimmerung":* Bei emotional-seelischen oder geistig-spirituellen Problemen erhöhen Sie die Dosis auf 13-21 Tropfen täglich, also auf die körperliche Dosis.

Dann wird das Problem zunächst im Stofflichen bereinigt und die damit verbundenen Blockaden gelöst.

- *Körperliche „Erstverschlimmerung":* Bei körperlichen Problemen, auch wenn diese mit emotionalen oder geistigen Symptomen verbunden sind, reduzieren Sie die Dosis – bis hin zu einem Tropfen der jeweiligen Essenz täglich. Dies verlangsamt den Transformations-Prozess, ohne ihn ganz zu unterbrechen. So können Sie Ihrem Organismus und Ihrer Seele genügend Zeit geben, Unbewusstes und Verdrängtes zu verarbeiten, um es auf höherer, erlöster Ebene in Ihr Leben integrieren zu können.

Basisanwendung: Durch tägliche Einnahme der Gold-Essenz (morgens), des Rescue Electrum (mittags) und der Silber-Essenz (abends) in einer Dosis von je 3-5 Tropfen können die polaren Energiespeicher im Menschen, der Yin- und der Yang-Pol, „aufgefüllt", gestärkt und in einen harmonischen Ausgleich gebracht werden. Im Laufe der Zeit kann so der Energiefluss insgesamt erhöht und dauerhaft verbessert werden. Die rhythmische Anwendung von Gold am Morgen und Silber am Abend verbessert außerdem die Anbindung an die natürlichen Rhythmen von Sonne, Mond und Erde. Das wiederum hilft, Störungen im Schlaf-Wach-Rhythmus und in anderen Körperzyklen zu regulieren – eine Voraussetzung für die erfolgreiche Behandlung vieler chronischer Leiden. In diesem Sinne stellt die Basisanwendung bereits eine umfassende energetische Grundtherapie dar. Die Anwendung sollte mindestens einen kompletten Mondzyklus lang erfolgen. Sie ist auch gut geeignet als Vorbereitung auf die Wochenkur.

Das „Siegel des Heiligen Grals": Der „Gralsweg" zur Durchlichtung von Körper, Seele und Geist wird, wie beschrieben, durch die Vereinigung und Erhöhung aller sieben Planeten-Metalle im VITRIOL-Siebenstern symbolisiert. Werden die Hautpartien aller sieben Chakras, in der Alchemie „Siegel der Planeten" genannt, nacheinander mit der entsprechenden Metall-Essenz eingerieben, so wird damit gleichsam auch für eine gewisse Zeit das „Siegel des Heiligen Grals" in die Aura eingeprägt. Am besten morgens jeweils 3 Tropfen einer Essenz auf die Fingerspitzen tropfen und auf das entsprechende Chakra auftragen – beginnend mit dem Wurzel-Chakra und der Gold-Essenz und weiter bis zum Kronen-Chakra und der Vitriol-Essenz.

Erstverschlimmerungen können manchmal bei besonders sensiblen Personen auftreten. Sie sind ein Zeichen dafür, dass die chronische, unterdrückte Erkrankung wieder in eine akute Phase eintritt, und nur in dieser kann der Organismus sich selbst heilen.

Emotional-seelische Themen und ihre Bearbeitung mit Hilfe alchemistischer Essenzen

Thema	morgens
Aggressionen	Kupfer, 5 Tr.
Angstzustände	Zink, 5 Tr.
Arroganz, Hochmut	Rescue Electrum, 5 Tr.
Einsamkeit	Kupfer, Zinn, je 3 Tr.
Entscheidungsunfähigkeit	Kupfer, 5 Tr.
Erdung, mangelnde	Vitriol, Rescue Electrum, je 3 Tr.
Erschöpfung, Burn-Out-Syndrom	Gold, Eisen, je 3 Tr.
Fremdbestimmung, Fremdenergien	Rescue Electrum, 5 Tr.
Habsucht	Zink, Kuper, je 3 Tr.
Helfersyndrom	Eisen, Zinn, je 3 Tr.
Heimweh	Gold, 5 Tr.
Intuitionskraft, mangelnde	Gold, Rubin, je 3 Tr.
Konzentrationsschwäche	Rescue Electr., Smaragd, je 3 Tr.
Kritiksucht	Kupfer, Rescue Electrum, je 3 Tr.
Labilität	Rescue Electr., Diamant, je 3 Tr.
Meditationsfähigkeit stärkend	Gold, Perle, je 3 Tr.
Misstrauen	Kupfer, Smaragd, je 3 Tr.
Nervosität	Kupfer, Rescue Electrum, je 3 Tr.
Orientierungslosigkeit, Panik	Kupfer, Rescue Electrum, je 3 Tr.
Rechthaberei	Kupfer, Smaragd, je 3 Tr.
Reinigung, seel.-körperl. Entschlackung	Gold, Rescue Electrum, je 3 Tr.
Selbstmitleid, Unsicherheit	Kupfer, Vitriol, je 3 Tr.
Sexuelle Blockaden	Eisen, Rescue Electrum, je 3 Tr.
Traumata- und Schock-Bewältigung	Gold, Rescue Electrum, je 3 Tr.
Traumarbeit anregend	Gold, Diamant, je 3 Tr.
Übermut	Smaragd, Perle, je 3 Tr.
Überempfindlichkeit	Gold, Saphir, je 3 Tr.
Unzufriedenheit	Gold, Amethyst, je 3 Tr.
Starrsinn	Kupfer, Rescue Electrum, je 3 Tr.
Selbstsüchtigkeit	Rescue Electrum, 5 Tr.
Verschlossenheit	Kupfer, Smaragd, je 3 Tr.
Verständnis, Aufnahmefähigkeit verbessernd	Eisen, Rescue Electrum, je 3 Tr.

Kinder-Themen

Hyperaktivität	Rescue Electrum, Smaragd, Amethyst, je 1-2 Tr.
Indigo-Kinder	Rescue. Electrum, Smaragd, je 1-2 Tr.
Selbsteinschätzung stärkend	Kupfer, Smaragd, Goldtopas, je 1-2 Tr

(Tr. = Tropfen. Die Anwendungsdauer beträgt in der Regel mindestens ein Monat bzw. eine Mondphase.)

mittags	abends
Zinn, 5 Tr.	Silber, Perle, je 3 Tr.
Gold, Rubin, je 3 Tr.	Silber, Perle, je 3 Tr.
Rescue Electrum, 5 Tr.	Silber, 5 Tr.
Gold, Rubin, je 3 Tr.	Silber, Perle, je 3 Tr.
Rescue Electrum, 5 Tr.	Vitriol, Zinn, je 3 Tr.
Vitriol, Rescue Electrum, je 3 Tr.	Silber, Zink, je 3 Tr.
Gold, Rubin, je 3 Tr.	Silber, 5 Tr.
Vitriol, Rubin, je 3 Tr.	Silber, Diamant, je 3 Tr.
Kupfer, 5 Tr.	Silber, Rescue Electrum, je 3 Tr.
Kupfer, 5 Tr.	Rescue Electrum, 5 Tr.
Kupfer, Diamant, je 3 Tr.	Zink, 5 Tr.
Kupfer, Diamant, je 3 Tr.	Silber, Perle, je 3 Tr.
Gold, 1 Std. später Silber, je 5 Tr.	Vitriol, Perle, je 3 Tr.
Vitriol, Rescue Electrum, je 3 Tr.	Silber, Chrysoberyll, je 3 Tr.
Gold, Zinn, je 3 Tr.	Silber, Smaragd, je 3 Tr.
Zink, Smaragd, je 3 Tr.	Silber, Perle, Diamant, je 2 Tr.
Gold, Diamant, je 3 Tr.	Silber, Eisen, je 3 Tr.
Silber, Zirkon, je 3 Tr.	Silber, Kupfer, je 3 Tr.
Gold, 1 Std. später Silber, je 5 Tr.	Silber, Kupfer, je 3 Tr.
Rescue Electrum, Smaragd, je 3 Tr.	Silber, Rescue Electrum, je 3 Tr.
Kupfer, Smaragd, je 3 Tr.	Silber, Zink, je 3 Tr.
Gold, Smaragd, je 3 Tr.	Silber, Diamant, je 3 Tr.
Gold, Kupfer, Rescue Electrum, je 2 Tr.	Silber, Perle, Chrysober., je 2 Tr.
Rescue Electrum, 5 Tr.	Rescue Electrum, 5 Tr.
Gold, Kupfer, je 3 Tr.	Silber, Perle, je 3 Tr.
Kupfer, Amethyst, je 3 Tr.	Silber, Rescue Electrum, Perle, je 2 Tr.
Kupfer, Saphir, je 3 Tr.	Silber, Amethyst, je 3 Tr.
Kupfer, Vitriol, je 3 Tr.	Vitriol, Perle, je 3 Tr.
Gold, Smaragd, je 3 Tr.	Silber, Rescue Electrum, Amethyst, je 2 Tr.
Kupfer, Zinn, je 3 Tr.	Kupfer, Silber, je 3 Tr.
Eisen, 1 Std. später Gold, je 5 Tr.	Silber, 5 Tr., 14 Tage lang, dann Zink, Kupfer, je 3 Tr.
Kupfer, Eisen, je 3 Tr.	Zinn, Silber, je 3 Tr.
R. Electrum, Edelstein-Resc., Smaragd, je 1-2 Tr.	Silber, Perle, Smaragd, je 1-2 Tr.
Eisen, Kupfer, Diamant, je 1-2 Tr.	Silber, Chrysoberyll, je 1-2 Tr.
Kupfer, Eisen, Chrysoberyll, je 1-2 Tr	Silber, Diamant, je 1-2 Tr.

Wochenkur mit den Planeten-Kräften

Wochenkur nennt man die Anwendung der alchemistischen Metall-Essenzen im täglichen Wechsel entsprechend dem Tages-Planeten. Sie bringt den Organismus wieder in Einklang mit den kosmozyklischen Rhythmen – mit den Kräften der sieben Planeten! Viele esoterische und religiöse Traditionen ordnen den einzelnen Wochentagen und den Chakras des Körpers oder den Organen jeweils einen bestimmten Planeten zu, unter dessen Krafteinfluss diese stehen. Diese Planeten-Energien können Sie für die eigene Harmonisierung und Vitalisierung nutzen. Beginnen Sie am Sonntag mit der Gold-Essenz. Am Montag folgt die dem Mond zugeordnete Silber-Essenz usw. Von Tag zu Tag aktivieren Sie so Ihr Energiesystem mit immer höheren, feineren Energien: beginnend vom Basis-Chakra am Sonntag, dem Sexual-Chakra am Montag bis zum Kronen-Chakra am Samstag. Bei langfristiger regelmäßiger Anwendung können Sie so alle Chakras und Ihr gesamtes Energiesystem auf ein höheres Schwingungsniveau heben. Energieschwache Chakras müssen sich dadurch nicht mehr die benötigte Energie von den Nachbar-Chakras „leihen", und das gesamte Energiesystem – Körper, Geist und Seele – wird gestärkt. Vitalität, Tatendrang und Sensitivität nehmen gleichermaßen zu. Eine solche Aktivierung des Chakra-Systems ist zudem die ideale Vorbereitung und Begleitung bei Fastenkuren, längeren Therapien von Körper, Geist und Seele und bei regelmäßiger Körper- und Energiearbeit wie Yoga, Qi Gong, Tai Chi und Meditation. Auch Seminare zur Persönlichkeitsentwicklung oder zum Erlernen spiritueller Techniken wie Energieheilung, Handauflegen und Channeling können dank der energetischen Unterstützung durch die „alchemistische Wochenkur" erfolgreicher absolviert werden.

Die Einnahmefolge der Wochenkur entspricht der Planeten-Reihe der höchsten der drei alchemistischen Wandlungsphasen, dem Rubedo. Durch die Wochenkur richten Sie daher Ihr Energiesystem auch auf die bestmögliche Harmonie mit den am höchsten schwingenden Anteilen der Planeten-Wellen und mit den beiden polaren Kraftströmen von Sonne und Mond, Yin und Yang aus. Und wird die Energetisierung lange genug fortgesetzt, schaltet der Organismus auf ein „neues energetisches Betriebssystem" um: Der Lichtkörper-Prozess, der Weg zum höchsten Schwingungszustand der Chakras und des gesamten Menschen, beginnt. Die Persönlichkeitsentwicklung wird gefördert, und der gesamte Organismus wird beim Weg durch die alchemistischen Wandlungsphasen Nigredo und Albedo zum Rubedo unterstützt.

Ähnlich wie die Metall-Essenzen in Resonanz mit einem der Planeten stehen, so ist das auch bei den alchemistischen Edelstein-Essenzen der Fall. Beide können sehr gut gemeinsam eingesetzt werden. Und so kann auch die Wochenkur in verschiedenen Varianten durchgeführt werden:

- als Wochenkur allein mit den Metall-Essenzen,
- als Wochenkur allein mit den Edelstein-Essenzen,
- als Kombination der Metall-Essenzen im wöchentlichen Wechsel mit den alchemistischen Edelstein-Essenzen (also eine Woche lang die Metall-Essenzen, in der zweiten Woche die alchemistischen Edelstein-Essenzen, dann wieder die Metall-Elixiere usw.)
- oder als „Große Wochenkur", wenn beide gleichzeitig verwendet werden.

Letztere hat eine besonders tief greifende und ganzheitliche Wirkung. Dabei nimmt man zuerst die jeweilige Metall-Essenz des Tages und etwa zehn Minuten später die entsprechende alchemistische Edelstein-Essenz – das Ganze dreimal täglich. Sensiblere Personen und Kinder nehmen morgens die Metall-Essenz des Tages, mittags die Edelstein-Essenz und abends an jedem Tag der Woche die Silber-Essenz und die Perlen-Edelstein-Essenz (im Abstand von zirka zehn Minuten).

Anwendungsmengen bei der Wochenkur

- Äußerliche Anwendung: Geben Sie zirka 3 Tropfen in die Hand und verreiben Sie diese im Bereich des jeweiligen „Tages-Chakras". Halten Sie einige Sekunden lang das Essenzen-Fläschchen in der Hand und machen Sie sich kurz bewusst, dass der Tag von dieser Planeten-Energie geprägt wird. Wiederholen Sie das Einreiben mittags und abends.
- Einnahme: Nehmen Sie dreimal täglich 3-5 Tropfen der jeweiligen Tages-Essenz ein. Lassen Sie die Tropfen etwas auf der Zunge zergehen, bevor Sie sie schlucken, oder geben Sie die Menge in ein halbes Glas Wasser (ohne Kohlensäure) und trinken dieses langsam schluckweise aus.

179

- Bei der „Großen Wochenkur" nehmen Sie ebenfalls jeweils 3-5 Tropfen der jeweiligen Essenz morgens, mittags und abends.
- Kombinationen der äußerlichen und innerlichen Anwendung sind vorteilhaft.

Sich selbst dabei kennen lernen: Begleitend zur Wochenkur mit Planeten-Energien können Sie sich auch selbst besser kennen lernen, indem Sie die Einflüsse der Planeten auf sich beobachten:

Überdenken Sie am Abend kurz den Tag und fragen Sie sich: Wie habe ich unter der heutigen Tagesenergie auf alltägliche Situationen reagiert? War ich emotionaler, nachdenklicher, kreativer, spontaner als sonst? Auf diese Weise können Sie schon im Laufe von ein bis zwei Monaten viel über sich und das Wirken der Energiequalitäten in Ihnen lernen.

Einstimmen auf die Tages-Essenz: Machen Sie die Einnahme der Tages-Essenz zu einem kleinen Ritual: Zünden Sie zuerst ein zum Tagesduft passendes Räucherstäbchen an (bei den einzelnen Essenz-Beschreibungen sind die jeweiligen Düfte angegeben). Machen Sie sich kurz bewusst, welcher Planeten-Einfluss den Wochentag regiert, welches Chakra und welche emotionalen und geistigen Grundqualitäten ihm zugeordnet sind. Nehmen Sie 3-5 Tropfen der Tages-Essenz ein, behalten Sie die Tropfen noch etwas auf der Zunge und halten das Fläschchen dabei in der Hand. Beschließen Sie das kleine Ritual, indem Sie das Fläschchen als Geste der Dankbarkeit an Ihr Herz führen, und stellen Sie es dann wieder zurück. Zugleich verbinden Sie mit der Geste gleichsam die Tagesenergie mit Ihrer Herz-Energie.

Den Konstitutionstyp ermitteln und regulieren

Die meisten Menschen neigen typischerweise immer in bestimmten Jahreszeiten oder unter gleichen emotionalen und seelischen Einflüssen dazu, krank zu werden oder extrem zu reagieren. So bekommen manche stets im November eine Grippe, werden in der Weihnachtszeit depressiv oder sind im Frühjahr völlig antriebslos. Das hat Gründe, die im Äußeren und im Inneren des Menschen liegen – und beide haben mit den Planeten-Kräften zu tun:

Die von außen kommenden Planeten-Einflüsse ändern sich im Laufe des Jahres und damit die von ihnen geprägten Elemente-

Energien und die Qualität der drei Grundprinzipien Sal, Sulfur und Mercurius. Das wiederum beeinflusst den Menschen – allerdings unterschiedlich je nach persönlicher Prägung durch die Elemente und Grundprinzipien. Eine unterschiedliche Konstitution haben all jene, die unter verschiedenen Tierkreiszeichen geboren sind. Bekanntermaßen tendieren sie auch zu bestimmten Erkrankungen (siehe dazu „Die vier Elemente und die vier Energiekörper des Menschen"). Dabei wird diese Grundprägung durch unterschiedliche Kombinationen der drei Grundprinzipien-Kräfte mit einem der vier Elemente beeinflusst:

Drei Konstitutionstypen unterscheidet man in der Alchemie: den Sal-, Sulfur- und Mercurius-Typ. Spezielle Kombinationen der Metall-Essenzen gleichen die grundlegenden Disharmonien dieser Typen aus.

Tierkreiszeichen	Grundprinzip/ Element
Widder	Sulfur-Feuer
Stier	Sal-Erde
Zwilling	Mercurius-Luft
Krebs	Sulfur-Wasser
Löwe	Sal-Feuer
Jungfrau	Mercurius-Erde
Waage	Sulfur-Luft
Skorpion	Sal-Wasser
Schütze	Mercurius-Feuer
Steinbock	Sulfur-Erde
Wassermann	Sal-Luft
Fische	Mercurius-Wasser

Die zwölf Tierkreiszeichen und die jeweils dominanten Einflüsse eines Elements und eines der drei Grundprinzipien

Eine weitere Veränderung dieser Tierkreis-Grundkonstitution geschieht durch den individuellen Stand der Planeten zum Geburtszeitpunkt. Und auch Lebensumstände, Erziehung, Ernährung usw. können die persönliche Konstitution modifizieren. Mit Hilfe des folgenden Fragebogens kann der aktuelle Konstitutionstyp Sal, Sulfur oder Mercurius bestimmt werden. Ideal wäre eine ausgewogene Ausbildung der drei Grundprinzipien. Herrscht eines zu stark vor, sollte es mit Hilfe spezieller Kombinationen der

181

Metall-Essenzen reguliert werden. Diese Harmonisierung des Konstitutionstyps sollte bei größeren Unterschieden auch vor Beginn der Wochenkur durchgeführt werden.

Beantworten Sie zuerst die Fragen zum Mercurius-Typus, dann zur Sulfur- und Sal-Konstitution. Mit den Zahlenwerten von 1 bis 7 gewichten Sie, wie stark das jeweilige Thema Sie betrifft – 1 entspricht geringer und 7 maximaler Übereinstimmung. Gefragt sind Grundeigenschaften, wie sie in den letzten Jahren bestanden haben, nicht kurzfristige aktuelle Reaktionen.

Zählen Sie nun die Punkte für jeden der drei Konstitutionstypen zusammen. Betragen die Unterschiede zwischen Mercurius-, Sulfur- oder Sal-Typ mehr als fünf Punkte, sollte die Konstitution harmonisiert werden. Zuerst jenes der drei Grundprinzipien, das den höchsten Zahlenwert erhalten hat. Haben zwei der Grundprinzipien eine Abweichung von weniger als fünf Punkten und das dritte einen deutlich niedrigeren Wert, dann wird das mit der geringsten Punktezahl harmonisiert. Nehmen Sie dazu einen Monat lang bzw. über eine Mondphase hinweg folgende Kombination von Metall-Essenzen ein:

Bei Mercurius-Dominanz oder Mercurius-Mangel:
Morgens: 3-5 Tropfen Silber-Essenz
Mittags: 3-5 Tropfen Gold-Essenz
Abends: 3-5 Tropfen Silber-Essenz

Bei Sulfur-Dominanz oder Sulfur-Mangel:
Morgens: 3-5 Tropfen Silber-Essenz
Mittags: 3-5 Tropfen Zink-Essenz
Abends: 3-5 Tropfen Silber-Essenz

Bei Sal-Dominanz oder Sal-Mangel:
Morgens: 3-5 Tropfen Gold-Essenz
Mittags: 3-5 Tropfen Kupfer-Essenz
Abends: 3-5 Tropfen Silber-Essenz

Nach diesen vier Wochen beginnen Sie mit der oben beschriebenen Wochenkur. Nach drei Monaten Wochenkur füllen Sie erneut die Fragebögen aus. Sollte sich dann immer noch eines der Grundprinzipien als dominant oder geschwächt erweisen, unterbrechen Sie die Wochenkur und regulieren erneut eine Mondphase lang den jeweils dominanten bzw. geschwächten Typus.

Mercurius-Typ

(von I = betrifft mich nicht bis 7 = betrifft mich meist)

1.	Ich bekomme schnell kalte Füße.	I 2 3 4 5 6 7
2.	Ich fühle mich bei kaltem Wetter schlechter als bei warmem.	I 2 3 4 5 6 7
3.	Ich spreche und denke schnell. Meine Bekannten halten mich für sehr gesprächig.	I 2 3 4 5 6 7
4.	Ich bin schnell ängstlich und bedrückt.	I 2 3 4 5 6 7
5.	Ich bewege mich und handle sehr schnell.	I 2 3 4 5 6 7
6.	Ich kann mir schlecht Dinge merken und vergesse sehr schnell.	I 2 3 4 5 6 7
7.	Ich bin sehr schnell zu begeistern und sehr lebhaft.	I 2 3 4 5 6 7
8.	Mein Körperbau ist von leichter Natur, und mir fällt es leicht mein Gewicht zu halten.	I 2 3 4 5 6 7
9.	Neue Dinge nehme ich sehr schnell auf.	I 2 3 4 5 6 7
10.	Entscheidungen fallen mir schwer.	I 2 3 4 5 6 7
11.	Ich neige zu unregelmäßigem Stuhl gang und zu Verstopfungen.	I 2 3 4 5 6 7
12.	Ich gehe schnell und habe einen lockeren Gang.	I 2 3 4 5 6 7
13.	Es fällt mir leicht, schnell zu lernen. Ich kann mir aber neu Gelerntes nicht so lange merken.	I 2 3 4 5 6 7
14.	Wenn ich allein bin, esse und schlafe ich unregelmäßig.	I 2 3 4 5 6 7
15.	Ich bewege mich rasch und dynamisch, meine Vitalität kommt in plötzlichen Energieschüben.	I 2 3 4 5 6 7
16.	Ich bin sehr impulsiv und leicht erregbar.	I 2 3 4 5 6 7
17.	Ich bin geistig flexibel, manchmal auch sehr rastlos und unruhig, aber auch sehr ideenreich.	I 2 3 4 5 6 7
18.	Ich bin sehr gefühlsbetont und habe oft schwankende Stimmungen.	I 2 3 4 5 6 7
19.	In der kalten Jahreszeit sind meine Hände und Gesichtshaut sehr trocken.	I 2 3 4 5 6 7
20.	In Gesprächen bewege ich sehr oft meine Beine und Hände.	I 2 3 4 5 6 7
21.	Wenn ein Gespräch interessant ist, spreche ich oft zu schnell.	I 2 3 4 5 6 7

Mercurius Gesamtwert: _____

Sulfur-Typ

(von I = betrifft mich nicht bis 7 = betrifft mich meist)

1. Es fällt mir schwer, geduldig zu sein.   I 2 3 4 5 6 7
2. Ich leide unter dem Hang, alles perfekt machen zu wollen.   I 2 3 4 5 6 7
3. Ich bin schnell in Rage zu bringen, verzeihe und vergesse aber ebenso schnell wieder.   I 2 3 4 5 6 7
4. Einige Menschen halten mich für stur.   I 2 3 4 5 6 7
5. Auch wenn man es mir nicht anmerkt, bin ich oft gereizt.   I 2 3 4 5 6 7
6. Wenn ich mich bewege, schwitze ich sehr leicht.   I 2 3 4 5 6 7
7. Mahlzeiten auszulassen fällt mir sehr schwer.   I 2 3 4 5 6 7
8. Ich bin willensstark.   I 2 3 4 5 6 7
9. Wenn ich mir etwas in den Kopf gesetzt habe, führe ich es auch durch.   I 2 3 4 5 6 7
10. Es fällt mir leicht, mich in meiner Umwelt durchzusetzen.   I 2 3 4 5 6 7
11. Bei allem, was ich tue, bin ich sehr genau und ordentlich.   I 2 3 4 5 6 7
12. Heißes Wetter lähmt mich, und ich fühle mich eher als andere Menschen unpässlich.   I 2 3 4 5 6 7
13. Meine Haare sind dünn, seidig, glatt, grau oder cremeblond (rotblond), ich neige zu Haarausfall.   I 2 3 4 5 6 7
14. Ich kann üppig essen und habe das Verlangen, bestimmte Dinge zu essen.   I 2 3 4 5 6 7
15. Meine Verdauung ist regelmäßig, ich habe eher Durchfall als Verstopfung.   I 2 3 4 5 6 7
16. Ich bevorzuge kalte Getränke und esse gerne Eis.   I 2 3 4 5 6 7
17. Ich fühle mich bei kühleren Zimmertemperaturen wohl. Oft empfinde ich die Raumtemperatur bei anderen als zu hoch.   I 2 3 4 5 6 7
18. Ich kleide mich oft leicht und kurzärmelig.   I 2 3 4 5 6 7
19. Zu scharfes und zu heißes Essen bekommt mir nicht.   I 2 3 4 5 6 7
20. Ich bin nicht so verständnisvoll, wie von mir erwartet wird.   I 2 3 4 5 6 7
21. Ich übe oft Selbstkritik, die ich auf andere übertrage.   I 2 3 4 5 6 7

Sulfur Gesamtwert _____

184

Sal-Typ

(von 1 = betrifft mich nicht bis 7 = betrifft mich meist)

1.	Ich bewege mich eher langsam.	1	2	3	4	5	6	7
2.	Ich werde schnell dick. Das Abnehmen fällt mir schwer.	1	2	3	4	5	6	7
3.	Meine Haut ist blass und fühlt sich weich an.	1	2	3	4	5	6	7
4.	Mein Körperbau ist von kräftiger Natur.	1	2	3	4	5	6	7
5.	Ich verabscheue kaltes und feuchtes Wetter.	1	2	3	4	5	6	7
6.	Ich rege mich selten auf.	1	2	3	4	5	6	7
7.	Ich habe ein ausgezeichnetes Langzeitgedächtnis. Beim Lernen ist meine Auffassungsgabe eher langsam.	1	2	3	4	5	6	7
8.	Ich esse ausgewählte Speisen in Ruhe und genieße gern.	1	2	3	4	5	6	7
9.	Nach dem Essen werde ich oft müde.	1	2	3	4	5	6	7
	Meine Verdauung ist eher unregelmäßig.	1	2	3	4	5	6	7
10.	Ich schlafe gern lang und brauche morgens eine gewisse Zeit, um in Gang zukommen.	1	2	3	4	5	6	7
11.	Ich habe dichtes, dickes (gewelltes) und eher dunkles Haar.	1	2	3	4	5	6	7
12.	Für mein Wohlbefinden benötige ich mindestens acht Stunden Schlaf.	1	2	3	4	5	6	7
13.	Mein Schlaf ist tief und ruhig. Ich schlafe schnell ein.	1	2	3	4	5	6	7
14.	Es fällt mir leicht, Mahlzeiten auszulassen.	1	2	3	4	5	6	7
15.	Ich habe ein frohes, ausgeglichenes Gemüt und bin nicht nachtragend.	1	2	3	4	5	6	7
16.	Ich lasse mich nicht aus der Ruhe bringen und handle vorwiegend mit Bedacht.	1	2	3	4	5	6	7
17.	Selten fühle ich mich ausgepowert. Für Krankheiten bin ich kaum anfällig.	1	2	3	4	5	6	7
18.	Ich bin anfällig für Erkältungen, Bronchitis, Entzündungen der Nebenhöhlen und Asthma. Ich neige zu Verstopfungen.	1	2	3	4	5	6	7
19.	Ich bevorzuge einen gewissen Gleichgang in meinem Leben.	1	2	3	4	5	6	7
20.	Auch wenn ich allein bin, habe ich regelmäßige Ess- und Schlafgewohnheiten.	1	2	3	4	5	6	7
21.	In Entscheidungsprozessen bin ich manchmal unsicher.	1	2	3	4	5	6	7

Sal Gesamtwert: _____

Kombinationen von Essenzen

Werden bestimmte Metall-Essenzen kombiniert, können auch die polaren Grundkräfte des Weiblichen und Männlichen, Yin und Yang bzw. lunar und solar unterstützt werden. Auch hier sollten die Elixiere getrennt angewendet werden, etwa eines morgens, das andere abends.

Gold und Silber: Fördert die Aufnahme beider polarer Energien (des aufnehmenden Yang und des aufnehmenden Yin), stärkt also insgesamt die Energie; fördert zudem den „inneren Glanz", die innere Schönheit; in Kombination mit der Zink-Essenz hilfreich bei körperlicher Schwäche und Auszehrung.

Gold und Kupfer: Kombiniert das aufnehmende Yang und das steuernde Yin. Diese „Aphrodite-Kombination" fördert Schönheit und „äußeren Glanz", unterstützt Regulationsprozesse bei Frauen, hilft bei Verklebung der Ovarien und Frigidität.

Gold und Eisen: Fördert das aufnehmende und das steuernde Yang, diese Kombination ist sinnvoll bei großem Energiedefizit.

Gold und Zinn: Wirkt besonders in den Gefühlen ausgleichend und harmonisierend; gibt Kraft, mit seinen Wünschen und Zielen nach außen zu gehen und sie umzusetzen.

Silber und Kupfer: Fördert das aufnehmende Yin und das steuernde Yin, die Kombination stärkt die weibliche Seite im Menschen, dazu gehören die rhythmischen Prozesse ebenso wie die Intuition.

Silber und Eisen: Stärkt das Blut, reguliert die Säfte und Drüsen; hilfreich bei Problemen im Klimakterium (steuerndes Yang und aufnehmendes Yin).

Silber und Zinn: Wirkt besonders in den inneren Säften ausgleichend; zur Regulation der Lymphe und des Wassergehalts im Bindegewebe; für die Regeneration und Belebung der Haut geeignet.

Eisen und Kupfer: Unterstützt die Regulation der Energien (steuerndes Yin und steuerndes Yang).

Gold-Essenz und **Edelstein-Rescue** ergänzen sich besonders gut. Viele Blockaden und chronische Probleme können mit dieser Kombination gelöst oder zumindest deutlich gelindert werden, da eine energetische Grundregulation stattfindet.

Kupfer und Zinn: Unterstützt vor allem die Ausleitung von Schlacken und Giften und verbessert dadurch das Hautbild; reguliert insbesondere die Doppel-Organe Nieren und Lunge.

Vitriol: Wirkt in allen Kombinationen oder in Verbindung mit einer der Einzelessenzen als Katalysator, bringt Verfestigtes wieder in Bewegung, unterstützt die Regulation und alle automatisch ablaufenden Prozesse.

Zink: Kann bei allen Kombinationen oder Einzelessenzen als Verstärker genutzt werden.

Rescue Electrum: Wird als Rescue- bzw. Notfalltropfen bei Schocks, Traumata und allen Notlagen von Körper, Geist und Seele eingesetzt. Als eine Art „chronisches Rescue" dient es der energetischen Grundbehandlung, in der Regel kombiniert mit der nach dem jeweiligen individuellen Problem ausgewählten Einzelessenz.

Praktische Erfahrungen

Seit Jahren litt die 27-jährige Augsburgerin Daniela T. am Herford-Syndrom, einer Erkrankung des Nervensystems, durch die die Sinneswege zerstört und sämtliche Sinneswahrnehmungen immer mehr reduziert werden – bis hin zu Erblindung, Geruchsverlust usw. Die Ursache dieser Krankheit ist noch unbekannt. Daniela T. konnte bereits kaum noch riechen und schmecken, und auch die Sehkraft hatte schon empfindlich abgenommen. Der Schulmedizin war es nicht gelungen, eine Verbesserung zu erzielen, und die Patientin galt als nicht mehr therapierbar. Nur durch Gabe von stärksten Medikamenten der Krebstherapie konnte der weitere Verfall gestoppt werden, was jedoch ihr Immunsystem weitgehend zerstörte. Zu diesem Zeitpunkt begann sie mit der Einnahme des Aurum Potabile, gemeinsam mit den Edelstein-Rescue-Tropfen, der Mischung aller neun alchemistischer Edelstein-Essenzen. Bereits in den ersten vier Wochen konnte sie sämtliche schulmedizinische Mittel schrittweise absetzen. Geruchs- und Geschmackssinn kehrten wieder zurück, und die Vitalität nahm zu.

Natürlich ist das nur ein besonders spektakulärer Einzelfall, der nicht verallgemeinert werden kann. Dennoch zeigen die bisherigen Erfahrungen: Gerade durch die Kombination mehrerer individuell ausgewählter Essenzen oder generell durch die gemeinsa-

Aurum Potabile, die Gold-Essenz, wirkt – ganz wie es die alten Alchemisten beschrieben haben – in Körper, Geist und Seele gleichermaßen intensiv. Es unterstützt zudem die Wirksamkeit pflanzlicher und anderer Heilmittel.

me Anwendung von Gold-Essenz und Rescue-Tropfen (entweder der Edelsteine oder der Metalle) können viele chronische Leiden, die bis dahin auf nichts reagiert hatten, gebessert und die körpereigenen Selbstheilungskräfte unterstützt werden.

Oftmals sind chronische Schmerzleiden mit schweren Schlafstörungen verbunden, durch die die Kranken noch zusätzlich geschwächt werden. Hier verhelfen die Silber-Essenz und die Perle-Edelstein-Essenz, beide abends eingenommen, nach und nach wieder zu einem normalen Schlafrhythmus. Wird zusätzlich morgens die Gold-Essenz angewendet (eventuell gemeinsam mit Rubin- und Goldtopas-Essenz), kann die Vitalität derart geschwächter Menschen schnell verbessert werden.

Erste Erfahrungen liegen auch zu den subtileren energetisch-spirituellen Wirkungen durch die regelmäßige Anwendung der Essenzen im Rahmen der Wochenkur vor. In Zusammenhang mit der erzielten Erhöhung des Energieniveaus können auch eine größere Sensitivität oder sogar Psi-Fähigkeiten stärker ausgebildet werden. Tatsächlich berichten Therapeuten wie die ganzheitlich orientierte Zahnärztin Gabriele B. aus Zwickau, dass bereits nach zirka sechswöchiger Einnahme Feinfühligkeit und Intuitionskraft spürbar zunahmen: „Ich kann bei der Pulsreflex-Diagnose die Störungen des Patienten, auch wenn ich unter Stress stehe, besser ertasten. Gespür und Sicherheit in der kinesiologischen Diagnose haben ebenfalls zugenommen. Die Chakras sind besser wahrnehmbar, und bei jeder Einnahme der Essenzen spüre ich an mir selbst eine Erwärmung des jeweiligen Chakras."

Die längsten Erfahrungen zur Anwendung der Metall-Essenzen liegen zum Aurum Potabile vor, das bereits seit dem Jahr 2000 verfügbar ist. Am Privatinstitut für Naturheilweisen „Arkanum" in Neusäß bei Augsburg und vom Autor dieses Buches wurden die Erfahrungen in der therapeutischen Anwendung gesammelt. Allein in der Neusäßer Naturheilpraxis wurden bisher über 200 Patienten mit Aurum Potabile behandelt und dabei zum Teil ganz erstaunliche Erfolge erzielt: Allgemeine Vitalitätsschwäche, Antriebslosigkeit, Altersschwäche, Denkschwäche (insbesondere altersbedingte), aber auch offene Wunden, Entzündungen, chronische Dauerschmerzen, unterschiedliche Hautleiden wie Akne, seltene Viruserkrankungen, Zahnfleischerkrankungen, einzelne Fälle von Haut- und Brustkrebs und ein Tumor im Ohr verbesserten sich erst durch das Aurum Potabile. Die Patienten waren zuvor mit den gängigen schulmedizinischen und naturheilkundlichen

Methoden behandelt worden, ohne dass wesentliche Heilerfolge erzielt werden konnten.

Auch bei allen Alltagserkrankungen wie Kopf- und Bauchweh, Unwohlsein, Reisekrankheiten und Hautkrankheiten bringt das Aurum Potabile nach den Erfahrungen am „Arkanum" zuverlässig deutliche Linderung.

Sehr gute Erfolge konnten auch bei emotionalen und psychischen Problemen wie Depressionen, emotionalen Tiefs während der Regel, Ängsten, Phobien und Zwangshandlungen erzielt werden. Die Gold-Essenz wirkt hier seelisch stabilisierend, stärkt Persönlichkeit, Willen, Eigenverantwortung und Entscheidungskraft. „Es gibt nichts Vergleichbares, was bei derart unterschiedlichen Problemen die Psyche und Persönlichkeit stabilisiert und den Patienten in seine Realität zurückführt", berichtet Heilpraktiker Reiner Moll vom „Arkanum".

Mindestens ebenso wichtig ist: Als Begleitbehandlung zu anderen Therapien der Naturheilkunde oder der Schulmedizin beschleunigt das Aurum Potabile allgemein die Heilung und reduziert das Auftreten negativer Nebenwirkungen.

Ergänzend zu den oben beschriebenen Erfahrungen zeigen die Rückmeldungen der Anwender, dass viele der in alten Texten angeführten, scheinbar unglaublichen Wirkungen – angefangen von der Linderung selbst schwerster Erkrankungen oder langjähriger chronischer Leiden bis hin zu altersbedingter Vitalitätsschwäche und der Linderung seelisch-emotionaler Tiefs – sich tatsächlich bewahrheiten. Die dafür nötige Anwendungszeit scheint jedoch in vielen Fällen etwas länger zu sein, als auf Basis der alten Schriften vermutet werden konnte. Gründe dafür mögen sein: die seit damals völlig veränderte Lebensweise, die Umweltverschmutzung und insgesamt andere Umwelteinflüsse etwa durch die technischen Felder (Elektrosmog, Radarwellen, künstliche ELF-Wellen), die das natürliche Feld der Erde und der Planeten überlagern. Gerade deshalb aber ist es nötig, die Resonanzen mit den natürlichen Schwingungen, dem Takt der Planeten in uns mit Hilfe der alchemistischen Essenzen zu stärken. In der Selbstanwendung kann der Erfolg durch eine gesunde Ernährung und durch eine begleitende Entschlackungskur, wie oben beshrieben, beschleunigt werden.

Äußerliche Anwendung: „In der äußerlichen Anwendung des Aurum Potabile konnten enorm gute Erfolge bei allen Arten von

Hauterkrankungen erzielt werden", fasst „Arkanum"-Leiter Moll zusammen. Narbenschmerzen, schlecht heilende Wunden, Sonnenbrand und Schuppenflechte konnten erfolgreich behandelt werden. Dabei wurden wenige Tropfen des Trinkgoldes entweder direkt eingerieben oder, bei offener Haut, in ein Glas Wasser oder Tee gegeben und eine damit getränkte Kompresse als Verband angelegt. Sehr erfolgreich waren auch äußerliche Anwendungen, bei denen die Essenz auf Reflex- und Akupunktur-Punkte aufgetragen wurde, die dem entsprechenden Leiden zugeordnet sind.

Bei äußerlicher Anwendung reagierten die meisten Patienten sogar stärker mit Heilreaktionen auf das Aurum Potabile als bei der Einnahme.

Ergänzend zu Molls Erfahrungen wurde eine belebende und hautschützende Wirkung der Gold-Essenz, allein bzw. in Kombination mit der Kupfer- und der Perle-Edelstein-Essenz sowie dem Cystus-Teekraut, festgestellt. Insbesondere bei gereizter, strapazierter und trockener Haut, etwa nach Sonnenbädern, bei trockener Raumluft, in klimatisierten Räumen und an PC-Arbeitsplätzen mit geringem Gehalt an negativ geladenen Luftionen sowie bei Flügen, hat sich das äußerliche Auftragen bewährt. Fügen Sie die Essenzen Ihren Hautpflege-Produkten zu oder geben Sie diese in einen konzentrierten Cystus-Tee und betupfen damit die Haut.

Als stark belebend haben sich Fußmassagen mit der Gold-Essenz, allein oder in Kombination mit der Chrysoberyll-Edelstein-Essenz, erwiesen. Bei chronischen Knieschmerzen wirken Einreibungen mit der Gold-Essenz zusammen mit den Edelstein-Rescue-Tropfen lindernd oder bei längerer Anwendung sogar nachhaltig heilend.

Innerliche Anwendung: „Bei der innerlicher Anwendung zeigten viele Patienten deutliche Entgiftungserscheinungen – besonders intensiv bei dickeren und stärker belasteten Patienten", berichtet Moll weiter. Erkennbar wurde dies an Körpergeruch, Schweiß, Urin und Stuhl. Bei einigen Anwendern traten auch aus Fastenkuren bekannte Entgiftungsanzeichen wie leichte kurzzeitige Kopfschmerzen, Gliederziehen, „Muskelkater" usw. auf. Sobald die Dosis reduziert wurde, verschwanden diese wieder.

Alle Patienten berichteten zudem über einen deutlich stabileren emotionalen Zustand. Sie fühlten sich zuversichtlicher und „irgendwie runder, angenehmer im Bauch".

Fallbeispiele zur Anwendung des Trinkgoldes Aurum Potabile

Als „Notfalltropfen" (allein oder in Kombination mit dem Rescue Electrum oder den Edelstein-Rescue-Tropfen):

Zur schnellen energetischen „Erste Hilfe" hat sich die Anwendung des Aurum Potabile insbesondere bei Kindern bestens bewährt. Bei Bauchschmerzen, Kopfschmerzen, Reiseübelkeit, Taubheitsgefühlen nach Betäubungsspritzen bei Zahnarztbehandlungen und Folgeschmerzen danach bringen 2-3 Tropfen innerlich und zugleich 2-3 Tropfen äußerlich schnelle Linderung.

Als Begleitbehandlung: Wird das Aurum Potabile begleitend zu einer schulmedizinischen oder naturheilkundlichen Behandlung eingesetzt, beschleunigt es den Heilungsprozess deutlich. Die jeweiligen Medikamente werden besser vertragen, können in ihrer Dosis oftmals reduziert werden und wirken intensiver.

Ein 36-jähriger Mann litt an einer Lungenentzündung mit hohem Fieber und akuten starken Schmerzen beim Atmen. Zur Intensivbehandlung wurde er ins Krankenhaus eingeliefert und die übliche schulmedizinische Behandlung mit Antibiotika vorgenommen. Zugleich aber nahm er täglich Aurum Potabile. Zum großen Erstaunen der Klinikärzte war die Lungenentzündung bereits nach vier Tagen fast völlig abgeklungen, so dass der Patient nach Hause entlassen werden konnte.

Bei emotionalen und psychischen Problemen: Bereits innerhalb von zirka 14 Tagen täglicher Einnahme des Aurum Potabile können emotionale Probleme, die gemeinsam mit einer körperlichen Erkrankung auftreten, gebessert werden – ebenso psychische Auffälligkeiten wie Ängste, Phobien, Abhängigkeiten von Drogen wie Alkohol und Cannabis, Zwangshandlungen wie Kaufzwang. Die Patienten fühlen sich stabiler und „nicht mehr so sehr den Problemen ausgeliefert". Eigenverantwortung, Wille, Entscheidungskraft und insgesamt die Persönlichkeit werden gestärkt. So bekommen sie Mut und Selbstvertrauen, sich den jeweiligen Problemen zu stellen und diese zu lösen.

Bei schlecht heilenden Wunden: Eine 58-jährige Frau litt an einer nicht heilenden, offenen Wunde am Schienbein. Seit einem halben Jahr war sie in Behandlung eines Hautarztes, ohne dass eine Besserung erzielt werden konnte. Bei ihr wurde das Aurum

191

Potabile äußerlich angewendet. Zirka zehn Tropfen wurden in ein Glas Wasser gegeben, ein Mullstück damit getränkt und mit einem Verband auf die Wunde gelegt. Nach nur 14 Tagen Behandlungszeit war die Wunde vollständig geschlossen und nur noch an einer Verfärbung von der umgebenden Haut zu unterscheiden.

Bei Hauterkrankungen: Ein 32-jähriger Mann hatte seit fünf Jahren einen hartnäckigen Hautausschlag mit zeitweise nässenden Pusteln auf der Brust oberhalb des Herzens. Übliche Behandlungen und sämtliche naturheilkundliche Methoden brachten hier keine Besserung. Nachdem er 14 Tage lang zweimal täglich etwa 3-4 Tropfen Aurum Potabile äußerlich auf die Stelle aufgetragen hatte, war der Ausschlag völlig abgeheilt.

Bei Schmerzen und chronischen Erkrankungen: Eine 44-jährige Patientin kam als chronische Schmerzpatientin in die Praxis. Sie nahm Höchstdosen an Schmerzmitteln ein und war unter ständiger Betreuung der Schmerzambulanz am Klinikum. Sie hatte eine lange Krankheitsgeschichte hinter sich und zeigte eine Vielzahl an Symptomen, so dass in der Behandlung mit normalen Therapiemethoden kaum ein erster gezielter Ansatzpunkt gefunden werden konnte. Aktuell litt sie an Schmerzen im Bauchraum, hervorgerufen durch Verwachsungen und Narben, die von einer Totaloperation aufgrund von Unterleibskrebs stammten. Außerdem hatte sie eine chronische Blasenentzündung, Bluthochdruck, chronische Venenentzündungen, Tinnitus, Schlafstörungen und Augenflimmern.

Ihr Körper reagierte sehr stark auf die Einnahme des Aurum Potabile und begann sofort intensiv zu entgiften. Die Dosen wurden bei zu schneller Reaktion immer wieder einige Tage lang reduziert, um die „Entgiftungskrisen" gering zu halten. Körpergeruch und Ausfluss zeugten vom Bemühen des Körpers, sich zu reinigen. Die Entzündungen besserten sich und flammten kurzzeitig aber wieder auf. Die Schlafstörungen waren schon nach einigen Tagen verschwunden. Die anderen Symptome besserten sich im Laufe der bisher viermonatigen Behandlung zusehends. Die Behandlung muss noch fortgesetzt werden. Es zeigt sich jedoch, dass selbst bei Multikrankheiten und stark chronischen Prozessen das Aurum Potabile den Körper zu einer intensiven Selbstheilung anregt. Derart kranke Menschen brauchen jedoch etliche Monate Zeit, damit die Gold-Therapie den Organismus nach und nach regenerieren kann.

Bei Narben: Eine Patientin litt seit 15 Jahren an den Folgen einer Brandwunde, die zwei Drittel ihres Rückens bedeckt. Die Narben waren extrem berührungsempfindlich, so dass sie manche Stoffe und Kleidungsstücke nicht tragen konnte. Nach zwei Einreibungen des Rückens mit Aurum Potabile war die Haut schon spürbar weniger empfindlich. Nach zwei Wochen täglich einmaligen Einmassierens des Trinkgoldes war das Hautgefühl fast völlig normal.

Bei Schleimhauterkrankungen wie Sinusitis: Der in der Luft- und Raumfahrttechnik tätige 48-jährige Patient war an chronischer Sinusitis erkrankt. Sämtliche Schleimhäute waren stark angegriffen und entzündet, und er konnte kaum noch sprechen. Er arbeitete in Räumen, die extrem entfeuchtet wurden, was auch seine Schleimhäute stark ausgetrocknet hatte.

Alle naturheilkundlichen Mittel, die sonst gut bei Schleimhauterkrankungen wirken, halfen hier nichts. Auch schulmedizinische Präparate brachten keine spürbare Linderung.

Nach nur zwei Tagen Einnahme des Aurum Potabile konnte er fast wieder normal sprechen. Das brennende, wunde Gefühl, über das der Patient geklagt hatte, war verschwunden. Ab dem dritten Tag wurde zusätzlich mit dem Trinkgold inhaliert, indem einige Tropfen in einen üblichen Dampf-Inhalator gegeben wurden. Nach insgesamt einer Woche waren die Schmerzen, die er vor allem im Bereich der Nebenhöhlen empfunden hatte, vollständig weg. Die Stimme war wieder normal.

Eine sehr erstaunliche, extrem schnelle Gesundung. Langfristig jedoch wurde dem Patienten geraten, die Arbeitsstelle zu wechseln, da die Luftbedingungen für seine Konstitution zu extrem sind.

Bei äußerlich sichtbaren Tumoren: Ein männlicher Patient, 45 Jahre, litt an einem Tumor im Gehörgang. Das erdbeergroße Geschwür verschloss bereits den Gehörgang, so dass das Hörvermögen stark eingeschränkt war. Der Patient klagte über ständige Schmerzen und innere Unruhe. Ein früherer Tumor an gleicher Stelle hatte vor einigen Jahren operativ entfernt werden müssen.

Nachdem im Laufe von drei Monaten keine andere Behandlung geholfen hatte, nahm der Patient einmal täglich 10 bis 20 Tropfen Aurum Potabile. Zusätzlich wurde ein- bis zweimal am Tag ein Tropfen des Trinkgoldes äußerlich auf die Geschwulst geträufelt. Bei der äußerlichen Anwendung berichtete der Patient stets über eine sofortige Besserung der Schmerzen, die immer länger anhielt.

Nach rund zwei Monaten Anwendung war der Tumor auf die Hälfte geschrumpft. Die Höreinschränkung, Schmerzen und Unruhegefühle waren fast völlig verschwunden.

Nach einem weiteren Monat war das Krebsgeschwür auf ein Viertel geschrumpft. Das Hören war wieder normal, nur noch ein leichtes Ziehen war spürbar. Der Patient berichtet, dass er sich so wohl wie noch nie fühle. (Stand bei Drucklegung. Die Behandlung wird noch fortgesetzt.) Während der gesamten Einnahmezeit war eine starke Entgiftung des Körpers erkennbar.

(nach Heilpraktiker Reiner Moll,
Privatinstitut für Naturheilweisen „Arkanum",
Lohwaldstr. 51, 86356 Neusäß bei Augsburg)

Literaturverzeichnis

Zur Alchemie:

Aivanhov, Omram Mikhael: *Spiritual Alchemy*, Fréjus 1986
Anonymus: *Aurea Catena*, o.J. (ca. 17.Jhd.)
Arndt, Ulrich: *Schätze der Alchemie - Edelstein-Essenzen*, Freiburg 2001
Bachmann, Manuel/Hofmeier, Thomas: *Geheimnisse der Alchemie*, Basel 1999
Bernus, Alexander von: *Alchemie und Heilkunst*, Dornach 1972
Böhme, Jakob: *De Signatorum Rerum (1730)*, Nachdr.: Peuckert (Hg.), 1960
   - ders.: *Werke*, C. Wiedemann (Hg.), Frankfurt 1997
Frater Albertus: *Der Alchemist von den Rocky Mountains*, Frankfurt 1995
Freher, Dionysius A.: *Embleme zu Hieroglyphica Sacra*, 1764
Friedrich, Horst: Alchemie. *Was ist das?*, Hohenpeißenberg, 2. Aufl. 1996
Fritschi, Hans-Josef: *Spagyrik. Lehr- und Arbeitsbuch*, Ulm 1997
Fulcanelli: *Les Demieures des Philosophales*, o.J.;
   - ders.: *Le Mystère des Cathédrales*, Paris 1979;
   - ders.: *Mutus Liber*, o.J.
Gebelein, Helmut: *Alchemie - die Magie des Stofflichen*, München 1991
Gichtel, Georg: *Theosophia practica*, 1736
Goggard, David: *Blei zu Gold. Das große Praxisbuch der Geheimen Lehren für Kenner der magischen Künste*, München 2001
Hermes Trismegistos: *Erkenntnis der Natur. Die XVII Bücher des Hermes Tresmegistos*, *Alethophilo (Hg.)*, Neuausgabe nach d. Fassung v. 1786, Sauerlach 1997
Hollandus, Isaacus: *Lapis Vegetabilis*, Straßburg 1681
Hornfisher, Daniel: *Löwe und Phönix*, Braunschweig 1998
Junius, Manfred M.: *Praktisches Handbuch der Pflanzen-Alchemie*, Interlaken 1992
Kervran, C.L: *Biological Transmutations*, Barton Manor 1972
Paracelsus: *Sämtliche Werke*, Bischofswiesen 1993;
   - ders.: *Mikrokosmos und Makrokosmos. Occulte Schriften*, München 1989
Priesner, Claus/Figala, Karin: *Alchemie. Lexikon einer hermetischen Wissenschaft*, München 1998
Riplaei, Georgii: *Hermetische Schriften*, o.J. (Ende 17. Jhd.)
Roob, Alexander: *Alchemie & Mystik. Das hermetische Museum*, Köln 1996
Sallwight, Gregorius Anglus (Georg v. Welling): *Opus mago-cabalisticum*, Frankfurt 1719
Sincerus, Renatus: *Die wahrhafte und vollkommene Bereitung des philosophischen Steins*, 1710
Sperber, Julius: *Deutsches Theatrum Chemicum*, ca. 1730
Stolcenberg, Stolcius von: *Viridarium Chymicyn*, 1624
Szepes, Maria: *Der rote Löwe*, Bern 1999
Trismosis, Salomon: *Splendor solis* (15. o. 16. Jhd.)
Valentinus, Basilius: *Triumphwagen des Antimon*, 1604

(Nachdrucke alter alchemistischer Schriften bei : „Edition Frank Schulten",
Hilbornstr. 6, 58636 Iserlohn)

Über Metall-Heilkunde und Planeten-Metall-Beziehungen:

Anonymus: *Die Sonne von Osten*, o.O. 1783, Nachdruck Stuttgart 1866
Bernus, Alexander von: *Alchemie und Heilkunst*, Dornach 1972
Huibers, Jaap: *Gesund Sein mit Metallen*, Freiburg 1981
Liu An: *Die zehntausend unfehlbaren Künste des Königs von Huai*, um 130 v. Chr.
Kamyszek, Kerstin: *Einflüsse von Metallionen auf physiologische Prozesse der Zelle*, Inaugural-Dissertation an der Universität Marburg, 2000

Mynsicht, Hadrian: *Medicinisch-Chymische Schatz- und Rüst-Kammer,* Stuttgart 1725;
    Collectanea Chymica Leidensia, oder Mehr als 700 auserlesene Chymische Processe, Jena 1726
Pelikan, *Wilhelm: Sieben Metalle,* Dornach 1981
Philosophers of Nature: *Mineral Alchemy* - Lesson 1-84, Winfield II. 2000
Pseudo-Trithemius: *Wunderbuch der göttlichen Magie,* Passau 1506 (fingiert), Nachdruck
Stuttgart ca. 1840
Rhyner, Hans-Heinrich: *Ayurveda - Das Praxis Handbuch,* Neunhausen 1997
Rippe, Olaf u.a.: *Paracelsusmedizin. Altes Wissen in der Heilkunst von heute,* Aarau 2001
Schein, David A.: *Basilius Valentinus und seine Tinkturen aus dem Antimon,* Doktorarbeit an
    der Ludwig-Maximilian-Universität München, 1978
Toxites, Michael: *Onomastica II,* Straßburg 1574
Van Elburg-Schmidt, Marina: *Verborgene Kräfte der Metalle,* München 1992

Über Heilige Geometrie und den Heiligen Gral:

Adam, Paul/Wyss, Arnold: *Platonische und Archimedische Körper,* Stuttgart 1994
Adams, George/Whicher, Olive: *Die Pflanze in Raum und Gegenraum,* Stuttgart 1979
Appelt, Otto: *Platons Dialoge. Timaios und Kritias,* Leipzig 1922
Aubarbier, Jean-Luc, Binet, Michel: *Les Sites Templiers de France,* Rennes 1996
Baigent, Michael/Leigh, Richard: *Der Tempel und die Loge,* Bergisch Gladbach 1989
Bamford, Christopher, u.a.: *Homage to Pythagoras, Rediscovering Sacred Science,* Hudson 1994
Bernhard, Arnold: *Bewegte Geometrie,* Stuttgart 1999
Börnsen, Hans: *Das geheime Gesetz des Siebenecks,* Stuttgart 1965
Bühler, Walther: *Das Pentagramm und der goldene Schnitt als Schöpfungsprinzip,*
    Stuttgart 1996
Childress, David Hatcher: *Anti-Gravity and the World Grid,* Stelle 1987
Coczi, György: *Die Kraft der Grenzen,* Stuttgart 1996
Dawkins, Peter: *Europa und das Land des Heiligen Grals,* Schaffhausen 2001
Dimde, Manfred: *Die Gralsverschwörung,* Niedernhausen 1997
Edwards, Lawrence: *Geometrie des Lebendigen,* Stuttgart 1986
Heeren, Axel: *Implosion. Das tönende Programm des Universums,* Wilhelmshaven 1996
Laidler, Keith: *Das Haupt Gottes,* München 1999
Lange, Hans-Jürgen: *Otto Rahn und die Suche nach dem Gral,* Engerda 1999
Lawlor, Robert: *Sacred Geometry,* London 1982
Morton, Chris/Thomas, Ceri Louise: *Tränen der Götter,* München 1998
Müller, Dr. Ulrich: *Anorganische Strukturchemie,* Stuttgart 1996
Oslo, Allan: *Die Geheimlehre der Tempelritter,* Düsseldorf 1998
Plichta, Peter: *Das Primzahlkreuz,* Bd. I-II, Düsseldorf 1991
Prumbach, Siegfried: *Die Pentagonale Energiestruktur der Erde,* in: raum&zeit, Nr. 108/2000,
    S. 106-113
Purce, Jill: *Die Spirale,* München 1988
Ritter, Thomas: *Rennes-le-Chateau - Rätsel in den Pyrenäen,* Lübeck 2000
Seifert, Petra/Pawlik, Manfred: *Geheime Schriften mittelalterlicher Sekten,* Augsburg 1997
Terhart, Franjo: *Die Wächter des Heiligen Gral,* München 1999
Unger, Georg: *Das offenbare Geheimnis des Raumes,* Stuttgart 1975
Wagner, Waltraud: *Naturwissenschaftliche Grundlagen zur biologischen Wirkung des Bauens,*
    o.O. 1982
Winter, Dan: *Alphabet of the Heart,* Crystal Hill Farm, Eden, o.J.

Über Bewusstseinsentwicklung, Kundalini- und Lichtkörper-Prozess:

Bahn, Peter/Gehring, Heiner: *Der Vril-Mythos,* Düsseldorf 1997
Bailey, Alice A.: *Esoterisches Heilen. Eine Abhandlung über die sieben Strahlen,* Genf 1962

Braden, Gregg: *Das Erwachen der neuen Erde. Die Rückkehr einer vergessenen Dimension,* Freiburg 1999

Greenwell, Bonnie: *Kundalini. Erfahrungen mit der Urkraft der Erleuchtung,* Bergisch Gladbach 1998

Hurtak, J.J.: *Schlüssel des Enoch,* Los Gatos 1990;
– ders.: *Die Merkabah und Heilige Schriften im Licht des Schlüssel des Enoch,* Los Gatos 1996

Pearce, Joseph Chilton: *Der nächste Schritt der Menschheit. Die Entfaltung des menschlichen Potentials aus neurobiologischer Sicht,* Freiamt 1994

Sanella, Lee: *Kundalini-Erfahrung und die neuen Wissenschaften,* Essen 1989

Shah, Idris: *Magie des Ostens,* Basel 1984

Steiner, Rudolf: *Ägyptische Mythen und Mysterien,* Dornach o.J.;
– ders.: *Farbenerkenntnis,* Dornach o.J.;
– ders.: *Das Wesen der Farben,* Dornach 1990

Tachi-ren, Tashira: *Der Lichtkörper-Prozeß,* Freiburg 1998

Tansley, David V.: *Aura-Chakren und die Strahlen des Lebens,* Essen 1994

Teichmann, Frank: *Die ägyptischen Mysterien,* Stuttgart 1999

Verwandte Wissenschaftsthemen:

Arndt, Ulrich: *Kombucha, Kefir & Co - Licht und Lebenskraft durch Enzymgetränke,* Niedernhausen 1998
– ders.: *Spirulina-Algen - Lichtvolle Power-Nahrung für Körper und Geist,* Niedernhausen 1999

Becker, Robert O.: *Der Funke des Lebens. Heilkraft und Gefahren der Elektrizität,* München 1994

Bischof, Marco: *Biophotonen - Das Licht in unseren Zellen,* Frankfurt 1995

Chemey, Margaret: *Nikola Tesla, Erfinder, Magier, Prophet,* Düsseldorf 1997

Coats, Callum: *Naturenergien verstehen und nutzen. Viktor Schaubergers geniale Entdeckungen,* Düsseldorf 1999

Cousens, Gabriel: *Ganzheitliche Ernährung,* Frankfurt 1995

Davidson, John: *Das Geheimnis des Vakuums. Die neue Physik aus mystischer Sicht,* Düsseldorf 1996

Doc Childre: *HeartMath - Herzintelligenz* (Schriftenreihe), Kirchzarten 1999

Eggetsberger, Gerhard: *Geheime Lebensenergien,* München 1998

Eliade, Mircea: *Die Religion und das Heilige,* Frankfurt 1998;
– ders.: *Die Prüfung des Labyrinths,* Frankfurt 1987;
– ders.: *Der Yoga des Patanjali,* Freiburg 1999

Endler, P.C.: *Expedition Homöopathische Forschung,* Wien 1998

Endrös, Robert: *Die Strahlung der Erde und ihre Wirkung auf das Leben,* Tuningen 1998

Flanagan, Patrick: *Elixier der Jugendlichkeit,* Ritterhude 1992

Hauschka, Rudolf: *Substanzlehre,* Frankfurt 1990

Hawking, Stephen W.: *Black Holes and Baby Universes,* 1994;
– ders.: *Raum und Zeit,* Reinbeck 2000

Hoffmann, Manfred (Hg.): *Vom Lebendigen in Lebensmitteln,* Bad Dürkheim 1997

Hildebrandt, Gunther u.a.: *Chronobiologie und Chronomedizin,* Stuttgart 1998

Kayser, Hans: *Der hörende Mensch,* Stuttgart 1993

Kolisko, Lili: *Physiologischer und physikalischer Nachweis der Wirksamkeit kleinster Entitäten,* Dornach 1997

Kupfer, Karl-Heinz: *Unzerstörbare Energie,* Genf 1987

Meyl, Konstantin: *Elektromagnetische Unverträglichkeit, Teil 1-3,* Villingen-Schwenningen 1996-2001

Motoyama, Dr. Hiroshi/Brown, Rande: *Chakra-Physiologie,* Freiburg 1980

Nieper, Hans A.: *Revolution in Technik, Medizin, Gesellschaft. Konversion von Schwerkraft-Feld-*

Energie, Oldenburg 1982

Popp, Fritz-Albert: *Die Botschaft der Nahrung,* Frankfurt 1994

Prestel, Otto: *Theorie der Planetenwellen,* Frankfurt 1995

Schmieke, Marcus: *Das Lebensfeld,* Schloss Weißenstein 1997

Schwenk, Theodor: *Das sensible Chaos,* Stuttgart 1995

Senf, Bernd: *Die Wiederentdeckung des Lebendigen,* Frankfurt 1996

Strzempa-Depré, Michael: *Die Physik der Erleuchtung,* München 1988

Tesla, Nikola: *Seine Werke,* Paiting 1997

Upledger, Dr. John E./Vredevoogd, Jon D.: *Lehrbuch der Kraniosakraltherapie,*
    Heidelberg, 1991

Wachtel, Siegfried/Jendrusch, Andrej: *Der Linksdrall in der Natur,* München 1993

ZDF-Expedition/Graichen, Gisela: *Humboldts Erben,* Bergisch Gladbach 2000

ZDN: *Dokumentation der besonderen Therapieverfahren und natürlichen Heilweisen in Europa,*
    5 Bde., Lüneburg 1992

Bildtafeln:

Fotos: © Solitaire Lab. Network